1ª edição - Abril de 2022

Coordenação editorial
Ronaldo A. Sperdutti

Preparação de originais
Marcelo Cezar

Revisão
Ana Maria Rael Gambarini

Capa
Juliana Mollinari

Imagem Capa
Shutterstock | eukukulka
Kichigin

Projeto gráfico e diagramação
Juliana Mollinari

Assitente editorial
Ana Maria Rael Gambarini

Impressão
Gráfica Loyola

Proibida a reprodução total ou parcial desta obra sem prévia autorização da editora.

© 2022 by Boa Nova Editora.

Av. Porto Ferreira, 1031 | Parque Iracema
CEP 15809-020 | Catanduva-SP
17 3531.4444

www.**lumeneditorial**.com.br
www.**boanova**.net

atendimento@lumeneditorial.com.br
boanova@boanova.net

Dados Internacionais de Catalogação na Publicação (CIP)
(Câmara Brasileira do Livro, SP, Brasil)

Leonel (Espírito)
    Impulsos do coração / ditado pelo Espírito Leonel, [psicografado por] Mônica de Castro. -- 1. ed. -- Catanduva, SP : Lúmen Editorial, 2021.

    ISBN 978-65-5792-031-2

    1. Espiritismo 2. Literatura espírita
3. Psicografia 4. Romance espírita I. Castro, Mônica de. II. Título.

22-101024   CDD-133.9

Índices para catálogo sistemático:

1. Romance espírita   133.9

Aline Graziele Benitez - Bibliotecária - CRB-1/3129

Impresso no Brasil – Printed in Brazil
01-04-22-3.000

Mônica de Castro
ROMANCE PELO ESPÍRITO LEONEL

IMPULSOS DO CORAÇÃO

LÚMEN
EDITORIAL

CAPÍTULO 1

Quando as gotas da chuva começaram a tamborilar no vidro da janela, Augusto se virou de lado na cama, tentando tapar os ouvidos para afastar da mente a perturbação. Sempre gostara do ruído da chuva, contudo, naquele dia em particular, o *plic, plic* constante o deixava irritado. Passara a noite em claro, pensando na melhor maneira de dizer ao pai que não queria acompanhá-lo naquele dia, como não quisera em nenhum outro.

As manhãs de sábado já não tinham mais o mesmo sentido de prazer desde que o pai cismara de praticar seu mais novo esporte: a caça às capivaras, segundo ele, uma forma eficiente, barata e apetitosa de se preparar um almoço. Augusto, porém, tinha horror a sangue e à barbárie da caça, que tirava a vida de animais inocentes para alimentar o ego e o prazer do caçador. Ainda se fosse para não passar fome, não diria nada. Mas o pai caçava por puro esporte e justificava a matança com o aproveitamento da carne para alimento.

Com o travesseiro sobre a cabeça, Augusto aguardava a entrada do pai, vestido em sua usual calça jeans desbotada e calçando botas de borracha, próprias para caçar. Em pouco tempo, a porta se abriu. O som do atrito que as botas do pai produziam lhe causou um arrepio na pele. Augusto detestava o barulho de borracha molhada. Fazia-o lembrar da morte.

— Bom dia, filho — cumprimentou Jaime, já segurando na mão a espingarda. — O café está pronto. Vamos ver se a chuva dá uma trégua para a gente sair.

— Vamos caçar com esse tempo?

— É claro! Ande, não se demore.

De má vontade, Augusto espreguiçou-se e levantou-se da cama, fitando as árvores pela janela. A água escorria das folhas em abundância. Um pequeno pardal se encolhia debaixo de um galho mais grosso para proteger as penas encharcadas. Vê-lo causou imenso mal-estar em Augusto, pois sabia que o animalzinho, embora não fosse a presa visada pelo pai, era motivo de diversão na prática do tiro ao alvo.

Augusto virou o rosto para o outro lado, lutando para conter a revolta e as lágrimas. Odiava o que o pai fazia aos animais, contudo, não tinha coragem de protestar.

— Um dia vou-me embora daqui — pensou alto. — E nunca mais vou machucar nenhum animal. Eu juro.

— O que está dizendo? — era a voz de Jaime que, sem que Augusto percebesse, entrara no quarto para ver por que ele se demorava tanto.

— Nada — hesitou o menino, com medo da reprimenda.

— Nada, não. Ouvi claramente você dizer que queria ir embora daqui para não machucar os animais. — Augusto se encolheu, enquanto o pai prosseguia: — É isso que acha que fazemos? Que machucamos os animais?

— Eu não quis dizer isso...

— Quis, sim. Foi exatamente o que disse. Onde já se viu um homem com pena de bicho? Por acaso estou criando um frouxo?

Augusto abaixou os olhos, sem ousar responder ou encarar o pai, que agora elevava a voz em um tom acima do normal. A quase gritaria atraiu a atenção da mulher, que logo estava ao lado deles.

— O que está acontecendo aqui? — indagou ela, preocupada.

— É esse menino, Laura. Sabe o que ele disse? — ela meneou a cabeça, e ele retrucou com ironia: — Que tem peninha dos pobres animaizinhos indefesos. Onde já se viu?

Laura encarou o filho com um misto de compaixão e censura. Era um menino lindo. Pele alva e macia, cabelos negros e lisos, uma irresistível covinha no queixo.

— Augusto ainda é muito novo — justificou ela. — Daqui a pouco ele muda.

— Tenho minhas dúvidas. Eu, na idade dele, já tinha matado até onça.

— Deixe de ser exagerado.

— É verdade, Laura, eu juro. Meu irmão e eu matamos uma onça imensa em nossa viagem à Bocaina[1]. Uma suçuarana danada de grande.

— Deixe de contar vantagem, homem. Suçuarana corre até de cachorro.

— Ele também — apontou para o filho. — Esse menino tem medo até de mosquito

— Eu não tenho medo — arriscou Augusto, encorajado pela presença da mãe — Só tenho... pena.

— Quem tem pena fica depenado — revidou Jaime. — Não sabe disso? E agora, deixe de besteira, ou não vamos conseguir caçar nada.

— Ainda não tomei meu café — protestou ele.

— E nem vai tomar. É o castigo pela sua frescura.

Foram de caminhonete até o ponto por onde entravam na floresta, o estômago de Augusto roncando de fome e revolta. Debaixo da chuva, ajeitou a espingarda sobre o ombro. Saiu seguindo o pai, pisando na lama, encharcando

---

1 Serra da Bocaina, localizada entre os estados do Rio de Janeiro e São Paulo, abriga grande diversidade de flora e fauna.

o chapéu de couro de boiadeiro. Os dois caminharam pela floresta durante um bom tempo, Augusto atrás de Jaime com uma raiva crescente e muda. Odiava a caça e mais ainda a si mesmo, por sua covardia em não conseguir dizer ao pai que não iria mais matar.

Depois de alguns quilômetros mata adentro, a chuva amainou. Uma nesga muito tímida de sol se aventurou por detrás das nuvens cinza, lembrando a Augusto o pelo de um animal tingido de sangue. Desviando o rosto do céu, fitou o pai, que havia estacado subitamente, a espingarda em punho apontando para um ponto específico na floresta, onde um estalido havia acabado de atrair sua atenção. Os estalos continuaram mais próximos. Algumas plantas e galhos mais baixos foram sacudidos por um animal invisível.

Instintivamente, Augusto se aproximou de Jaime. A movimentação era muito grande para uma capivara, e a lembrança da suçuarana que o pai afirmara ter matado encheu Augusto de terror. E se uma onça estivesse à espreita?

— Pai — sussurrou ele. — O que é?

— Chi! — fez Jaime, levando o dedo aos lábios.

Encolhido atrás dele, Augusto seguia aterrorizado. Queria fugir, mas não se atrevia, ciente do perigo que os rondava. O ruído foi se tornando mais próximo, e uma espécie de rosnado indistinto partiu do meio dos arbustos.

— É uma onça? — indagou ele, o mais baixo que seus lábios trêmulos e apavorados permitiam.

Jaime não respondeu a princípio. Mantinha a espingarda fixa num alvo invisível. De repente, os estalidos se intensificaram. Toda selva pareceu se mover junto com as patas do bicho. Augusto imaginou um galope felídeo, já visualizando a onça saltando em cima deles, quando um estampido ensurdecedor ecoou pela mata.

Um ganido terrível atravessou a floresta. Caules e folhas se vergavam e partiam na direção oposta a eles. O animal estava fugindo.

— O que é isso, pai? — tornou ele, lutando contra o terror.

— Um lobo — disse Jaime finalmente, disparando em desabalada perseguição.

Correndo logo atrás, Augusto ofegava de medo e indignação. Pela primeira vez um lobo aparecia por aquelas bandas, e o pai queria matá-lo? Não parecia justo. Correram por um bom tempo, mesmo quando o barulho do animal foi sufocado pelos ruídos da floresta. As pegadas impressas na terra molhada e no capim amassado deixaram um rastro fácil de ser seguido. Jaime demonstrou toda sua tenacidade ao se embrenhar na selva atrás do bicho.

— Deixe-o ir — pediu Augusto. — Ele não serve para comer.

— Sua pele dará um bom troféu. E depois, eu nunca antes cacei um lobo.

— Mas pai...

— Silêncio, Augusto! Agora não é hora para frescuras.

Augusto se calou, seguindo o pai com lágrimas de raiva nos olhos, que ele conseguia ocultar entre o suor do rosto e os pingos esporádicos que desciam das árvores. Iam seguindo as pegadas do animal, cada vez mais se embrenhando na mata escura, até que alcançaram uma pequenina clareira. O mais silenciosamente possível, pararam e buscaram abrigo atrás de uma pedra. De onde estava, o animal se fez visível. Parecia um lobo, mas era um lobo-guará. Augusto reconheceu a espécie pelas ilustrações que vira numa enciclopédia na biblioteca da escola. Lindo, a pelagem avermelhada encobrindo boa parte de seu corpo.

Solitário, o lobo-guará olhava ao redor, visivelmente cansado e consciente da ameaça de morte. Farejou o ar, mas não conseguiu detectar seu caçador, posicionado contra o vento, fora de sua percepção. Ainda desconfiado, abaixou a cabeça para beber água de uma imensa poça que se formara com a chuva.

— Não é um lobo — esclareceu Augusto, na esperança de assim salvar o animal da mira do pai. — É um lobo-guará.

— Tanto faz... — murmurou Jaime.

As feições de Jaime estavam agora duras e implacáveis. Era como se todo o seu corpo participasse daquele processo de caça. Não movia um músculo nem piscava, nem dava mostras de respirar. Parecia uma estátua de gelo apontando na direção do extermínio.

Jaime segurava a espingarda na altura dos olhos, firmando a pontaria no animal. Enquanto mirava o lobo-guará, nem se dava conta da turbulência que crescia no coração de Augusto. Uma revolta sem igual foi tomando conta dele. A compaixão avolumou as lágrimas, que agora se sobressaíam do suor e das gotículas de chuva. Por que o pai tinha que matar? Que fascínio era aquele que o fazia sentir prazer ante a visão do sangue e da morte?

O animal parecia agora despreocupado, aparentemente confiante de sua segurança. Não percebia o caçador à espreita nem o menino que chorava de pena pela sua morte próxima. Em seu íntimo, Augusto vivia um dilema: queria impedir a matança, mas morria de medo do pai. Seu pensamento o acusava de covarde, seu coração lutava para impor a justiça e o equilíbrio na natureza. Não era certo nem justo matar os animais em seu habitat, indefesos e livres onde deveriam se sentir seguros. E o pai não era indígena, não precisava caçá-los para sobreviver. Fazia-o por esporte e prazer.

Preso em seus próprios temores, Augusto não sabia o que fazer. Pelo canto do olho, viu quando a língua do pai umedeceu-lhe os lábios ávidos e percebeu o dedo indicador pressionando o gatilho. Ora Jaime o premia com mais força, ora relaxava, antegozando a vitória sobre o magnífico animal. Queria prolongar ao máximo aquele momento de glória, a excitação que o poder sobre a vida e a morte do lobo-guará lhe causava na alma.

Augusto agora não tirava os olhos do pai, acompanhando, em silenciosa agonia, o vaivém do dedo de Jaime

IMPULSOS DO CORAÇÃO

no gatilho. A cada pressão que ele fazia, o menino engolia em seco. Fechava os olhos, à espera do estampido e do grito de agonia do animal. Não entendia por que o pai não atirava, embora soubesse que ele jamais desistiria.

Aquele momento pareceu-lhe uma eternidade cruel. Ficar ali, à espera da morte sangrenta do lobo-guará, era algo que ia muito além de coragem e covardia. Era uma questão de princípios, de acreditar no que era certo e resistir a toda forma de atitude abaixo de um mínimo de moral.

Jaime decidiu que já era hora de atirar. A alma preenchida com o gozo da conquista, pressionou com mais força o gatilho, movendo-o em sua direção para liberar a bala mortal e cúmplice. Foi uma ação estudada, meticulosamente elaborada e aguardada. O desfecho, contudo, seria rápido, preciso. Não daria ao lobo-guará a menor chance de fugir nem de sobreviver.

No exato instante em que Jaime disparou a arma, Augusto se atirou sobre ele, derrubando-o ao chão. O tiro, desviado, tomou outra direção, passando longe do lobo-guará. Tomado de surpresa, Jaime deu um safanão em Augusto e se levantou apressado, ainda a tempo de ver o animal sumir por entre as árvores, penetrando na floresta cerrada com a rapidez de uma lebre. Fez pontaria e atirou novamente, mas a bala passou longe de sua presa. Mais que depressa, recarregou a arma e tornou a atirar, atingindo o grosso tronco de uma árvore.

Em vão. O lobo-guará havia escapado, embrenhando-se numa parte da floresta em que, Jaime sabia, não deveria segui-lo.

— Por que diabos fez isso? — perguntou ele irado, puxando o filho para cima pela gola da capa de chuva.

Augusto não respondeu, certo de que o pai já sabia a resposta, e começou a chorar.

— Maricas — desdenhou ele. — Meu filho de onze anos é um maricas! Uma bicha!

— Não sou bicha! — protestou com raiva. — Eu só não queria que você matasse o lobo-guará.

— Ah! não queria, não é? É amiguinho dos bichos, igualzinho às menininhas da escola, que vivem colecionando joaninhas!

— Não gosto de matar os animais — soluçou. — É maldade. Por que você não entende isso?

— Fez-me perder a presa por nada — tornou em tom de desprezo. — Porque tem peninha de bicho. Queria ver se ele nos atacasse.

— Ele não nos atacou. Só queria viver. Por que você não pode respeitar os animais? Por que não pode me respeitar?

— É isso, Augusto? Acha que não respeito você? — Ele não disse nada. — Pois que filho covarde merece respeito? Respeito é para homens, não para maricas.

— Já disse que não sou maricas! — gritou. — E se fosse, também merecia respeito.

A bofetada veio rápida e certeira. Augusto levou a mão à face avermelhada, sentindo as lágrimas transbordarem em abundância.

— Só o que você sabe é chorar — menosprezou Jaime. — Nem parece meu filho. Teria sido melhor se tivéssemos uma menina, ao invés de um maricas medroso feito você. Ao menos ela não precisaria de desculpas para agir feito mulher.

Augusto engoliu o choro, enquanto Jaime lhe virava as costas, tomando o caminho de volta. O menino o seguiu em silêncio, encolhendo-se sob a capa para se proteger da chuva que voltara a cair. Pensou que o pai fosse continuar a caça, em busca de alguma capivara, mas ele desistiu. Com a espingarda no braço, rumou para casa sem trocar uma palavra que fosse com ele.

Daquele dia em diante, Jaime não levou mais Augusto para caçar.

CAPÍTULO 2

Desde o episódio da caça frustrada ao lobo-guará, a relação entre pai e filho se tornara mais fria e distante do que nunca. Todos os sábados, Jaime se levantava cedo, ajeitava a espingarda no ombro, saía e voltava trazendo uma ou duas capivaras, que Laura preparava para o almoço ou o jantar. Se antes já era difícil para Augusto alimentar-se de carne, agora então se tornara insuportável. A carne lhe provocava náuseas. Não conseguia evitar uma careta de nojo sempre que o aroma do assado lhe subia às narinas.

Mesmo assim, comia, lutando contra o próprio estômago para não devolver a comida em cima da mesa. Com muito esforço, conseguia engolir um pouco do assado, o suficiente para satisfazer os pais. Não raras eram as vezes em que corria para o banheiro e vomitava.

Naquele dia não foi diferente. Ao término da refeição, uma onda de calafrios percorreu-lhe a pele, o suor escorreu-lhe da testa. Imediatamente, Augusto levantou-se e correu para o banheiro, antes que os pais percebessem o que se passava. Trancado e sozinho, vomitou. Durante algum tempo, permaneceu lá dentro, lavando a boca, escovando os dentes, esperando que o odor característico se dissipasse. Em poucos instantes, ouviu batidas na porta.

— Augusto, meu filho, está tudo bem? — era Laura.

A porta se abriu, e Augusto reapareceu, tentando controlar a respiração ofegante.

— Estou bem, mãe — respondeu ele, sem encará-la.

— O Reinaldo está aí. Veio chamá-lo para brincar.

Augusto deu um sorriso para a mãe e saiu ao encontro de Reinaldo, que o aguardava na sala, em companhia do pai. Reinaldo e Augusto eram amigos havia muitos anos, desde o jardim de infância. Como sempre estudaram juntos, firmaram uma amizade sólida, sincera, cheia de cumplicidade. Nunca Jaime questionara a amizade dos dois. Até aquele dia.

Cismado com os medos e as *frescuras* de Augusto, a atitude de Reinaldo, de repente, não lhe pareceu natural. Quando o filho entrou na sala, Jaime notou que Reinaldo parou de falar e encarou Augusto com ar de verdadeira adoração. Para sua surpresa, percebeu o desejo naquele olhar. Estarrecido, observou. Augusto se aproximou, piscou um olho para o amigo e estendeu-lhe a mão.

— Quer jogar Cérebro Mágico[1]? — perguntou.

Reinaldo deixou-se puxar por Augusto. Seguiram para o quarto unidos por um abraço em que Jaime reconheceu todas as más intenções possíveis. Com raiva, por pouco não se levantou para ir atrás deles. Só não o fez por medo de que o escândalo despertasse um sentimento que, até então, podia ser apenas latente. Mesmo assim, após alguns minutos, foi ver o que eles faziam. Como a porta do quarto estava fechada, abriu-a cuidadosamente. Os dois meninos, debruçados sobre a cama e de costas para ele, divertiam-se com as perguntas do Cérebro Mágico, encostando a canetinha nos espaços metalizados que continham

---

[1] O Cérebro Mágico era um jogo de perguntas e respostas fabricado pela empresa Kiehl Brasil na década de 1950.

as respostas. De vez em quando, davam pequeno encontrão um no outro, gracejando, roçando ombro com ombro.

Jaime fez barulho e entrou no quarto. Os garotos olharam para ele sem qualquer expressão, atentos que estavam ao jogo. Jaime, contudo, permanecia parado a encará-los, aguardando uma atitude delatora.

— Aconteceu alguma coisa? — indagou Augusto.

— Quero que deixem a porta aberta — ordenou Jaime.

— Por quê?

— Por nada.

Embora não compreendessem, nenhum dos dois questionou a ordem. Continuaram a brincadeira sem prestar mais atenção a Jaime, que ainda ficou alguns minutos parado à porta. Certificando-se de que os dois, realmente, só brincavam, saiu.

O dia seguinte era domingo. Como de costume, a família seguiu para a missa logo cedo. Sendo Laura religiosa como era, procurava conduzir o filho para a religião. Augusto não opunha resistência e até encontrava paz na igreja, mas não era dedicado nem se interessava muito pela liturgia.

Jaime, por sua vez, não era um homem religioso nem de fé. Cumpria um dever social de comparecer à missa acompanhando a esposa e o filho. Não era seu costume prestar atenção à ladainha do padre, muito menos ao comportamento de Augusto na igreja. Cochilava sempre e levava inúmeras cotoveladas de Laura para que se mantivesse acordado.

Só agora, vendo Augusto entoar os hinos da igreja com sua vozinha aguda e feminina, pensou no quanto se decepcionara com ele. Aquele, decididamente, não era o filho com que sonhara. Seu desejo sempre fora o de ter um garotão forte, valente, viril. Muito diferente do menino frágil, medroso e delicado que Augusto se revelava.

Mal continha a decepção. Laura, ainda por cima, ficara impossibilitada de gerar novos filhos após a gravidez e o parto difíceis. Aquele era o único com quem deveria se contentar. Restava-lhe apenas a esperança de que Augusto crescesse e lhe desse netos que realizassem seus sonhos frustrados.

De volta à casa, Jaime aproveitou o resto do dia para descansar, e Augusto saiu com sua bicicleta para encontrar Reinaldo. Andaram, como sempre, pelas ruas do bairro, pararam para tomar sorvete, conversaram debaixo de uma árvore na entrada da floresta.

Ao final da tarde, quando Augusto chegou a casa, Jaime o aguardava. Viu quando ele e Reinaldo pararam em frente ao portão. O filho desceu de sua bicicleta e conversou com o outro durante algum tempo. Depois, deu-lhe um abraço e entrou, enquanto Reinaldo seguia rua abaixo, em direção à sua própria casa.

— Onde você esteve? — perguntou Jaime, quando ele se aproximou.

— Por aí — foi a resposta lacônica.

— Por aí, onde?

— Pela rua, como sempre.

— Você e Reinaldo?

— Sim. E quem mais?

Jaime suspirou lentamente e encarou a mulher. Havia algo na relação entre o filho e Reinaldo que não soava bem. Reparando melhor, aquele menino tinha um jeito meio afetado de falar. Sempre arranjava uma desculpa para tocar em Augusto, que parecia retribuir.

— Creio que Augusto não deveria mais passar tanto tempo com Reinaldo — comentou ele, assim que o garoto se afastou.

— Por quê? — retrucou Laura.

— Não sei bem. Acho esse menino um pouco estranho.

— Como assim?

— Ele é meio efeminado, não sei. Tem um jeito de fresco.

— Não diga isso. Eles são amigos há muito tempo.

— Talvez esteja na hora de Augusto fazer novas amizades. Estive pensando em convidar os filhos do Eurípides para virem aqui.

— Augusto nem conhece os filhos do Eurípides.

— Está na hora de conhecer. E ele tem uma filha também. Linda, a menina.

— Deixe disso, Jaime. Augusto ainda é muito criança para essas coisas.

— Não o quero criado feito um maricas.

— Tudo isso por causa da caça, não é? Você não o perdoa por não gostar de caçar.

— Caça é esporte de homem.

— Augusto é só um menino.

— Você tem que admitir que ele é muito delicado para um menino. Nem de futebol ele gosta. E se ele for daqueles que... se viram para o outro lado?

— Você está exagerando. Ele só tem onze anos. Ainda não despertou nenhuma malícia.

— Pode ser. Mas e o Reinaldo? Parece-me bem espertinho.

— Por quê? O que ele fez?

— Não notou a forma como ele olha para o nosso filho? E como sempre dá um jeito de esbarrar nele?

— Nunca reparei nada disso.

— Pois então, preste atenção. Não sei se Augusto se dá ou não conta disso, mas não me agrada que outro garoto fique se roçando no nosso filho. Nem fica bem.

— Será?

— Estou muito desconfiado. E se Reinaldo tentar alguma coisa com Augusto? E o que é pior: se Augusto gostar?

— Deus me livre! Não diga uma coisa dessas.

— Precisamos separar os dois enquanto ainda é tempo. Se Reinaldo fizer algo que não deve com Augusto, ele nunca mais será o mesmo.

Augusto entrou em seguida, de banho tomado e penteado. Na mesma hora, Jaime silenciou. Não queria despertar no filho uma tendência latente que ele ainda teria tempo de sufocar.

— Vamos jantar — chamou Laura, tentando dissipar a seriedade do ambiente.

Sem de nada desconfiar, Augusto tomou seu lugar à mesa. De vez em quando, percebia os olhos do pai sobre ele, mas não sabia a que atribuir tamanha insistência. Talvez ele estivesse sondando-o para levá-lo de volta a caçar. Um frio percorreu-lhe a espinha, e procurou não encarar o pai. Serviu-se de arroz, feijão e legumes. Já ia começar a comer quando a mãe, por ordem do pai, colocou um pedaço de carne de capivara em seu prato.

Ele fez uma careta de nojo e olhou para ela, mas foi a voz do pai que lhe soou imperativa:

— Você precisa de proteína. Coma.

Mesmo contra a vontade, obedeceu. Fechou os olhos e tratou de engolir os nacos de carne o mais rápido que pôde. Em seguida, encheu-se de limonada, para tirar aquele gosto horrível de sangue da boca. Mesmo com a carne cozida, era inevitável que ele sentisse o cheiro e o sabor do sangue. Conseguiu terminar o jantar sem passar mal. Ao menos sob esse aspecto, Jaime deu-se por satisfeito.

CAPÍTULO 3

O medo de que o filho se tornasse homossexual acabou virando uma obsessão para Jaime, que via em Reinaldo uma ameaça à masculinidade de Augusto. O menino vivia solto demais, não tinha limites nem ninguém que lhe dissesse o que deveria ou não fazer. A mãe trabalhava o dia todo, e ele fazia o que queria. Com isso, era natural que conhecesse muitos garotos mais velhos, mais experientes e maliciosos, que talvez o tivessem iniciado no sexo pervertido. O mesmo não podia, de jeito nenhum, se repetir com Augusto.

Tantos eram os receios, que Jaime pensava numa maneira de pôr um fim naquela amizade. Não podia ter uma conversa franca com Augusto, para não alertá-lo de suas tendências. Nem de longe passava pela cabeça de Jaime que a preferência sexual não decorre de imposição, mas de uma escolha da alma, sempre em busca de experiências que a ajudem a crescer. Esquecia-se de um ingrediente essencial em todo e qualquer tipo de relação humana: o respeito. Fazia isso não por maldade, mas por ignorância. Jaime queria o melhor para seu filho, e o melhor, em sua concepção, era refrear uma tendência, que ele julgava pernicidosa, ainda em seu nascedouro.

Naquele fim de tarde, Jaime deixou o trabalho nos correios e foi para casa pensativo. Como a agência em que trabalhava não era longe, seguiu a pé, como de costume. Enquanto subia a rua, um relâmpago fulgurou no céu à sua frente, e a trovoada que se seguiu fez estremecer-lhe os ossos. Nuvens pesadas haviam se formado sobre a cidade inteira, sem que ele nem se desse conta. De repente, uma tempestade de raios despencou por toda parte. Jaime estugou o passo, temendo ser atingido e fulminado. Logo a chuva desabou em pingos grossos. Jaime disparou pela calçada, pisando nas poças e encharcando os pés.

Quando chegou a casa, estava esbaforido e ensopado, não só por causa da chuva, mas do suor que lhe escorria pelo rosto, fruto do pânico causado pelos clarões dos relâmpagos que caíam ao seu redor. Jaime bateu a porta ofegante, e Laura correu para ele, as mãos postas em súplica:

— Graças a Deus que você chegou! — desabafou ela. — Estava morrendo de preocupação.

— Está um horror lá fora. Dá até medo. E Augusto? Está em casa?

— Lá no quarto, com Reinaldo.

A notícia da presença do menino incomodou-o imensamente. Rapidamente, Jaime tomou um banho bem quente e foi ver o que os garotos faziam. Ouvido encostado à porta do quarto, não escutou nada. Tudo parecia muito quieto e silencioso. Já vislumbrando os meninos em atitude pervertida, não pensou duas vezes: girou a maçaneta com pressa e empurrou a porta, que se chocou com estrondo na parede lateral.

O susto foi tão grande, que os meninos deram um salto para o alto. Jaime se lançou dentro do quarto, a reprimenda pronta, presa nos lábios. Mas só o que viu foi duas crianças assustadas e uma pilha de livros abertos em cima da cama.

IMPULSOS DO CORAÇÃO

— O que estão fazendo? — indagou ele, nervoso.

— Estudando matemática — foi a resposta simples de Reinaldo.

Jaime encarou o menino com hostilidade. A pergunta não fora endereçada a ele, e a precipitação da resposta soou como petulância.

— Agora chega de estudar — prosseguiu Jaime, mal conseguindo ocultar a irritação. — O jantar está quase pronto. Já é hora de Reinaldo ir para casa. A mãe dele deve estar preocupada.

— Como o senhor espera que Reinaldo vá para casa com esse tempo? — contrapôs Augusto.

— Quando a chuva passar, ele vai.

Mas a chuva não passou. Ao contrário, aumentava cada vez mais, redobrando a incidência dos relâmpagos. Era impossível sair. Mesmo Jaime reconheceu isso. Não houve jeito. Reinaldo não apenas ficou para o jantar, como também foi obrigado a dormir lá. Sem telefone, não teve como avisar a mãe.

A pedido de Jaime, Laura ajeitou o sofá para Reinaldo, apesar da insistência de Augusto para que dormissem no mesmo quarto e, assim, prolongassem as brincadeiras. Nenhum dos dois entendia por que não podiam dormir juntos, mas obedeceram.

Depois de se certificar de que o amigo estava bem instalado no sofá, Augusto foi para o quarto, e Jaime se recolheu com a esposa. Sozinho na sala, Reinaldo tremia de medo. Com vergonha de dizer que tinha pavor de trovões, pensou que poderia vencer o pânico e enfrentar a noite de tempestade sem companhia.

No começo, fechou os olhos para não ver as sombras das árvores que se projetavam nas vidraças, como fantasmas cintilantes bruxuleando à luz azulada dos relâmpagos. Quando o estrugido dos trovões irrompia pela sala, Reinaldo não tinha mãos suficientes para tapar olhos e ouvidos ao mesmo tempo.

No intervalo entre um raio e outro, levantou-se correndo do sofá para fechar os postigos das janelas, de forma a não permitir que a claridade espectral se lançasse sobre ele. Tudo fechado, voltou ao sofá, encolhendo-se o mais que pôde sob as cobertas, rezando para que tivesse conseguido afastar os vestígios do temporal. Não deu certo. Logo os ruídos estranhos da casa do amigo começaram a perturbá-lo. Eram os pingos de chuva na janela, o vento fustigando as folhas das árvores, as trovoadas incessantes. Até o tique--taque do relógio o assustava e contribuía para conferir ao ambiente a mesma aura tenebrosa dos filmes de terror.

De hora em hora, o carrilhão dava baladas sinistras. Reinaldo as contava, uma a uma, amargando a falta de sono provocada pelo horror. Olhos abertos, ouviu a badalada das dez, das onze, da meia-noite... tudo acompanhado da cruel sinfonia da tempestade. No auge do pânico, um estampi-do seco e abafado o congelou no sofá. Alguém esmurrara a porta com violência, quase a derrubara. Reinaldo sufo-cou um grito de pavor, fazendo o máximo de esforço para permanecer onde estava. Mas o pânico foi dominando-o por completo, retirando-lhe a capacidade de raciocínio, fazendo-o ver e ouvir monstros onde só havia a natureza.

Não suportou mais. De um salto, levantou-se do sofá e correu pelo corredor às escuras. Abriu a porta do quarto de Augusto de chofre, atirando-se na cama ao lado dele, tre-mendo e ofegando. Na sala, as sombras e os ruídos conti-nuavam se revezando. Reinaldo nem se deu conta de que o murro na porta fora provocado por um galho de árvore que tombara na entrada da casa.

Com o sacolejo no colchão, Augusto acordou assustado, sentindo o corpo trêmulo do amigo junto ao seu.

— Reinaldo — chamou sonolento. — O que aconteceu?

IMPULSOS DO CORAÇÃO

— Por favor, Augusto, deixe-me ficar aqui — choramingou o outro. — Coisas estranhas estão acontecendo lá na sala. Acho que tem alguém querendo entrar.

— É só a chuva.

— Não é, não. Ouvi batidas na porta.

— Quem ia bater na porta numa noite como essa?

A resposta silenciosa foi suficiente. Augusto soltou um suspiro de resignação e chegou para o lado, abrindo espaço para Reinaldo, que se acomodou junto a ele. Como a cama era pequena demais para os dois, espremeram-se um de encontro ao outro para caber. Rapidamente, Augusto retornou ao sono. Reinaldo, agora seguro, não custou a adormecer.

Foram assim até a manhã seguinte. A chuva havia cessado quando Laura despertou. A primeira coisa que fez foi conferir o inesperado hóspede. Qual não foi a sua surpresa ao encontrar o sofá vazio e as cobertas espalhadas no chão. A princípio, pensou que ele estivesse no banheiro, mas a porta estava aberta, sem ninguém lá dentro. Talvez Reinaldo houvesse acordado mais cedo para chamar Augusto para a escola. Sim, só podia ser isso. Ela rezava para que fosse isso, para que Jaime não tivesse razão.

No quarto do filho, tudo parecia quieto. A exemplo de Jaime, Laura colou o ouvido à porta, tentando ouvir algum som vindo lá de dentro. A resposta do silêncio encheu-a de medo. Hesitou. Enchendo-se de coragem, rodou lentamente a maçaneta e abriu a porta devagarzinho. O quarto ainda estava escuro. Ela empurrou a porta mais um pouco, dando passagem à claridade do corredor, que se insinuou de leve no ambiente.

O que viu encheu-a de susto e medo. Deitados na cama, sob o mesmo cobertor, Augusto e Reinaldo dormiam abraçados. Na verdade, o braço de Reinaldo se esticara sobre o do outro, dando a impressão do abraço. A primeira reação de Laura foi sacudir os dois e gritar com eles. Depois pensou em chamar Jaime, para que ele tomasse uma providência enérgica. Mudou de ideia, com medo da atitude do marido. Aproximou-se da cama, puxou as cobertas e perguntou incisiva:

— O que é que vocês dois estão fazendo?

Tomados de surpresa, os garotos despertaram ao mesmo tempo, tentando fixar os olhos em Laura para compreender o que se passava.

— Se seu pai vir vocês dois nessa cama, não vai gostar nada — prosseguiu, sem esperar resposta. — Levantem-se, vamos, antes que ele chegue.

Os dois se levantaram sonolentos, esfregando os olhos, sem entender.

— Que horas são? — questionou Augusto.

Sem lhe responder, Laura ordenou irritada:

— Vá se lavar, Reinaldo, e depois volte para casa.

— Sim, senhora — respondeu o menino humildemente, intimidado pelo tom de voz dela.

— Por que estavam dormindo na mesma cama? — inquiriu ela, assim que ouviu o trinco do banheiro se fechar.

— Reinaldo estava com medo.

— E correu para a sua cama, não foi? Seu pai não vai gostar nada disso. Não queria lhe dar razão, mas agora, não sei o que pensar.

— Como assim, mãe? Não estou entendendo.

— Vista-se e não diga nada.

Enquanto Augusto esperava sua vez de ir ao banheiro, a campainha da porta soou com estridência, e Laura foi atender. O galho caído fora afastado para o lado, e a mãe de Reinaldo aguardava ansiosa.

— Desculpe-me incomodá-la tão cedo — Alcina foi logo dizendo. — Reinaldo não voltou para casa ontem, estou muito nervosa. Os telefones ficaram mudos. Pensei se ele não teria dormido aqui, com toda aquela chuva.

IMPULSOS DO CORAÇÃO

— Ele dormiu — falou Laura secamente.

— Oh! Graças a Deus! — e, estranhando a frieza da outra, retrucou preocupada: — Está tudo bem?

Laura não respondeu, limitando-se a encará-la com desdém. Por certo, alguma coisa havia acontecido. Antes que Alcina tivesse tempo de perguntar, Reinaldo correu para ela, aflito por lhe dar notícias.

— Mãe! — exclamou, atirando-se em seus braços. — Não pude ligar. O telefone ficou mudo.

— Eu sei, querido — respondeu ela com alívio. — Mas graças a Deus que Laura o deixou ficar.

Alcina olhou para a outra com um misto de gratidão e dúvida. Sem ousar encará-la, Laura tornou secamente:

— Foi bom mesmo você vir buscá-lo. Já era hora de ele ir.

O ar zangado de Laura acendeu uma luzinha de preocupação, e Alcina retrucou, aflita:

— Aconteceu alguma coisa? Ele a desrespeitou? Foi malcriado?

— Não exatamente. Mas o que ele fez não está direito.

— O que você fez, meu filho? — indignou-se Alcina, sem entender.

Reinaldo deu de ombros e olhou espantado para Laura.

— Acho que dona Laura ficou aborrecida porque eu fui para a cama de Augusto de noite. Mas eu estava com tanto medo!

Alcina voltou os olhos para Laura, adivinhando o que lhe passava pela cabeça. Uma revolta lhe subiu pelo peito, incandescendo seus pensamentos.

— Você não está sugerindo o que penso que está, não é? — tornou com raiva contida.

— Não estou sugerindo nada. Sei apenas o que vi.

— O que você viu? Dois meninos dormindo na mesma cama? E daí?

— Se isso não tem problema para você, então, decididamente, Reinaldo não é companhia para Augusto.

— Não acredito que você está insinuando isso. Os meninos são amigos há anos!

Quando Jaime chegou por trás de Laura, Alcina se calou, imaginando se ele também partilhava daquela desconfiança mordaz. Desde que se aproximara, ouvira parte da conversa, o suficiente para entender o que havia acontecido.

— Por favor, pegue seu filho e saia daqui — anunciou categórico. — Acho que a senhora entendeu o que minha mulher disse. Não queremos mais Reinaldo em companhia de nosso filho.

— Mas isso é um absurdo! Um disparate!

— Seu filho é um fresco — declarou ele à meia-voz. — É melhor que se afaste de Augusto antes que lhe faça algum mal.

— Eu não fiz nada — protestou o menino — Só estava com medo...

— Acho que já nos entendemos — prosseguiu Laura. — E agora, com licença. Ainda é cedo, tenho que preparar o café.

Laura fechou a porta, sem dar a Alcina chance de protestar. Depois de um breve momento, em que Jaime parecia digerir a informação, ele apanhou a mulher pelo braço e foi com ela para o quarto. Trancou a porta e, de frente para ela, indagou em tom sério:

— Ouvi dona Alcina dizer que você viu Reinaldo e Augusto dormindo na mesma cama. Foi isso o que aconteceu?

Não era bem aquilo que ela queria que acontecesse, mas agora não tinha jeito. De fato, seria mesmo inevitável ocultar o ocorrido de Jaime. Laura desviou o olhar e respondeu constrangida:

— Exatamente. Cheguei lá de manhã e Reinaldo estava com o braço passado por cima do corpo do nosso filho.

— Eu sabia! Sabia que esse menino não era boa coisa. Você acha que eles...?

IMPULSOS DO CORAÇÃO

— Não! Acho que Augusto ainda é inocente e não percebeu nada. Por enquanto, a coisa parece estar só no desejo.

— Só no desejo... — repetiu com repulsa. — Mato Augusto antes que algo do gênero aconteça.

— Nada vai acontecer. O mal já está desfeito. Reinaldo está proibido de se aproximar de nosso filho.

— Será que está mesmo desfeito? Que garantia temos de que o pior não vai acontecer? Eles estudam na mesma escola. — Jaime refletiu por alguns minutos antes de concluir: — Precisamos fazer alguma coisa. A diretora tem que tomar uma atitude.

— Pretende falar com ela?

— É claro. Isso não vai ficar assim. Augusto não volta à escola enquanto aquele menino ainda estiver por lá.

Para que Augusto não fizesse perguntas desnecessárias, Laura inventou de levá-lo ao dentista, embora ele não sentisse nada. E Jaime avisou que chegaria mais tarde ao trabalho. Tudo para ter uma conversa com a diretora da escola e exigir providências enérgicas para o caso de seu filho. A diretora ouviu em silêncio, indagando-se por que tinha que resolver problemas particulares das crianças. Jaime, contudo, ameaçou-a com um escândalo, e ela se viu pressionada a chamar a mãe de Reinaldo para uma conversa.

CAPÍTULO 4

Alcina nunca se sentiu tão humilhada em toda sua vida. Conversando com dona Aurora, diretora da escola pública, descobriu que as insinuações de Jaime e Laura iam muito além da suspeita. Tinham certeza absoluta de um fato que eles realmente não testemunharam. Não havia uma única prova de que Augusto e Reinaldo tivessem feito algo de que pudessem se envergonhar.

— Entenda-me bem, dona Alcina — disse Aurora, constrangida. — Não me agrada essa situação, mas a coisa me parece realmente grave.

— Isso é loucura — protestou Alcina com veemência. — Meu filho não fez nada.

— Ele dormiu ou não dormiu na cama com Augusto?

— Foi uma coisa inocente. O menino estava com medo da tempestade!

— Não foi isso que dona Laura disse que viu.

— Aquela mulher é maluca. Viu o que queria ter visto.

— De qualquer forma, eles estão ameaçando levar o caso ao secretário de educação. Não seria melhor se essa história morresse aqui?

— Acho tudo isso uma loucura. Não aconteceu nada, e mesmo que tivesse acontecido, não foi dentro da escola. Por que envolvê-los nisso?

— Porque as consequências para Reinaldo podem ser desastrosas. É claro que ninguém poderá obrigar o menino a deixar a escola por causa disso, mas o que dizer dos colegas? Como evitar as perseguições e a intolerância?

— A senhora está me dizendo que o meu filho, que não fez nada, vai se tornar alvo do escárnio dos colegas? É isso?

— Exatamente.

— Isso é um absurdo! Reinaldo é inocente.

— Eu sei, dona Alcina. Mas, cá entre nós, os trejeitos dele já estão começando a ser notados pelos outros.

Alcina ergueu uma sobrancelha e revidou abismada:

— Trejeitos? Que trejeitos?

— É verdade — mentiu Aurora, já que ninguém nunca havia comentado nada sobre isso. — Seu filho não me parece lá muito normal.

Alcina não conseguiu mais manter aquela conversa. Levantou-se abismada, apanhou a bolsa e, olhos que dardejavam chamas de ódio, disparou:

— A senhora é que não é normal, fazendo insinuações descabidas como essa. Pois pode mandar chamar meu filho imediatamente. Agora sou eu que não o quero mais estudando nesta escola.

Rodou nos calcanhares e saiu, cega de tanta ira. Para Aurora, o constrangimento cedeu lugar ao alívio. Sem hesitar, mandou que uma inspetora trouxesse Reinaldo. Alcina o apanhou pela mão, seguindo com ele furiosa e em silêncio. Caminhavam a passos apressados, Reinaldo quase correndo para acompanhá-la.

— O que foi que houve, mãe? — indagou ele, incomodado com o silêncio e a raiva dela.

— Nada. Conversaremos em casa.

— Por que você está assim?

Não suportando mais a situação, estacou. Segurando-o pelos ombros, perguntou incisiva:

— Quero que me responda e seja sincero: O que houve entre você e Augusto?

— Nada.

— Diga a verdade.

— Estou dizendo a verdade. Somos amigos.

— Você sabe do que estou falando, não sabe? — ele assentiu, ruborizado e confuso. — Se sabe, é porque alguma coisa já passou pela sua cabeça. Não passou?

Reinaldo não conseguia encará-la. É claro que sentia algo muito forte por Augusto, todavia, jamais questionara aquele sentimento. Para ele, era um sentimento natural e verdadeiro, que existira desde que se conheceram no jardim de infância. Não entendia por que agora sua amizade se transformara em motivo de vergonha.

— Gosto de Augusto — revelou indeciso. — Por que isso é errado?

— Porque vocês dois são meninos e não podem fazer certas coisas.

— Nós não fizemos nada! Por que você não acredita?

— Eu acredito — afirmou ela, abraçando-o com ternura. — Mas os pais dele, não. E querem destruir a nossa vida por causa disso.

— Como assim?

— Vamos nos mudar, Reinaldo. Já me decidi.

— Mudar para onde?

— Para Belo Horizonte. Seu tio já cansou de me chamar para trabalhar na loja dele.

— Mas mãe, não quero ir! Não quero me separar de Augusto.

— Você precisa. De hoje em diante, esqueça Augusto. Vai ser melhor para os dois.

— Não quero. Você não pode me obrigar.

IMPULSOS DO CORAÇÃO

— Está decidido. Quando suas irmãs chegarem da escola, começaremos os preparativos. Quero partir o mais breve possível.

— Vou poder me despedir de Augusto? Dar-lhe meu novo endereço?

— Infelizmente, não.

— Augusto vai ficar triste. Faz dois dias que não vai à escola.

— Eu sei.

— É por minha causa?

— É, sim.

Reinaldo abaixou os olhos e chorou mansamente, triste e com raiva ao mesmo tempo. A partir daquele dia, não compareceu mais à escola. Em um mês, mudaram-se para Belo Horizonte.

⚜

Embora desconfiado dos pais, Augusto não podia medir a gravidade da situação. Estava proibido de telefonar a Reinaldo e não o via mais na escola. O próprio Augusto faltara uma semana, primeiro para ir ao dentista, depois para cuidar de uma suposta doença da mãe ou ajudá-la com as compras. Quando retornou, não encontrou mais Reinaldo que, inexplicavelmente, desaparecera.

— Não compreendo, mãe — queixou-se ele. — Reinaldo sumiu.

— Vai ver mudou de escola.

— Por que ele faria isso?

— Não sei.

— Posso telefonar para ele?

— Você sabe que seu pai proibiu.

— Papai ainda está zangado por causa daquele dia?

— Seu pai está zangado e pronto. Não tem que lhe dar explicações.

A cada dia, Augusto ia para a escola cheio de esperanças de encontrar Reinaldo, mas ele nunca estava nem ninguém sabia dele. Só quando o nome dele foi riscado da ficha de chamada foi que Augusto soube que ele havia se mudado.

— Não entendo, mãe — queixou-se ele. — Como Reinaldo pôde se mudar sem se despedir de mim?

— Para você ver o tipo de menino que ele é. Mas não fique triste. Reinaldo não era companhia para você. Seu pai e eu descobrimos coisas terríveis sobre ele.

— Que tipo de coisas?

— Do tipo que não se conversa com crianças.

Por mais que Augusto tentasse, não conseguiu convencer o pai e a mãe a lhe contarem o que havia acontecido. Eles apenas diziam que Reinaldo não era boa companhia, que era um menino desvirtuado e que estavam melhor sem ele. E quando Augusto perguntava se era por causa do episódio da tempestade, simplesmente o ignoravam.

— Ele não é companhia para você — dizia Jaime secamente.

A separação foi motivo de muita dor para os dois meninos. Um dia, o telefone tocou, e Laura atendeu. Ouviu a voz infantil e insegura de Reinaldo do outro lado da linha:

— Será que eu poderia falar com Augusto, por favor?

— Quem está falando? — questionou ela, sem obter resposta. — Reinaldo, é você, não é? — silêncio. — Escute aqui, menino, vou lhe dar um aviso: não telefone mais para Augusto. Deixe-o em paz.

Reinaldo desligou com as orelhas ardendo de vergonha e ódio. Dali a uma semana, quando telefonou outra vez, por azar, Jaime estava de férias e atendeu:

— Como se atreve a ligar aqui para casa, seu sem-vergonha? Deixe meu filho em paz ou chamarei a polícia!

Depois desse dia, ele nunca mais ligou. Mas foi então que resolveu que carreira seguiria na vida. Uma que lhe desse poder e não permitisse que ninguém jamais o humilhasse de novo.

CAPÍTULO 5

Perdido de vez o contato com Reinaldo, Augusto caiu em depressão. Falava pouco, mal se alimentava, não se interessava por brincadeiras nem fazia novos amigos. A saudade o consumia, e várias vezes a mãe o pegou chorando pelos cantos.

— Precisamos fazer alguma coisa — comentou ela com Jaime. — Isso não pode ficar assim. Ele está emagrecendo a olhos vistos, vai acabar doente.

— Onde já se viu um garoto chorar de saudade de outro? Isso não é estranho?

— Realmente. Mas o que podemos fazer?

— O ano letivo já está terminando. Talvez uma mudança de ares ajude.

A mudança de ares planejada por Jaime estava bem longe daquela imaginada por Laura. Muito menos por Augusto. Terminado o grupo escolar, o menino aguardava com uma certa ansiedade a ida para o ginasial.

Em meio às férias, Jaime acertou tudo. Augusto raramente tocava no nome de Reinaldo, contudo, Jaime morria de medo de que ele elegesse um novo menino para o lugar do amigo. Tentara de tudo para fazê-lo interessar-se por meninas, alheio ao fato de que o filho era ainda uma criança. Seguindo seus receios, tomou a decisão que lhe pareceu mais adequada para evitar que o filho caísse em desgraça. Não sentia atração pela vida monástica, mas, naquele momento, o seminário lhe pareceu a melhor solução para aquele *problema*.

Laura recebeu a notícia oscilando entre a alegria e a decepção. Se, por um lado, ter um filho padre a enchia de orgulho, por outro, lamentava o fato de que ele jamais lhe daria netos.

— É melhor ele ser padre do que ser bicha — confortou Jaime. — De um jeito ou de outro, você nunca seria mesmo avó.

Augusto não soube de nada até o dia em que padre Antônio foi chamado para conversar com ele. Seus sonhos eram muito diferentes do futuro que lhe era apresentado. Sua paixão eram os animais e as flores, que cultivava em vasinhos ao redor da casa. Queria estudar, fazer faculdade de veterinária e, quem sabe, trabalhar no zoológico da capital.

Agora, sentado ali na sala, diante dos pais e de padre Antônio, Augusto se viu dominar pela revolta e pela dor da traição.

— Não quero ser padre — objetou com raiva. — O senhor não podia ter decidido isso sem me consultar.

Jaime e padre Antônio se entreolharam, até que o padre, pigarreando, ponderou:

— Pense bem, meu filho. Essa é a melhor opção para você.

— Por quê? Quem foi que disse que eu tenho vocação para padre? Gosto da igreja, mas quero ser veterinário.

— Veterinário? — irritou-se Jaime. — Por acaso isso é alguma recriminação velada? É isso, Augusto? Está me dizendo que quer consertar tudo o que eu fiz? Compensar os bichinhos que você também matou nas caçadas?

— Matei porque o senhor me obrigou.

— Está vendo, padre? É por isso que eu digo que esse menino tem que ir para o seminário.

— Tenha calma, Jaime — contemporizou o padre. — Tudo há de se resolver.

— Eu só disse que quero ser veterinário porque gosto de animais — esclareceu Augusto. — Não fiz qualquer referência ao senhor, pai.

— Você vai para o seminário e está acabado! Já está decidido.

Os lábios de Augusto começaram a tremer, e o choro veio baixinho.

— Tenho ou não tenho razão, padre? — esbravejou Jaime. — Esse menino é muito fresquinho. Chora por qualquer coisa.

— Por que não deixamos padre Antônio conversar com ele a sós? — sugeriu Laura. — Sem dúvida, saberá usar as palavras melhor do que nós.

— Minha decisão já está tomada. Ele só tem que obedecer.

— Laura tem razão — concordou padre Antônio. — Conversarei com Augusto e lhe explicarei a questão. Tenho certeza de que, depois de me ouvir, ele vai concordar.

De má vontade, Jaime se levantou e se deixou conduzir pela mulher até o quarto. Depois que eles se foram, após servir-se de uma xícara de chá, o padre explicou:

— O seminário é uma escola como outra qualquer. Primeiro, você vai concluir seus estudos no seminário menor. Depois passará ao seminário maior, onde irá cursar sete anos de filosofia e teologia.

— E aí me tornarei padre?

— Leva ainda mais uns dois ou três anos até que você seja enviado para uma paróquia, como pároco ou ajudante.

— Muito interessante, mas eu não quero. Não tenho nada contra o senhor ou qualquer religioso, mas não é o que sonhei para mim.

Padre Antônio terminou de tomar o seu chá e depositou a xícara cuidadosamente sobre a mesinha de centro. Encarou

Augusto com ar de compreensão, cruzou as pernas, ajeitou a batina e, batendo as pontas dos dedos, indagou:

— Você já ouviu falar de sodomitas, não ouviu?

O rosto de Augusto ficou rubro de vergonha, o que, para o padre, era um sinal bastante significativo.

— Sim, senhor — respondeu, de cabeça baixa. — Os habitantes de Sodoma, que eram dados a perversões sexuais com outros homens.

— Muito bem. Vejo que não esqueceu as lições do catecismo.

— Não, senhor.

— Você sabe que todo sodomita é pecador, não sabe? — ele assentiu. — O que você acha disso?

— Eu? — surpreendeu-se, levantando os olhos e fixando-os no padre. — Não sei. Nunca pensei a respeito.

— Você gostaria de ser um?

— Não! De jeito nenhum.

— O que você faria se fosse? Ou se, ao menos, tivesse essa tendência?

Augusto não tinha a menor ideia do porquê daquela conversa, mas começou a sentir uma inquietação estranha, um sentimento de culpa tomando conta dele.

— Não estou entendendo... — balbuciou confuso.

— Você diria que é melhor a vida monástica do que o pecado da sodomia?

— Sim... — falou hesitante. — Acho que sim.

— Então concorda comigo que, antes de ser dominado por essa tendência, seria preferível ir para o seminário e se ordenar padre?

— Sim...

— Você sabe que Deus destruiu Sodoma com fogo e enxofre por causa dessas perversidades sexuais, não sabe?

— Sim, senhor.

— Muito bem, Augusto, sabendo de tudo isso, se você notasse certas tendências sodomitas em si mesmo, o que faria?

IMPULSOS DO CORAÇÃO

— Como assim? — surpreendeu-se.

— Preferiria viver em pecado, distante da virtude e da Igreja, envergonhando seu pai e sua família, ou aceitaria a sugestão de ir para o seminário e, consagrando a vida a Deus, dominar esse vício? Em outras palavras, quer salvar sua alma ou ser um pecador?

— Não estou entendendo, padre. O senhor está me deixando confuso. Por que está me fazendo todas essas perguntas?

— Porque você, meu filho, embora não saiba, carrega forte tendência de se transformar num sodomita, e o que seu pai está fazendo, mandando-o para o seminário, é tentar salvar sua alma desse pecado mortal.

Augusto quase caiu para trás com o choque. Não sabia de onde o pai ou o padre haviam tirado aquela ideia absurda e tratou de protestar:

— Com todo respeito, padre, isso é uma infâmia! Jamais me relacionei ou pensei em me relacionar com outro menino.

— Será que não? E aquele menino, o Reinaldo?

— O que tem ele?

— Será que você e ele nunca fizeram nada?

— É claro que não!

— Não dormiram juntos, na mesma cama?

Augusto ficou confuso e assentiu nervoso:

— Ele estava com medo...

— Dormiram ou não dormiram? — insistiu padre Antônio.

— Dormimos. Mas não foi do jeito como o senhor está insinuando.

— E ele não apertou o corpo contra o seu?

Ele parou para pensar um instante, as faces ardendo de tanto rubor.

— Sim, mas...

— E não é verdade que sua mãe, ao entrar no quarto, encontrou os dois abraçados?

— Mas foi sem querer! O braço dele caiu sobre mim enquanto dormíamos.

— Diga-me, Augusto, mas pense bem antes de responder: você não sentiu prazer com o contato do corpo de seu amigo?

— Não! — exasperou-se ele, que nunca havia pensado naquela possibilidade.

— Pense bem. Não minta, porque mentir é outro pecado, e você não quer mais comprometer a sua alma, quer?

— Eu... não sei.

Augusto estava tão confuso que não sabia mais o que pensar. Nem sabia bem o que sentira naquela noite. A companhia de Reinaldo lhe dava imenso prazer, mas se o prazer provinha da proximidade de seu corpo ou de sua alma, não saberia dizer. Sequer conhecia o prazer sexual, nunca antes tivera qualquer tipo de relação com ninguém, homossexual ou não. Como afirmar que fora dominado pelo desejo, se não sabia o que o desejo era?

Padre Antônio notou a confusão do menino e sorriu intimamente, certo de que havia desvendado seu maior segredo. É claro que ele não sabia ainda, mas tudo indicava que era certo que seria homossexual. Deu um tempo para que Augusto refletisse bem sobre tudo aquilo e, quando falou, tinha nas palavras a certeza da vitória:

— Qualquer um que faça o que você fez, que sinta o que você sentiu, é um sodomita em potencial, embora ainda não saiba ou não tenha tido a oportunidade ou a coragem de se mostrar. Mas não se iluda, Augusto, com o tempo, esse mal que está aí dentro vai surgir e, longe da Igreja, você não vai conseguir dominá-lo. Ele é que vai dominar você, conduzindo-o pela senda do pecado, que leva direto ao fogo de Satanás. Agora lhe pergunto: é isso que você quer?

Augusto estava chorando. Ouvindo o padre falar, parecia óbvio que ele era uma bicha, como seu pai já dissera tantas e tantas vezes. Agora compreendia tudo. Nunca pensara no prazer que sentia na companhia de Reinaldo como algo pecaminoso, mas os argumentos de padre Antônio eram irrefutáveis. Tudo indicava que ele, mesmo sem saber, ia deslizando pelo caminho da perdição e do pecado. Mas não queria. Queria ser livre, não um pecador. Queria que sua amizade por Reinaldo fosse algo lindo e puro, mas agora percebia que se deixara cegar por uma ilusão. Não. Decididamente, não queria ser um pecador.

Com os olhos brilhantes de tantas lágrimas, Augusto encarou o padre e respondeu com voz trêmula:

— Não.

— Pois então, você não tem saída. O seminário é a única alternativa possível. Lá, receberá educação religiosa e poderá, através da dedicação e da confissão, limpar sua alma desse pecado. Mas não se iluda. Estará também sujeito a muitas tentações. Rodeado de meninos, terá inúmeras chances de se desvirtuar. Apele para seu confessor, a fim de dominar suas tendências e não se desviar do caminho da virtude.

— Farei como o senhor manda, padre. Perdoe-me! Perdoe-me! — Augusto atirou-se de joelhos aos pés do religioso, suplicando em prantos: — Eu não queria... não sabia que estava ofendendo a Deus. Mas eu juro! Juro que vou me modificar e me tornar um servo do Senhor.

A vitória sobre o mal havia sido consumada, segundo a concepção de padre Antônio. Ele ajudou Augusto a se levantar, mandou que lavasse o rosto e chamou seus pais de volta.

— Eu não lhes disse? — perguntou, em júbilo, padre Antônio. — Não se preocupem. Ele agora está salvo.

Jaime e Laura não cabiam em si de contentamento, certos de que haviam conseguido trazer Augusto de volta ao caminho da virtude. Tudo acertado, no início do ano letivo, Augusto partiu para Mariana, rumo a uma nova vida de dedicação e sacrifício, onde pretendia, de uma vez por todas, sufocar o mal que crescia dentro dele.

CAPÍTULO 6

Muitos anos se passaram até que Augusto conseguisse realizar parte de seu sonho, e, embora a capital da república estivesse agora localizada em Brasília, o Rio de Janeiro ainda era seu destino tão desejado. Fazia algum tempo que conseguira a transferência, e agora, sentado no solitário banco do confessionário, aguardava, impaciente, o término da confissão de um adolescente de quinze anos, muito preocupado em relatar suas peripécias sentimentais com a namorada de escola.

Por sorte, o rapaz era o último daquele dia, pois os amigos o aguardavam com um almoço de comemoração especial pela passagem do seu trigésimo aniversário. Na verdade, Augusto não via muitos motivos para comemorar. O país assolado na ditadura, o desaparecimento de professores, jornalistas e historiadores faziam qualquer tipo de celebração parecer um desrespeito.

Mas enfim, como dissera seu amigo Cláudio, aquela época obscura não podia ser tão sombria a ponto de apagar os sonhos e extirpar a alegria do coração do ser humano,

IMPULSOS DO CORAÇÃO

que foi feito para a felicidade. Indignado com as perseguições e as torturas, Augusto acabou juntando-se a outros padres contrários ao novo regime, para instituírem uma organização chamada *Esperança*, cujo símbolo era o próprio inseto verde voando no círculo branco da paz. Sua finalidade era defender a democracia, a liberdade e a vida não com palavras de protesto, mas com gestos velados que puseram a salvo várias pessoas perseguidas pelos militares.

Homem de poucas palavras, desenvolvera no seminário uma coragem segura e tenaz, além do prazer de ajudar por ajudar. Quando a Igreja, a princípio, apoiou o golpe militar, sentiu-se traído e mostrou-se disposto a abrir a boca para protestar. Mas foi aconselhado por seus superiores a manter a neutralidade, pois nenhuma utilidade teria um padre desaparecido ou morto.

Mais tarde, quando a tortura, a violência e o assassínio se tornaram práticas comuns nas cadeias, muitos membros da Igreja, inclusive os mais expoentes, iniciaram um movimento contrário à repressão. Envolvendo-se com militares dissidentes, opostos ao regime, Augusto, Cláudio e outros padres iniciaram um movimento de proteção aos perseguidos políticos, ajudando-os a fugir ou se esconder.

Durante todos aqueles anos, Augusto jamais se relacionou sexualmente com ninguém. Se não podia ser homem, mulher também não deveria ser, era o que lhe dizia seu confessor. No seminário, passava o tempo entregue a orações e penitências, com medo de cair em tentação e se envolver com algum dos meninos, que sofriam vigilância cerrada. De tanto rezar, jejuar, se penitenciar, Augusto acreditava que Deus o ouvira e o atendera. Jamais, em todo aquele extenso período de aprendizado, se deixou impressionar por nenhum de seus colegas. Não sentia desejo nem pensava nos rapazes. Sequer gostava quando o tocavam. Nada. Simplesmente apagara de seu corpo os indesejáveis efeitos do impulso sexual. Conseguira, finalmente, se purificar e se tornar um padre devoto e casto.

A família permanecera em Uberlândia. Os pais agora estavam idosos e, por mais que Augusto fizesse, não conseguiu trazê-los para mais perto. Com a distância, o relacionamento entre eles, que já era frio, tornou-se quase estranho. Poucas eram as vezes em que se viam, embora se correspondessem regularmente.

Augusto terminou de ouvir a confissão do rapaz, deu-lhe a absolvição e esperou até que ele saísse. Já ia se levantando quando a cortina que encobria o lado do penitente se moveu mais uma vez. Uma moça entrou, ajoelhou-se e, por uns instantes, pareceu que chorava. Augusto relaxou o corpo no banco e procurou centrar a atenção na pessoa ajoelhada do outro lado da grade.

Apesar do silêncio, soluços contidos e ofegantes preencheram o vazio, revelando seu estado de patente exaustão. Augusto esperou para ver se ela conseguia vencer o cansaço. Apurando bem os ouvidos, esperou um sussurro ou uma confissão hesitante, mas ela nada disse, limitando-se a tentar abafar os soluços no meio das mãos em concha.

— O que a traz aqui, minha filha? — arriscou ele, não querendo pressioná-la.

Depois de longo e trêmulo soluço, carregado de pranto velado, a moça levantou os olhos para ele. De onde estava, Augusto não conseguia vislumbrar-lhe bem as feições, mas notou que ela era extremamente jovem.

— Não vim aqui me confessar — anunciou ela, após breves segundos. — Estou apenas tentando... me esconder.

— De quem? Ou de quê?

Com um sorriso irônico, ela acrescentou:

— O senhor não pode fazer nada por mim, se é o que está pensando.

— Não, não posso. Mas posso mostrar a você o caminho...

IMPULSOS DO CORAÇÃO

— Da salvação? — cortou ela, com desdém.

— Eu ia dizer do seu coração, para que, olhando dentro de si mesma, você consiga chegar a ele através da reflexão e da autoconfiança.

Fez-se novo silêncio, que durou apenas alguns segundos, até que ela retrucou:

— Não compreendo bem as suas palavras. Meu coração está partido, e olhar para dentro de mim mesma só vai me trazer revolta.

— Não quer me contar o que aconteceu?

Ela hesitou. Não sabia se devia ou não. Entrara ali para se refugiar da perseguição que ela, o namorado e alguns amigos haviam sofrido minutos antes. Espalhavam panfletos contra a ditadura pelas ruas quando a polícia apareceu, distribuindo socos, pontapés e golpes de cassetetes por todo lado. Foi uma correria geral. Rafaela conseguiu escapulir porque, assim que ouviu a patrulha se aproximando, dobrou a esquina e correu o mais que pôde, entrando na primeira igreja que encontrou aberta. Foi então que viu um rapaz saindo do confessionário, ótimo lugar para se esconder e descansar.

Podia dizer qualquer coisa àquele padre e ir embora sem levantar suspeitas. Carlos Augusto, seu namorado, lhe dissera que os padres estavam envolvidos com a revolução, levando-a a sentir medo de se abrir com aquele desconhecido.

— Obrigada, padre, mas estou bem agora — anunciou ela. — O motivo que me trouxe aqui já não importa mais.

— Não tem nada a dizer?

— Não, senhor.

— Veio só para se esconder.

Rafaela maldisse a si mesma por haver revelado aquele pequeno detalhe. Se ele fosse esperto, facilmente deduziria o motivo de sua fuga. Mas havia na voz dele uma suavidade tão confortadora que lhe pareceu amistosa, sem armadilhas.

— Esqueça o que eu disse, padre. Preciso ir embora. Carlos Augusto deve estar me procurando.

— Quem?

— Meu namorado.

Por pouco Augusto não se arriscou a puxar conversa. Era muita coincidência que o namorado dela tivesse o mesmo nome que ele. Contudo, manteve-se em seu lugar e esperou. Rafaela queria ir embora, no entanto, um estranho magnetismo a prendia ali. Não sabia se eram os olhos do padre, sua voz suave ou sua presença confortadora. Aos poucos, foi se sentindo segura e em paz, como se nada nem ninguém pudesse atingi-la ali, ao lado dele.

— Vivemos tempos difíceis — comentou ele, acostumado aos jovens envolvidos com o movimento estudantil.

— E nem sempre concordamos com as coisas que nos são impostas. Sorte que ainda podemos ter amigos.

— Difícil é reconhecer os inimigos.

— É verdade. Você tem muitos inimigos?

— Não sei... — hesitou ela, estranhando imensamente aquela conversa com um padre. — E o senhor?

— Pessoalmente, não tenho nenhum. Mas sempre há aqueles que, como você mesma disse, não podemos reconhecer. É contra esses que é mais difícil lutar.

— O senhor é uma pessoa estranha. Fala coisas que não imaginaria num padre.

— Antes de ser padre, sou um homem comum.

Ela já havia ficado muito tempo ali, e nenhum policial aparecera para procurá-la. Devia estar seguro lá fora. Então, por que resistia tanto em ir embora? Precisava procurar Carlos Augusto e os outros.

— Olhe, padre, agradeço muito a atenção, mas agora tenho que ir. Como disse, meu namorado deve estar me procurando.

— Muito bem. Gostei muito de conversar com você. Se precisar de mim, é só me procurar.

— Desculpe-me, mas não pretendo me confessar. Não é nada contra o senhor, mas é que não sou uma pessoa religiosa.

— Não precisa ser. Estou aqui para ouvir e tentar ajudar qualquer pessoa, independentemente de religião ou credo. Você nem precisa acreditar em Deus para vir conversar comigo.

Sorrindo, ela acrescentou de bom-humor:

— Sei. Para o senhor me converter, não é?

— Isso não existe. Ninguém converte ninguém. São as pessoas que se deixam levar pelas palavras que os ouvidos querem ouvir.

— O senhor é realmente diferente de todo padre que conheci.

— Você disse que não é religiosa.

— Não sou. Mas meus pais eram e sempre me levavam à igreja.

— E agora que você se tornou uma mulher não precisa mais disso.

— Não preciso de ninguém que me diga o que devo ou não fazer. Sei resolver isso por mim mesma.

— Todo mundo pode lhe dizer o que fazer, mas você faz se quiser.

— Tudo bem, mas é muito chato ter alguém no seu pé. Você não acha?

— Acho. Quanto a isso, não precisa se preocupar. Não costumo ficar no pé de ninguém.

Rafaela riu novamente e arrematou:

— Bom, padre, obrigada pela conversa. Tchauzinho...

— Até quando Deus quiser.

Rafaela abriu a cortina e olhou para a porta da igreja. Como não havia ninguém, animou-se a sair. Já estava com um pé para o lado de fora quando voltou para dentro e indagou curiosa:

— Só para o caso de eu pensar em voltar um dia. Por quem devo procurar?

— Padre Augusto. Venho sempre de manhã. À tarde leciono num colégio católico aqui perto, mas à noite estou de volta.

Rafaela chegou a perder a voz. O padre tinha praticamente o mesmo nome de seu namorado. Era uma coincidência muito estranha.

— Ok — retrucou pensativa. — Esse nome, não vou esquecer.

Quando a cortina parou de se mover, Augusto saiu do confessionário. Encontrou a igreja vazia, à exceção de duas senhoras que oravam ajoelhadas no primeiro banco. Da moça, nem sinal. Caminhou lentamente pelo corredor lateral, em direção à sacristia, onde Cláudio e os amigos já deviam estar aguardando-o.

— Finalmente! — exclamou Cláudio, tão logo ele abriu a porta. — Por pouco não começamos a comer sem o aniversariante.

Uma lasanha de queijo fumegava na pequena mesa que ele usava para reuniões, e um bolo de chocolate fora acomodado em sua escrivaninha. Os amigos se levantaram para cumprimentá-lo. Cláudio foi o último e estendeu-lhe uma pequena caixa coberta de furinhos.

— O que é isso? — indagou Augusto, já imaginando seu conteúdo.

— Abra e veja por si mesmo — respondeu Cláudio, de bom humor.

Quando Augusto levantou a tampa, viu que tinha certeza do que havia na caixa. Era um cão da raça bassê, ainda filhote, de orelhas compridas, o pelo caramelo e branco. Augusto examinou o bichinho, certificando-se de que era macho. Fazia dois meses que perdera sua cadela e andava muito triste.

— Ele é lindo! — admirou-se Augusto, acariciando o animalzinho. — Obrigado.

IMPULSOS DO CORAÇÃO

— Não foi nada, amigo. Você merece.

Sentaram-se para comer a lasanha especialmente preparada por Nelma, sua empregada, que levou o cachorro e o acomodou na poltrona. A conversa, embora animada, logo terminou, porque Augusto não queria se atrasar para a primeira aula da tarde.

— Bem — disse ele. — Foi ótimo vocês terem vindo. Pena que já está na hora de ir.

Depois das despedidas, Augusto seguiu com Cláudio para o colégio onde ambos lecionavam. Nelma recolheu os pratos e levou tudo para a casa do padre, juntamente com o cãozinho. No caminho para a escola, Augusto contou ao amigo sobre a moça que adentrara o confessionário naquela manhã, motivo de seu atraso.

— Com certeza, é mais uma da UNE[1].

— Ela estava fugindo, provavelmente da polícia. Soube de algum movimento próximo?

— Parece que houve uma confusão na rua, sim. Estudantes distribuindo panfletos.

— E?

— Não sei bem, mas acho que alguém foi morto. Ouvi dizer que um rapaz foi baleado.

— Minha Nossa Senhora! Terá sido o namorado dela? — Cláudio não respondeu, e Augusto prosseguiu: — O rapaz tem o meu nome, imagine.

— Quem? O namorado dela?

— É. Chama-se Carlos Augusto. Coincidência, não?

— Muita. Mas será que foi ele o atingido?

— Não posso dizer que espero que não, porque isso implica na morte de outra pessoa. Seja como for, um jovem perdeu a vida hoje, deixando desesperada uma pobre mãe.

— É verdade. Mais tarde, faremos uma oração por ele. O que você acha?

---

1 UNE – União Nacional dos Estudantes.

— Acho ótima a ideia.

Chegaram à escola quase no início das aulas. Augusto mal conseguiu se concentrar naquele dia. Não tirava a menina da cabeça e sequer sabia o seu nome. Rafaela se fora sem lhe dizer como se chamava. Por uma estranha razão, pegou-se desejando que ela voltasse. Queria ter notícias suas, saber o que realmente havia acontecido, quem era ela de verdade. Achava um desperdício a morte daquelas criaturas que mal haviam começado a viver e tudo fazia para ajudá-las. Queria muito ajudar a moça e seu namorado também.

CAPÍTULO 7

Ao sair da igreja, Rafaela procurou manter uma atitude normal, caminhando pela rua como um transeunte comum. Bem devagarzinho, tomou a direção do foco do incidente. Se a polícia ainda estivesse lá, ela corria o risco de ser presa, mas precisava ver o que havia acontecido a Carlos Augusto e aos outros, seis no total. Não sabia quem havia e quem não havia escapado. Os tiros que escutara ainda ressoavam em seus ouvidos, deixando nela a sensação de que alguém de seu grupo havia sido baleado.

Ao chegar à esquina por onde havia fugido, hesitou, com medo de dobrá-la. Do outro lado, o cenário da violência ainda estaria fervilhando de imagens e sons. Parada junto ao muro, procurou escutar, e vozes apressadas chegaram aos seus ouvidos. O tumulto havia sido desfeito, mas, ao que parecia, a polícia ainda estava por lá. De tão centrada nos acontecimentos, não percebeu quando uma patrulha se aproximou. O carro da polícia parou ao lado dela. Um policial alto e forte saltou, batendo o cassetete na mão de forma intimidadora.

49

— O que está fazendo aí? — indagou ele, em tom hostil.

O susto quase a derrubou ao chão. Rafaela olhou para o policial, a mente trabalhando com a velocidade de um relâmpago:

— Estou com medo de passar.

— Por quê? Tem medo da polícia?

— Não. Tenho medo de levar uma bala perdida.

— Está insinuando que nós, policiais, atiramos para qualquer lado?

— Vocês, não. Os bandidos. O que foi? Assalto?

O guarda olhava para ela com uma certa desconfiança, louco para colocar as mãos em seu corpo jovem. Ia continuar o interrogatório quando o companheiro desceu da viatura e o chamou:

— Vamos logo, Ricardo. Ela não fez nada.

O policial chamado Ricardo abaixou o cassetete.

— Se você diz... — falou, indiferente.

— Se tem medo de defunto, moça, acho bom procurar outro caminho — prosseguiu ele. — Tem um presunto bem no meio da rua.

Ela assentiu e deu meia-volta, sem piscar, para as lágrimas não caírem. Andou lentamente, culpando-se por não ter tido coragem de enfrentar os policiais, revelando-lhes que ela também estivera envolvida no incidente. Um de seus companheiros perdera a vida em defesa de sua causa, ao passo que ela covardemente fugira e fora se refugiar nas barras da batina de um padreco do subúrbio.

Talvez ela não fosse talhada para aquela vida. Entrara naquilo por insistência de Carlos Augusto, cujo pai havia sido cassado e morto. Ele tinha um motivo para querer se vingar, para fazer alguma coisa contra aquela gente que assassinara o seu pai. Mas ela... Ninguém de sua família fora presa ou torturada. Por que fora se envolver com aquilo?

Novamente o sentimento de culpa a assaltou. Sabia que estava sendo covarde e recriminou a si mesma, acusando-se

IMPULSOS DO CORAÇÃO

de traidora. Seu lugar era junto de Carlos Augusto e dos outros. Onde, porém, estavam eles? Talvez tivessem fugido também, deixando para trás um único companheiro morto.

Resolveu apanhar um ônibus até sua casa. A mãe estava na cozinha, como sempre, e o pai no trabalho. O irmão mais novo desenhava na mesa da sala, com a televisão ligada num desenho animado qualquer. Certamente não esperava ouvir nenhuma notícia no jornal da tarde, mesmo assim, ficou assistindo.

Pouco depois, o telefone tocou, e ela correu a atender. Do outro lado, a voz de Silmara soou nervosa:

— Alô? Rafaela? Estou com a pesquisa de artes pronta. Podemos nos encontrar?

— Estou indo.

Sem dizer nada, ela apanhou a bolsa e saiu. Aquela era a senha para o grupo se reunir em seu local secreto, um apartamento alugado em um subúrbio da Central. Quando chegou, o sol já começava a se pôr. Logo que tocou a campainha, notou que alguém olhava pelo olho mágico. Rapidamente, Silmara abriu a porta, e ela entrou às pressas.

Na pequena sala, apenas ela e Silmara, de pé diante das almofadas vazias.

— Graças a Deus que você está salva! — desabafou Silmara, abraçando-a com alívio.

— Cheguei a casa ainda a pouco — disse Rafaela, procurando pelos demais. — E Carlos Augusto? E os outros?

— Geraldo está morto — anunciou ela com desgosto. — Os outros foram presos.

— Meu Deus! — lamentou Rafaela, atirando-se numa das almofadas. — Para onde os levaram?

— Não sei. Provavelmente para o DOPS[1].

Rafaela abaixou os olhos e começou a chorar, já imaginando as terríveis torturas a que seus amigos seriam submetidos.

---

1 DOPS – Departamento de Ordem Política e Social.

— O que faremos? — tornou ela com angústia.

— Aguardar. É só o que podemos fazer.

— Ah! Silmara, isso não é vida. Entrei nessa por causa de Carlos Augusto, mas estou começando a me arrepender. Veja só no que deu.

— Eu sei. Acha que eu também já não pensei a mesma coisa? Só que agora é tarde demais. Não podemos abandonar o movimento.

— E se eles delatarem a gente? — indagou, apavorada.

— Se isso acontecer, diga adeus à liberdade e à vida.

— Não quero morrer. Não desse jeito.

— Ninguém quer. Mas quando aderimos à resistência, sabíamos quais eram os riscos.

— Minha mãe vai morrer de desgosto.

— Pare com isso. Precisamos pensar num meio de encontrar os outros.

— Como?

— Não conhece ninguém que possa nos ajudar?

Rafaela lembrou-se de padre Augusto, mas jamais poderia contar com ele. O padre era um homem de fé, não um guerrilheiro ou político.

— Não conheço ninguém — afirmou desanimada.

Como não havia muito o que fazer, acharam melhor se separar. Rafaela voltou para casa, angustiada com o destino de Carlos Augusto e dos outros amigos, Rogério e Ana Lúcia. Um medo atroz a assaltou, retirando-lhe o sono e a paz. Seu pânico foi ainda maior quando, dois dias depois, o corpo de Ana Lúcia foi encontrado num matagal em Caxias, cheio de marcas de queimaduras e cortes profundos.

A versão da polícia foi de que a moça havia sido estuprada e morta por um maníaco. Ela e Silmara, porém, sabiam que aquela não era a verdade. Presa, Ana Lúcia fora torturada, assassinada por seus algozes depois de sofrer violência sexual. De Rogério e Carlos Augusto, nem sinal. As meninas viviam em constante sobressalto, temendo ser capturadas a qualquer momento.

— Não podemos dar na pinta — dizia Silmara. — Temos que continuar com nossas vidas como se nada tivesse acontecido. Do contrário, vão desconfiar de nós.

— Estou apavorada! — confessou Rafaela.

— Você tem ido à faculdade?

— Não.

— Pois então, trate de voltar.

— A faculdade está cheia de espiões. Quanto tempo acha que vai demorar até nos prenderem?

— Se Carlos Augusto e Rogério não disserem nada, estaremos seguras.

— Não quero mais participar disso, Silmara, não quero. É perigoso demais. Não vale a pena. O que podemos fazer é muito pouco em comparação ao que precisa ser feito.

— Uma semente sempre brota em algum lugar. Se todos pensarem como você, nada vai se modificar.

— Entendo o que você diz, mas a questão é de sobrevivência. Lamento muito o que está acontecendo, contudo, não sou a pessoa certa para tentar modificar o mundo. Se conseguir modificar a mim mesma já me darei por satisfeita.

— Não se preocupa com Carlos Augusto?

— Ele é a única razão de eu ainda estar aqui.

— Mesmo que Carlos Augusto seja solto, jamais abandonará a causa. De todos nós, ele sempre foi o mais atuante.

— Tenho esperanças de conseguir convencê-lo. Sei o quanto ele me ama, e talvez esse susto sirva para fazê-lo desistir de tudo.

— Isso se ele for solto. Vamos esperar que sim, mas não podemos ter certeza.

O tempo foi passando, e nada de notícias de Carlos Augusto ou de Rogério. Rafaela ligava para a casa dele, mas os pais, aflitos, não sabiam o que dizer. Tentaram de todas as formas descobrir seu paradeiro, no entanto, ninguém sabia de nada nem nunca ouvira falar dele. O mesmo acontecia com os pais de Rogério, que também não conseguiram apurar nada.

Dois meses depois, as coisas ainda permaneciam na mesma. Por mais que Rafaela ansiasse, não chegavam notícias de Carlos Augusto, levando-a a perder as esperanças e se desesperar. Amava o namorado, doía-lhe saber que ele podia estar morto. Ela e Silmara se encontravam constantemente, sem que nenhuma delas tivesse notícias para dar.

Quando, certa noite, Rafaela percebeu um homem vigiando sua casa, seu coração disparou. Pensou em fugir, todavia, não tinha para onde ir. Como ainda não completara vinte e um anos[2], não podia sair do país sem autorização. Nem passaporte possuía. E depois, para onde iria? Não se sentia segura para se aventurar numa jornada ao estrangeiro sozinha.

Só o que lhe restava era ter fé e rezar.

---

2 À época em que se passa a história, a maioridade era aos vinte e um anos.

CAPÍTULO 8

Cada vez que o telefone tocava, Rafaela tinha um sobressalto, certa de que lhe chegariam notícias funestas de Carlos Augusto. Nunca, porém, ligavam para falar dele. A falta de conhecimento sobre seu paradeiro estava virando uma guerra de nervos. Rafaela temia pela vida do namorado, bem como pela sua própria.

Silmara e ela pareciam estar sendo vigiadas. De vez em quando, ela percebia alguém acompanhando seus passos e, quando se virava, a pessoa não estava mais lá. Tudo era muito estranho, como se uma sombra ameaçasse roubar-lhe a luz da vida.

— Não aguento mais isso — desabafou com Silmara. — Lá se vão quase três meses sem notícias.

— Sem contar que estamos sendo vigiadas. Acho melhor não nos encontrarmos mais.

— Tem razão. Tenho a impressão de que vigiam a minha casa e de que estou sendo seguida. Quando olho, não tem ninguém.

— Precisamos dar sumiço em todo material subversivo. Se nos pegarem com os panfletos, não teremos a menor chance de escapar.

— Não podemos jogar tudo fora?

— É claro que não. Se estamos sendo vigiadas, vão nos dar um flagrante.

— E se queimássemos tudo?

— Já pensei nisso. Mas não podemos usar a área de serviço, pois chamaria a atenção dos vizinhos. Só se usássemos o fogão.

Rafaela ficou pensativa, imaginando o que seria de seus pais se ela fosse presa. A mãe morreria de desgosto, o pai perderia o emprego e o irmão passaria a ser evitado na escola.

— Você acha que Carlos Augusto e Rogério nos delataram? — sondou.

— Se não delataram, em breve o farão. Ninguém resiste muito tempo à tortura. Não viu o que aconteceu com a Ana Lúcia? Ou você fala, ou morre.

Ao sair do apartamento de encontro, Rafaela tinha o coração pesado e triste. Nunca antes se sentira daquele jeito. Quando aceitou participar das atividades subversivas, não pensou que pudesse acabar vivendo um pesadelo. Sentia imensa falta de Carlos Augusto, ao mesmo tempo em que temia pela sua segurança. Precisava dar um jeito de encontrá-lo, mas como? Sua família era simples e anônima, não conhecia ninguém importante que pudesse ajudar.

Procurando no mais fundo de sua mente, apenas uma pessoa surgiu como recurso viável. O padre que conhecera outro dia, e lhe parecera tão confiável, dissera que o procurasse caso precisasse de alguma coisa. Ela agora estava precisando. Só que não sabia se podia realmente confiar nele. Tinha medo de se abrir e de que ele a entregasse, já que a Igreja estivera a favor do golpe. E se ele fosse um daqueles que apoiavam o novo regime?

Ainda assim, resolveu arriscar. Algo na voz daquele padre lhe inspirava confiança. E depois, ela estaria protegida pelo segredo da confissão. Não era possível que ele revelasse ao governo o que ouvira no confessionário. Com essa certeza, achou que o melhor seria procurá-lo em dia de confissão. Lembrava-se muito bem de que fora numa quarta-feira que adentrara a igreja feito uma fugitiva. Estavam na segunda, logo, tinha que esperar mais dois dias inteiros até poder falar com ele.

Quando a quarta-feira chegou, Rafaela entrou na igreja logo na primeira hora. Como uma pequena fila já havia se formado, sentou-se para aguardar sua vez. A beata a seu lado lia um livro de salmos, movendo os lábios no ritmo das orações.

— Por favor — interrompeu Rafaela —, pode me dizer se é o padre Augusto quem está aí?

Sem levantar os olhos da leitura ou parar de mover os lábios, a mulher fez que sim com a cabeça. Rafaela respirou aliviada. Não queria perder tempo aguardando outro padre. Só Augusto lhe servia. Demorou um pouco até que chegasse a sua vez, quando então entrou no confessionário com o coração aos pulos, ainda se questionando se fazia a coisa certa. Certificando-se de que cerrara bem a cortina, ajoelhou-se e olhou para ele por entre as treliças. Augusto estava de olhos fechados, as mãos postas sobre o colo, aguardando sua confissão.

Sem saber como começar, Rafaela respirou fundo e cumprimentou hesitante:

— Olá, padre.

Na mesma hora, Augusto reconheceu aquela voz, tendo uma reação mais eufórica do que esperava. Olhos arregalados, fitou-a com uma alegria exagerada, algo que, até então, jamais havia sentido.

— Seja bem-vinda, minha filha — respondeu, lutando para conter a emoção. — Veio se confessar?

— Mais ou menos. Vim porque o senhor me disse que poderia procurá-lo se precisasse.

— É verdade.

— Pois estou precisando muito de... um favor.

— Que tipo de favor? — estranhou ele.

Ela permaneceu muda por alguns instantes, tentando registrar as feições que via de forma entrecortada. Por fim, falou com cautela:

— Lembra-se de quando o senhor me disse que vivíamos tempos difíceis? — ele assentiu. — Pois as coisas ficaram muito difíceis para mim.

Ela se calou, a voz embargada pelo pranto que, por mais que tentasse, não conseguiu segurar. Augusto ouviu-a soluçar baixinho, procurando encará-la por entre as grades. A muito custo conseguiu controlar a vontade de passar para o outro lado e dar-lhe um abraço de conforto.

— Você está metida em algo que não devia? — questionou ele, tentando não imprimir à voz um tom de censura ou de cobrança.

— O que seria algo que não devia? — tornou ela, já arrependida de ter ido procurá-lo.

— Algo que o atual governo não aprovaria.

A resposta dele foi tão direta que ela sentiu medo. Ou ele queria sondá-la para delatá-la à polícia, ou estava acostumado a ouvir pessoas naquela situação.

— O que o senhor pensa do atual governo, padre? — revidou ela.

— É mandamento de Deus que não julguemos para não sermos julgados. Por isso, nada posso dizer sobre a atitude do homem. Só o que posso é tentar aliviar as dores causadas por ela.

— O que isso quer dizer, exatamente?

— Que não me cabe questionar o governo, mas tão somente ajudar aqueles que sofrem em suas mãos, porque Deus nos disse: *amai-vos uns aos outros*. Aquele que foge à lei do amor se enclausura na ilusão do poder, alimenta-se do orgulho sem limites e vive a falsa impressão de que é dono

IMPULSOS DO CORAÇÃO

de alguma coisa. Mas todas as coisas do mundo são concessão de Deus, que devolveremos um dia. Mesmo o corpo não é nosso, porque, no dia em que morrermos, teremos que retorná-lo à natureza, que é, em suma, a essência viva da divindade.

Rafaela estava boquiaberta, surpresa com o inusitado discurso do padre. Havia qualquer coisa nele que ia muito além do sentimento religioso. Uma forte convicção em suas palavras, algo que fazia dele uma pessoa especial e, acima de tudo, confiável. Diante dessa certeza, não hesitou:

— Muito bem, padre, vou lhe dizer por que vim até aqui. No dia em que o conheci, estava fugindo da polícia, como já deve ter adivinhado. Junto com alguns amigos, distribuía panfletos considerados subversivos. Minha amiga Silmara e eu conseguimos escapar. Geraldo morreu no local. Ana Lúcia foi estuprada e encontrada morta em um matagal. Outros dois continuam desaparecidos: Rogério e Carlos Augusto, meu namorado, como antes lhe falei. Por mais que nos esforcemos, não conseguimos notícias. As famílias estão desesperadas, e eu... — ela parou de falar e engoliu um soluço — não aguento mais ficar sem saber o que houve com Carlos Augusto. Estou sofrendo muito, com medo do que possa ter-lhe acontecido.

Diante das lágrimas que agora dificultavam a fala de Rafaela, Augusto considerou:

— Este não é um assunto para tratarmos no confessionário. Pode esperar até que eu termine as confissões? Em minha casa, conversaremos com mais privacidade.

— Não... Preciso ser ouvida em confissão.

— Não tenha receio. Tudo o que me disser estará resguardado.

Rafaela sentia que podia confiar nele. Enxugou as lágrimas, saiu e sentou-se num banco do outro lado, onde não havia ninguém. Teve que aguardar até o término da última confissão. Quando Augusto saiu do confessionário, ela fez menção de se levantar para segui-lo, mas algumas beatas o detiveram para uma conversa.

Enquanto ele atendia as mulheres, Rafaela o observava, surpreendendo-se com a beleza daquele jovem padre. As beatas falavam e gesticulavam, algumas alisavam seu rosto, mostrando-lhe uma notícia no jornal. O nome e a fotografia de Augusto figuravam em uma pequenina matéria. No dia anterior, ele arriscara a vida para salvar um gatinho preso no telhado de um barracão em chamas. Um padre de batinas, no alto de uma escada, levando arranhões de um gato assustado enquanto as labaredas avançavam pelos degraus, tinha que virar notícia.

Quando por fim conseguiu se desvencilhar das beatas, fez um sinal quase imperceptível para que Rafaela o seguisse.

— O senhor é alguma celebridade? — indagou.

A covinha em seu queixo se acentuou com o sorriso, levando Rafaela a pensar no desperdício que era um homem bonito feito ele ter-se tornado padre.

— Não — respondeu serenamente. — Foi só um gatinho que salvei de um incêndio.

— Então é um herói.

Ele tornou a sorrir, sem responder. Em poucos instantes, adentraram a casa de Augusto. Era pequena e simples, porém, bastante aconchegante e confortável. O cão veio lá de dentro, abanando o rabo, tentando subir pelas pernas de Augusto. Ele se abaixou para apanhar o cachorro no colo, censurando-o com amorosidade:

— Fique quieto, Lulu. Comporte-se.

Se Rafaela não estivesse tão aflita, teria adorado brincar com Lulu. Ela fez um carinho na cabecinha dele e seguiu Augusto até a sala.

— Espero que não repare — falou ele. — Não sou muito dado a luxos.

— Não, está ótimo. Sua casa é muito bonita e bem cuidada.

IMPULSOS DO CORAÇÃO

Ouvindo a voz do padre, Nelma se aproximou, esfregando as mãos no avental. Ao dar de cara com Rafaela, ergueu as sobrancelhas e falou mal-humorada:

— Não sabia que tinha visitas — como Augusto não respondesse, ela mudou de assunto: — Posso tirar o almoço?

— Pode. E ponha mais um prato à mesa. Rafaela vai almoçar conosco.

Rafaela pensou em protestar, contudo, a voz do padre era tão cativante, seu sorriso tão meigo e seu olhar tão doce, que ela não resistiu. Comeram com uma certa rapidez, pois Rafaela não queria falar nada na presença de Nelma. Ao final da refeição, Augusto conduziu-a até um pequeno pomar atrás, protegido por muros altos que impediam a visão do exterior, onde uma mesa de madeira rústica havia sido estrategicamente posicionada à sombra de uma mangueira.

— Venha — chamou ele. — Vamos nos sentar aqui. Tenho ainda uma hora.

O lugar era lindo, com flores viçosas e muitas árvores. Sentada de frente para ele, Rafaela deixou-se envolver pelo prazer que aquele local proporcionava. Fresco, agradável, seguro. Um jardim dentro dos limites da igreja, que ninguém podia ver.

— Não sabia que a igreja tinha um pomar — comentou ela, olhando ao redor. — Ou jardim, não sei bem.

Ele sorriu e respondeu satisfeito.

— Não tem. A casa foi comprada por mim. Ao lado da igreja, não podia querer localização melhor. E ainda veio com esse quintal maravilhoso, cujas flores e árvores gosto de cultivar.

— Pensei que os padres vivessem em casas fornecidas pela Igreja.

— Alguns. Mas eu quis comprar a minha. É muito antiga, tem até um porão com janelinhas. Está vendo ali?

Olhando na direção que ele apontava, viu as minúsculas basculantes do porão. Como ele consultasse o relógio, ela iniciou a conversa:

— Bom, padre, como disse, nós estávamos fugindo, e Carlos Augusto foi preso. Não tenho notícias dele nem de Rogério há quase três meses. Já tentamos de tudo, mas ninguém sabe de nada. Por isso, fiquei pensando. Será que o senhor, que deve conhecer tanta gente, não teria como tentar descobrir o paradeiro deles?

Ela começou a chorar novamente, de cabeça baixa, deixando Augusto confuso e pensativo. Aquele não era um pedido incomum. Ele ajudava gente a fugir e se esconder, mas tinha quem descobrisse o paradeiro de pessoas desaparecidas. Imaginou o sofrimento daquelas mães, sem saber o que acontecera aos filhos, avaliando a dor que estariam sentindo.

De fato, ele conhecia muitas pessoas, inclusive um militar que se confessava com ele. Desde o início, o general Odílio se opusera ao golpe, embora nunca o fizesse abertamente. Contrário às torturas, procurava não tomar parte nesse tipo de atividade, atendo-se a questões administrativas e burocráticas. Era a ele que apelaria.

— Você tem caneta e papel? — indagou ele. — Quero que escreva o nome completo dos dois.

Ela retirou os objetos da bolsa, escreveu os nomes e entregou o papel a ele. Depois de ler e guardá-lo no bolso interno da batina, Augusto procurou confortar:

— Agora, não se preocupe. Deixe comigo.

— O senhor acha que consegue?

— Farei o possível.

— Como saberei que o senhor conseguiu?

— Anote seu telefone. Ligarei para você assim que tiver alguma coisa.

Rafaela deixou com o padre o número de seu telefone e foi para casa mais calma, confiante na palavra dele. Agora não tinha mais dúvidas. Estava certa de que podia confiar nele.

CAPÍTULO 9

A vigilância se tornara ostensiva. Era bem possível que Carlos Augusto e Rogério, premidos pela tortura, houvessem revelado os nomes das moças e o local em que se encontravam. Com esse medo, elas deixaram de se falar. Nem atreviam mais a ligar uma para a outra.

Olhando pela janela da sala, Rafaela tremia de preocupação. Os pais não desconfiavam de nada, e o irmão era ainda muito pequeno para se ocupar com aquelas coisas. Sentados na sala, o pai e o irmão assistiam a um jogo de futebol, enquanto a mãe se distraía fazendo crochê.

Quando, de repente, o telefone tocou, a mãe gritou da cadeira de balanço:

— Atenda, Rafaela!

De má vontade, ela deixou a janela para atender:

— Alô?

— Poderia falar com a Rafaela, por favor?

Imediatamente, ela reconheceu a voz de Augusto e retrucou baixinho:

— Sou eu.

— Sei que hoje é sábado, mas você poderia vir aqui? Tenho novidades para você.

Como o telefone podia estar grampeado, impedindo-a de falar abertamente, ela respondeu ansiosa:

— Já estou indo.

Saiu pela porta dos fundos sem ser percebida, pulou o muro do vizinho, que dava numa vila, e ganhou a rua, despistando o espião. Pouco tempo depois, adentrava a igreja, vazia àquela hora. Apenas Augusto a aguardava em frente ao altar. Assim que ele a viu, levantou-se e se aproximou.

— Veio rápido — observou.

— É. Estou com pressa. Então? Descobriu alguma coisa?

— Infelizmente, as notícias que tenho não são as melhores. Quero que você se prepare para o pior.

Antes de ele falar, Rafaela começou a sentir-se mal, presa de forte tonteira. Augusto a fez sentar-se no banco mais próximo, acomodando-se ao lado dela.

— Ele está morto, não está? — ela quase afirmou.

— Está — foi a resposta direta.

Como era de se esperar, Rafaela desabou num pranto sentido e doloroso, deitando a cabeça no colo do padre. A reação dela deixou-o confuso. Sem saber como proceder numa situação como aquela, Augusto pôs-se a dar-lhe tapinhas amistosos nas costas, sem dizer nada. Depois de muito chorar, ela conseguiu se acalmar um pouco, levantou a cabeça e enxugou os olhos.

— Ele foi torturado? Ah! Meu Deus, como deve ter sofrido!

— Ele e o amigo estiveram um tempo no DOPS, depois foram transferidos para o DOI-CODI, na Tijuca. Carlos Augusto foi morto há uns quinze dias, mais ou menos, e o outro rapaz ainda continua lá.

— Rogério está vivo?

— Não sei se podemos dizer que está vivo, dadas as condições em que se encontra. Fui informado de que está

IMPULSOS DO CORAÇÃO

muito machucado. Parece que ambos foram submetidos às mais cruéis espécies de tortura.

Rafaela sentiu um calafrio e observou com voz sofrida:

— E Carlos Augusto não resistiu.

— Carlos Augusto não resistiu porque não falou. Recusou-se a entregar seus companheiros. Já Rogério forneceu algumas informações preciosas a seus torturadores.

— Que tipo de informações?

— O local de encontro. A polícia já achou o apartamento e descobriu o material subversivo guardado lá.

— Meu Deus! Então, Silmara e eu estamos em perigo!

— Vocês duas estão na mira dos militares. Eles sabem que são amigas dos rapazes. Só o que lhes falta é apurar se participaram das atividades ilegais. Carlos Augusto não lhes disse nada sobre vocês. O que eles descobriram foi através de investigações próprias. Eu soube, inclusive, que o seu namorado inocentou-a, e à sua amiga, de qualquer envolvimento com o grupo.

— E perdeu a vida por isso — lamentou ela, aos prantos. — Deu a vida para nos salvar.

— Ele foi um homem corajoso e leal. Não traiu os companheiros nem sob tortura, embora não se possa culpar quem o faça. Nem todos possuem a mesma fibra. Só quem é torturado conhece o limite de sua dor. Às vezes ela é tão grande que a vontade desaparece e só o que se quer é que pare de doer.

— Está dizendo isso para justificar a atitude de Rogério? É isso, padre? Carlos Augusto pode morrer para não nos entregar, mas se Rogério o fizer, está tudo bem?

— Não o culpe por algo a que você mesma não sabe se resistiria.

As palavras dele fizeram sentido. Há bem pouco tempo ela estava arrependida de ter-se juntado ao grupo e dizia a Silmara que não queria mais prosseguir. Isso sem sofrer qualquer tipo de tortura, premida apenas pelo medo.

65

— Tem razão, padre. Seria uma exigência injusta para com Rogério. Deve ser horrível o que ele está sofrendo. E Carlos Augusto... — calou-se, a voz embargada. — Onde está o corpo?

— Ninguém sabe.

Engolindo o soluço, conseguiu indagar:

— Não há como recuperar o corpo?

— Impossível. Parece que está enterrado numa cova em local secreto. Nem o meu informante soube me dizer onde é.

— Quem é o seu informante?

— Não posso revelar. Por favor, nunca mais me faça essa pergunta novamente.

— Desculpe-me, padre. Sei o quanto o senhor e esse informante devem ter-se arriscado.

— Ele, muito mais do que eu. Estou lhe revelando essas coisas confiando que você não as contará a ninguém.

— Nem à família?

— Infelizmente, nem à família. Se os pais começarem a falar, não vai ser difícil chegarem até nós.

— Entendo.

— Sei que pode parecer insensível de minha parte, mas acredite-me, não é. Faço isso para preservar as pessoas envolvidas, pessoas que são importantes para o nosso movimento.

— Que movimento?

— Um movimento chamado *Esperança*. Faço parte de um grupo que ajuda perseguidos políticos a fugir e se esconder. Alguns, conseguimos até tirar do país. Contudo, se formos descobertos, tudo irá por água abaixo.

— Eu não sabia — admirou-se ela. — Padre, quem iria imaginar?

— Ninguém imagina, e é por isso que dá certo.

— Posso participar também? Gostaria de ajudar.

IMPULSOS DO CORAÇÃO

— Lamento, mas você não está em condições. Está precisando da nossa ajuda agora.

— Porque estou sendo vigiada?

— Exatamente. Carlos Augusto morreu para não delatá-las, mas algo me diz que Rogério não terá a mesma fibra. É apenas questão de tempo até ele confirmar a participação de vocês. A polícia já sabe quem são e onde moram. Prendê-las não será difícil.

— Meu Deus! — horrorizou-se Rafaela. — O que faremos?

— Avise sua amiga para fugir e desapareça você também.

— Para onde vou?

— Não sei. Faça uma viagem, saia do país antes que seja tarde.

— Não posso sair do país. Tenho apenas dezenove anos, nem passaporte possuo.

— Podemos ajudá-las.

— Mas, e se tudo não passar de impressão? Não fiz nada.

— Você estava distribuindo panfletos subversivos. Acredite, isso é muita coisa.

— Pode ser que Rogério não diga nada e eu tenha que fugir à toa. Não quero deixar minha casa. Tenho medo de ficar sozinha.

— Você é quem sabe, mas pense bem. Tudo indica que vocês estão na mira dos militares. Quer esperar até que seja tarde demais?

De olhos novamente baixos, ela tornou a chorar.

— Não queria isso — desabafou. — Quando me envolvi com o grupo, queria apenas ficar junto de Carlos Augusto. Jamais parei para medir as consequências.

— Isso não adianta agora. Você e sua amiga correm perigo. Sei que é difícil de aceitar, mas é a verdade.

— O que posso fazer? Meti-me em uma enrascada sem igual. Meu Deus, só queria minha vida de volta, ser uma estudante comum, sair com meu namorado. Só isso.

— Essa vida, no momento, não existe mais. Sua realidade agora é outra.

— O que farão comigo se me prenderem?

— Não vamos pensar nisso por enquanto. O mais importante é fugir. Você contou a alguém que esteve aqui?

— Deixe-me pensar... não, acho que não.

— Você acha ou tem certeza?

Ela pensou mais um pouco, até que confirmou:

— Tenho certeza. A quem poderia contar? Além de Silmara, ninguém sabe o que eu fazia. E não contei a ela, tenho certeza.

— Ótimo. Assim não corremos o risco de chegarem até nós. Olhe, Rafaela, você pode não gostar, mas vai ter que desaparecer por uns tempos. Até para segurança de sua família. E avise Silmara o quanto antes. Eu, no seu lugar, nem voltaria para casa. A qualquer momento, você pode ser presa.

Ela chorava cada vez mais, terrivelmente arrependida de haver-se envolvido com aquele movimento. Amava Carlos Augusto, mas jamais deveria ter misturado as coisas. Entrara num caminho sem volta que agora lhe mostrava a seriedade e o perigo do que fizera.

— Não posso simplesmente sumir. Tenho que avisar meus pais, falar com Silmara.

— Faça isso o quanto antes. Só não revele a seus pais quem a está ajudando. Não entre em detalhes. Quando tudo estiver pronto, telefone para esse número — ele deu a ela um cartãozinho com o telefone de uma loja de animais.

— Diga que tem esperança de poder montar um aquário. O atendente vai lhe perguntar: "Com que tipo de peixes?", e você responderá: "Peixes raros de água salgada". "Quantos peixes você quer?", prosseguirá ele. "Dois", dirá você, caso Silmara a acompanhe, ou "um", se estiver sozinha. Ele então informará que vai providenciar, mas perguntará se você tem dinheiro e pode esperar. Diga que sim, se tiver dinheiro e tempo, ou não, se estiver em dificuldades ou não tiver onde se esconder. Dependendo da sua resposta, ele mandará que vá até lá em dia e hora determinados, para apanhar os peixes, ou seja, passagens e passaportes falsos, ou dará um jeito de apanhá-la onde estiver, para escondê-la até que tudo esteja pronto. Entendeu bem?

Rafaela estava confusa e assustada. Parecia que, de repente, virara personagem de algum filme de espionagem internacional.

— Não entendi nada — retrucou ela aturdida. — O que é tudo isso?

— Esse é o diálogo combinado por nós para identificarmos os fugitivos. É preciso que você o decore bem e se lembre das perguntas que irá ouvir.

— E se um cliente de verdade ligar, pedindo as mesmas informações?

— Isso nunca aconteceu. A loja de animais é real, mas esse número foi destinado ao nosso movimento. Vamos repetir o diálogo até que você o decore bem.

Durante quase uma hora, permaneceram repetindo as frases que ela deveria dizer e ouvir.

— Podemos parar? — pediu ela. — Já decorei tudo e estou ficando nervosa. Não posso acreditar que isso vá acontecer comigo.

— Isso já está acontecendo com você. Não se iluda desnecessariamente. Rogério vai falar tudo, mais cedo ou mais tarde. Procure se proteger antes que seja tarde demais.

Ela tornou a chorar e agarrou a mão dele, causando-lhe uma leve comoção.

— Ah! Padre, por que me deixei envolver nessa loucura?

— Não adianta lamentar — ponderou ele, puxando a mão. — Agora é hora de agir.

— Está certo — concordou ela, enxugando as lágrimas. — O senhor tem razão. Estou tentando fugir do problema, mas preciso é fugir do mundo mesmo. Já decorei o diálogo. Amanhã falarei com Silmara e, em seguida, telefonarei para esse número.

— Ótimo. Quando o atendente lhe disser para ir buscar os peixes, vá até o endereço que ele vai lhe dar.

— E depois?

— Depois, providenciaremos sua fuga do país.

— E se eu estiver sendo seguida?

— Você foi seguida até aqui?

— Não. Consegui sair pelos fundos sem que ninguém me visse.

— Muito bem. Se estiver sendo seguida, dê meia volta e vá para casa.

— E aí, não irão me ajudar?

— Sinceramente, não sei. Se você for seguida até a loja, colocará em risco toda a nossa operação. Temos conseguido êxito porque ninguém ainda desconfiou que a loja de animais é apenas uma fachada.

Ainda trêmula, Rafaela agradeceu e saiu. Fez o caminho de volta para casa em lágrimas, pensando em Carlos Augusto, lembrando-se de tudo de bom que haviam vivido juntos. Mas ele agora estava morto. Ela, sob ameaça de prisão e tortura. Ainda bem que encontrara padre Augusto e não se enganara com ele, porque, a partir de agora, estava entregue em suas mãos.

CAPÍTULO 10

Rafaela nem pôde entrar em casa. Logo ao se aproximar, notou uma movimentação estranha em sua porta. Como dois homens suspeitos andavam de um lado a outro em frente ao portão, ocultou-se atrás de uma árvore. Um terceiro se postou bem rente à entrada, enquanto um outro tocava a campainha. A mãe veio atender e nem teve tempo de conversar com os estranhos, que irromperam porta adentro, empurrando-a para o lado.

De onde estava, Rafaela não tinha uma visão completa do interior da casa, mas sabia que eles a revistavam à sua procura. A mãe ficou encostada na parede do vestíbulo, as mãos tapando a boca, apavorada, sem saber o que fazer. Um dos homens, que parecia um pouco mais tranquilo, conversou com ela e lhe mostrou algo que parecia uma pasta, deixando-a com os olhos cheios d'água, o olhar de pânico de quem se vê diante de uma inevitável tragédia.

Rafaela não esperou mais. Deu meia-volta e saiu caminhando o mais naturalmente que suas pernas bambas permitiam, até virar a esquina e começar a correr. Nem bem iniciou a corrida, trombou de frente com um homem alto e corpulento, que a segurou pelos braços. Olhando-a friamente nos olhos, indagou com desdém:

— Vai aonde, com tanta pressa?

— Eu... — balbuciou ela apavorada, reconhecendo ali um possível agente do DOPS. — Estou atrasada para a faculdade.

— É? E onde estão os seus livros?

Ela não respondeu. Olhou para o homem com o desespero estampado no olhar, tentando soltar os cotovelos de suas mãos fortes. O agente levantou os olhos para a esquina e, vendo que ninguém se aproximava, falou bem baixinho:

— Desapareça. E nunca mais volte aqui, se quiser que sua família permaneça viva.

Sem mais nem menos, ele a soltou. Rafaela mal podia acreditar no que acontecera. Aquele homem, visivelmente da polícia, dava-lhe a oportunidade de fugir antes que os outros aparecessem. Ele não era propriamente bonzinho, mas tinha uma filha da idade de Rafaela, e foi o amor que sentia pela menina que facilitou a intervenção de espíritos amigos, mandados ali para ajudá-la.

— E se fosse sua filha? — sugerira uma voz interior.

— E se fosse minha filha? — repetiu ele mentalmente.

— Não quero ser responsável pela morte de uma moça, uma criança que provavelmente nem sabia no que estava se metendo.

Rafaela ainda titubeou, pensando que talvez ele a mandasse fugir para justificar matá-la pelas costas. Contudo, não havia tempo para temer. A situação era urgente. Se ela não escapasse naquele momento, talvez nunca mais conseguisse. Engolindo o terror, passou rente ao policial e desatou a correr, entrando no primeiro ônibus que apareceu.

Ainda tremendo de susto, permaneceu sentada no banco de trás, pensando no que fazer, vendo em cada rosto as feições endurecidas dos agentes do DOPS. O ônibus tomou a direção da Avenida Brasil, e ela deixou-se ficar, seguindo até o subúrbio de Olaria. Ao saltar, olhou para os lados, sem saber aonde ir. Desnorteada e sem rumo, parou no primeiro orelhão que encontrou. Tateou na bolsa em busca de fichas, até que encontrou uma. Com as mãos trêmulas de nervoso, quase deixou cair a ficha, mas conseguiu se controlar, depositando-a na ranhura do aparelho. Discou o número de sua casa e quase deu um grito quando uma voz estranha atendeu.

Imediatamente, ela desligou o telefone, suando frio, em pânico. Os homens, com certeza, ainda estavam em sua casa. E se fizessem mal a sua mãe ou seu irmão? Um terror atroz tomou conta dela, levando-a a pensar em se entregar para que não fizessem mal a sua família. No entanto, lembrando-se do estranho encontro que a levara até ali, acalmou-se. O homem dissera que ela deveria desaparecer para que eles ficassem bem, portanto, o melhor era não voltar a procurá-los.

Caminhando de uma calçada a outra, logo chamou a atenção, e ela resolveu seguir em frente, até o próximo orelhão. Apanhou uma nova ficha e ligou para a casa de Silmara. O apartamento já havia sido descoberto, mas será que Silmara estava em segurança?

Na casa da amiga, a voz que atendeu soou nervosa e assustada:

— Quem está falando?

— É uma amiga de Silmara, da faculdade.

— Que amiga?

Temendo que a ligação estivesse sendo rastreada, Rafaela bateu o telefone, preocupada com Silmara. Pelo tom de voz da mulher que atendeu, provavelmente sua mãe, dava para deduzir que alguma coisa havia acontecido. Só esperava que Silmara houvesse fugido.

Com a mão sobre o fone, começou a chorar, mas logo uma batidinha em seu ombro a fez abrir os olhos e se virar aterrada.

— Não fique assim — confortou uma senhora de seus sessenta anos. — Homem nenhum vale as lágrimas de uma moça bonita feito você.

Dando um sorriso sem graça, afastou-se do telefone, caminhando a esmo pelas ruas. Entrou num bar e pediu um refrigerante. Enquanto ingeria a bebida refrescante, pensava em que atitude tomar. As coisas haviam saído do controle, começava a se desesperar. Tinha ainda um último recurso. Apanhou o cartãozinho que o padre lhe dera, pagou a bebida e comprou um monte de fichas telefônicas. De volta ao orelhão, discou para a loja. Quando atenderam, ela foi logo falando:

— Tenho esperança de montar um aquário.

Fez-se um silêncio momentâneo, até que a voz retrucou:

— Com que tipo de peixes?

— Peixes raros de água salgada.

— Quantos peixes você quer?

— Um.

— Vou providenciar. Tem dinheiro e pode esperar?

— Tenho dinheiro, mas não posso esperar.

— Ótimo. Vou lhe dar o endereço de nossa loja. Decore-o, por favor.

— Sim.

Foi preciso repetir o endereço quatro vezes até que Rafaela o memorizasse. Não era permitido anotá-lo, porque se a polícia a prendesse, não descobriria o galpão onde eram realizadas as operações de proteção e fuga dos perseguidos políticos. Quando ela desligou, estava mais aliviada. Ao menos o tal galpão ficava para aquele lado. Era só pegar um ônibus até Realengo, que ficava além de onde ela estava.

IMPULSOS DO CORAÇÃO

Parada no ponto de ônibus, sentiu o desespero se avizinhar. A cada transeunte que passava, ela se encolhia e virava o rosto, com medo de que lhe registrassem as feições. Mexia nos cabelos, dava voltas ao redor do próprio corpo, evitava encarar quem quer que fosse.

Um carro da polícia passou bem devagar pela rua, observando atentamente os pedestres. Estavam à procura de um assaltante que acabara de roubar uma loja de comestíveis e examinavam cada um como um possível suspeito. Embora os policiais não estivessem procurando por Rafaela, naquele lugar, naquele momento, ela sentiu como se estivessem ali por causa dela.

Quando a patrulha passou pelo ponto de ônibus, ela gelou e seus pés petrificaram. Não conseguia se mover. O carro da polícia seguiu avante lentamente, indo parar poucos metros adiante. O motorista olhava pelo retrovisor, enquanto o homem ao lado dele se virara para estudar melhor o ponto.

A luz de ré do carro se acendeu, e o veículo voltou com um pouco mais de velocidade. Como se o sangue parasse de correr pelas veias, todo o corpo de Rafaela enrijeceu. O policial parecia olhar diretamente para ela. Olhava, contudo, para o homem escondido atrás dela. Um rapaz de seus dezoito anos, magro, em atitude suspeita, igualzinha à dela, evitava o contato com a polícia. Como Rafaela desconhecia o assalto e não via o assaltante, pensava que a polícia estava ali por causa dela.

O policial saltou do carro e se aproximou. Na mesma hora, ela e o ladrão tiveram a mesma reação. Ambos desataram a correr, um em cada direção. O policial, confuso, não entendia por que aquela moça corria também, mas a experiência lhe dizia que, se ela fugia, era porque devia algo à polícia. O outro entendeu da mesma forma, porque saltou do carro rapidamente e partiu no encalço de Rafaela, enquanto o primeiro ia atrás do assaltante.

— Parada aí, moça! — gritou ele.

Rafaela não parou. Arriscando-se a levar um tiro pelas costas, saiu em desabalada carreira pela rua, com o policial logo atrás. Atravessou na frente dos carros e quase foi atropelada, mas a ousadia lhe valeu alguns metros de distância, já que o policial teve que parar para não ser atingido pelos automóveis no trânsito intenso da Avenida Brasil.

Ela nem titubeou. Entrou na primeira transversal e continuou a correr feito louca, só parando quando o peito quase explodiu com a falta de ar. Estava numa rua pequena, de pouco movimento. Foi caminhando encostada aos muros, tentando não deixar visível nem a sua sombra. As ruas ali eram feias e mal cheirosas, com casas de tijolos sem reboco, o esgoto desaguando no chão. Rafaela sentiu medo, mas, mesmo assim, ficou perambulando por ali, agarrada à bolsa, engolindo as observações grosseiras e pornográficas dos homens.

Quando voltou à Avenida Brasil, já era noite fechada. Precisava desesperadamente tomar um ônibus para o local de encontro com seus salvadores. Como muitas horas haviam se passado desde seu primeiro contato com eles, resolveu ligar de novo. O horário do expediente há muito encerrara, de forma que ninguém atendeu.

Mesmo assim, tomou o ônibus para Realengo. O local de encontro era um galpão descuidado, onde uma tabuleta exibia o nome: *Loja de Animais de Realengo*. Experimentou a porta principal. Estava fechada, tudo às escuras. Rodeou o galpão em busca de uma outra entrada e encontrou uma porta lateral, também fechada. Embora as janelas altas de vidro não exibissem nenhuma luz, resolveu chamar:

— Alô! Tem alguém aí?

Apenas os grilos atenderem ao seu chamado. Nada. Não havia mais ninguém ali. Desesperada, Rafaela arriou no chão e começou a chorar. Não sabia para onde ir. Para

IMPULSOS DO CORAÇÃO

casa, não podia mais voltar. O agente fora bom com ela, deixando-a partir, todavia, alertara-a para não tornar a aparecer, e ela não pretendia pôr em risco a família. Talvez fosse melhor encontrar um canto para dormir até o dia seguinte, quando alguém apareceria.

Os ruídos da noite e do desconhecido, contudo, não permitiram que ela ficasse. A cada som, cada movimento, Rafaela imaginava homens da polícia surgindo e prendendo-a com brutalidade. Com o medo aumentando, tomou a única resolução possível naquele momento.

CAPÍTULO 11

Augusto mantinha a mente concentrada na pilha de provas que ainda tinha para corrigir, sentindo os olhos piscarem de vez em quando, mordidos pelo sono. Quando adormecia, a cabeça tombava para a frente, e ele empertigava o corpo, esfregando os olhos para manter-se acordado. Em seu colo, Lulu dormia despreocupado, remexendo-se sempre que ele cabeceava.

Fora um dia difícil na paróquia, com duas extremas-unções para dar, coisa que não era muito comum. Como não podia deixar de atender ao chamado dos fiéis, deixara as provas para a noite e fora cumprir o dever que o sacerdócio lhe impunha.

Ele esticou os braços e deu um bocejo comprido, cerrando os olhos momentaneamente. Um som familiar de bandeja despertou seus sentidos, e logo o aroma do café fresco, que Nelma entornava na xícara, deu-lhe um certo ânimo.

— Passei um cafezinho para o senhor — anunciou ela. — Está fresquinho.

IMPULSOS DO CORAÇÃO

Augusto deu-lhe um sorriso de gratidão e apanhou a xícara com o café fumegante. Bebeu-o a goles pequenos, estalou a língua e comentou:

— Café igual ao seu, Nelma, ninguém faz.

Rindo de satisfação, ela acrescentou preocupada:

— Não devia trabalhar tanto. Ler no escuro faz mal à vista.

— O movimento na paróquia tem sido constante, como você sabe. Não pude corrigir as provas durante o dia e tenho que entregá-las amanhã.

— O senhor é muito responsável. Devia tirar umas férias.

— Não posso me ausentar agora, com tantas coisas para fazer. Ainda se tivesse um substituto...

— Padre Cláudio não pode ajudar?

— Padre Cláudio tem os seus afazeres. E, por falar nisso, os seus já deviam ter terminado. O que está fazendo acordada até essa hora?

— Vim preparar o seu cafezinho. Já vou me deitar.

— Acho bom, Nelma. Não é justo que você fique acordada até tarde cuidando de mim.

Ela ia responder alguma coisa quando um ruído distante de pancadas chegou aos seus ouvidos. Os dois pararam de falar ao mesmo tempo, Lulu levantou a cabeça. Parecia que alguém batia no portão de entrada da casa paroquial.

— Quem será a uma hora dessas? — indagou Nelma, assustada.

— Não sei. Mas deve ser importante, pela forma como batem.

— Por que não usam a campainha?

Augusto se levantou para abrir a porta da frente, espiando para o quintal vazio. Estranhamente, percebeu que o eco das batidas não provinha do portão da frente, que tinha ligação com a rua, mas do outro, bem estreitinho, que dava acesso à igreja, fechada àquela hora. Augusto não sabia como haviam conseguido passar.

— O senhor vai atender? — cochichou Nelma, apertando-se no penhoar.

— Vou, é claro.

— Mas pode ser um ladrão!

— Ladrões não batem à porta.

Decididamente, Augusto apanhou a chave do portãozinho e saiu. O barulho de seus passos fez cessarem os murros, e ele indagou apressado:

— Quem é? Quem está aí?

Após um curtíssimo instante de silêncio, a voz insegura de Rafaela elevou-se por cima do muro:

— Sou eu, padre, Rafaela. Lembra-se?

Na mesma hora, o portão se abriu, revelando uma menina assustada, rosto lavado em lágrimas, a calça manchada de sangue na altura da cocha.

— Meu Deus, minha filha, o que foi que aconteceu com você? — espantou-se ele, puxando-a para dentro. — Machucou-se?

— Cortei a perna pulando o portão da igreja — balbuciou ela, entre soluços. — Perdoe-me, padre, estava desesperada, não sabia para onde ir.

Ele a ajudou a caminhar até a sala, onde Nelma os aguardava com cara de espanto.

— Depressa, Nelma — ordenou ele. — Vá buscar mercúrio-cromo e gaze para fazermos um curativo na moça.

A criada veio com o material de primeiros socorros e puxou uma cadeira para perto de Rafaela.

— Pode deixar comigo, padre — falou ela. — A moça vai ter que tirar a calça, e é melhor o senhor ir lá para dentro. Quando estiver terminado, eu o chamo.

Augusto obedeceu em silêncio, enquanto Nelma ajudava Rafaela a tirar a calça suja de lama e sangue. Após limpar a ferida, avaliou sua extensão:

— Hum... Acho que devia levar uns pontos.

IMPULSOS DO CORAÇÃO

— Não pode apenas limpar e fazer um curativo? — retrucou Rafaela em tom de súplica, com medo de ir ao pronto-socorro.

— Vou tentar.

Nelma fez um excelente trabalho de enfermagem. Conseguiu estancar o sangue e caprichou no curativo.

— Acho que está bom — prosseguiu ela. — Vou chamar padre Augusto.

— Obrigada — sussurrou Rafaela, sentindo que a perna não ardia tanto.

Ouvido colado na porta, Augusto a abriu assim que ouviu os passos de Nelma se aproximando pelo corredor.

— Então? — indagou aflito. — Como está ela?

— O corte foi fundo, mas acho que vai sarar.

— Graças a Deus!

— Quem é essa moça, afinal, padre? O que ela veio fazer aqui a uma hora dessas? E ainda por cima, pulando o portão da igreja?

— Seja o que for, ela precisa da minha ajuda, da nossa ajuda.

— Ela anda metida em alguma encrenca? — ele não respondeu. — Será com o governo ou com o namorado?

— Não nos cabe julgar ninguém, Nelma, lembre-se disso. Deus quer apenas que ajudemos ao próximo.

— Tem razão, perdoe-me. Foi apenas o espanto da situação.

— Está tudo bem. Você foi ótima, e eu lhe agradeço. Agora, deixe comigo.

— O senhor é quem sabe. Vou me deitar então. Boa noite.

— Boa noite.

A criada seguiu pelo corredor até a cozinha, passando ao pequeno quarto que ficava depois. Ajoelhou-se ao pé da cama para fazer suas orações, pedindo a Deus que olhasse por aquela moça e desse ao padre forças para cumprir suas tarefas diárias.

Fazia muitos anos que Nelma trabalhava para padre Augusto, desde que ele ali chegara, ainda muito jovem. Viúva, sem filhos, vivia com dificuldade às custas da parca pensão do marido. No dia em que recebeu a ordem de despejo, refugiou-se na igreja, onde Jesus e os santos, testemunhas de suas lágrimas, a ajudariam a encontrar uma solução para o seu problema.

Não tardou muito para padre Augusto, vendo o seu desespero, interessar-se pelo seu caso. Como precisava de alguém que o ajudasse com o serviço doméstico, ofereceu-lhe o emprego, que ela aceitou sem titubear. Assim que ele comprou a casinha nos fundos, mudou-se para lá. Desde então, ajudava-o no que podia, satisfeita com o trabalho e o salário que ele lhe pagava.

Nelma confiava inteiramente em padre Augusto e seria capaz de qualquer coisa por ele. Leal aos extremos, sabia de tudo o que lhe acontecia. Embora não tivesse qualquer participação na organização *Esperança*, conhecia suas atividades e o envolvimento do padre, o que lhe valia orações diárias pela sua segurança.

E agora aquela menina lhe aparecia na porta, vindo não se sabe de onde, pedir-lhe ajuda. Mais uma doidivanas envolvida em política. Pelo seu estado, a situação parecia mesmo desesperadora. Sentiu uma pontada de ciúmes diante do excessivo interesse do padre por ela, contudo, como ele mesmo dissera, não lhe cabia julgar. Rezou novamente, pedindo a Deus que a perdoasse e ajudasse também a menina, para que ela ficasse boa e fosse logo embora.

Na sala, Augusto se sentou diante de Rafaela, que bebia café na xícara que ele usara.

— Quer que apanhe uma xícara para você?

— Não é preciso, obrigada — respondeu nervosamente.

— Mas acho que bebi o seu café.

— Não tem importância. Agora, conte-me por que veio aqui no meio da noite, nesse estado, arriscando-se a cair e quebrar o pescoço ou coisa pior. Imagino que você não teve tempo de buscar a ajuda que lhe sugeri.

— Isso mesmo, padre. Não pude nem entrar em minha casa.

Em minúcias, Rafaela narrou tudo o que lhe acontecera naquela noite, desde o momento em que vira os homens em sua casa até a ida frustrada ao galpão, não se esquecendo de contar sobre o policial que mandara que ela sumisse e nunca mais voltasse, caso desejasse que sua família não fosse morta.

— Você fez bem em me procurar — disse ele. — A polícia deve estar atrás de você, mas creio que ninguém sabe que esteve aqui.

— Ninguém. Não contei nem à minha mãe, nem à Silmara.

— Ótimo. Amanhã tentarei, eu mesmo, entrar em contato com a loja de animais. Precisamos tirá-la do país o quanto antes.

— Tirar-me do país? Mas para onde vai me mandar... e sozinha?

Chorando, ocultou o rosto entre as mãos. Augusto segurou as mãos delas com ternura, procurando tranquilizar:

— Desde o começo você sabia que ia para o exterior. O plano sempre foi esse.

— Eu sei. Mas até então, tudo estava apenas na idealização. Agora que a concretização desse plano está próxima, estou apavorada.

— Procure se acalmar. Vai dar tudo certo, você vai ver. Temos pessoas no exterior que lhe darão suporte nos primeiros meses.

— Ah! padre, nunca me imaginei numa situação dessas. Não sou como o Carlos Augusto ou a Silmara, que são corajosos e enfrentam tudo. Eu estou apavorada! Não sei o que vou fazer lá fora... Tenho tanto medo!

Ela lhe pareceu tão frágil naquele momento, que Augusto não resistiu. Deu-lhe um abraço que ele pretendia paternal, mas que fez um fogo subir por todo o seu corpo e confundir-lhe a mente. Ela sentiu a mesma coisa, porque se apertou a ele de tal forma, que o calor de um passou a ser o calor de ambos.

Aturdido com aquele sentimento que jamais havia experimentado, Augusto afastou-a de si, fitando-a com olhar de dúvida e medo. Não entendia que coisas eram aquelas que sentia e que jamais sentira por ninguém, nem pelos garotos do seminário, numa época em que tinha certeza de que só se interessaria por homens. Mas jamais se interessara por garoto algum, atribuindo o fato às orações e penitências que seu confessor lhe passava. Julgava haver conseguido conter a má tendência, dominando o pecado com uma vida exclusivamente dedicada a Deus. Vencera a si mesmo antes de se deixar cair em tentação.

Ao menos era isso o que sempre pensara. Nunca, em toda a sua vida, ousara levantar os olhos para mulher alguma com qualquer sentimento que não fosse o de um pai. Tolhido em seus desejos pelo medo da homossexualidade, jamais se permitira qualquer tipo de aproximação sexual. Certo de que, se não fosse padre, teria descambado para uma vida promíscua ao lado de outros homens, nunca pensou que pudesse desejar uma mulher.

Agora, contudo, seu corpo o confundia, levando todos aqueles anos de abstinência e expiação a lhe parecerem inúteis e sem sentido. A mulher que tivera em seus braços por apenas uns minutos lhe despertara um sentimento desconhecido, mas muito semelhante àquele que, a vida toda, fora orientado a evitar.

— Eu... — balbuciou confuso. — Verei o que fazer...

— Por favor, padre, ajude-me. Não me abandone nessa hora. Farei o que disser, ficarei escondida onde o senhor mandar, mas por favor, não me mande embora do país.

IMPULSOS DO CORAÇÃO

Durante alguns instantes, Augusto ficou olhando para ela, pensando no que fazer para escondê-la. A ideia brotou rápida, e ele afirmou com certeza:

— Você pode ficar aqui. A casa é pequena, mas os muros são altos e rodeados de árvores. Tenho até um flamboyant ao fundo, com uma copa frondosa e florida. Ninguém irá vê-la.

— Aqui? Não, padre, é perigoso. Se for descoberta, prenderão o senhor.

— Se você for descoberta e eu for preso, nada mais terá acontecido senão a vontade de Deus. Você pode ficar no porão. É pequeno, cheio de coisas velhas, mas podemos limpá-lo e arrumar um cantinho para você. Só não tem banheiro.

— O senhor tem certeza?

— Tenho. Você tem razão. Uma moça frágil feito você não vai sobreviver sozinha por muito tempo. Minha casa é segura e tranquila.

— E a criada?

— Nelma é de confiança, não vai contar nada a ninguém. Você vai precisar da ajuda dela enquanto eu não estiver aqui.

— E se alguém entrar aqui de repente?

— Há duas maneiras de se chegar aqui em casa: pela rua ou pela igreja. O portão da igreja é aquele por onde você veio, e só eu costumo passar por ali. Além de mim, apenas Nelma tem a chave. A entrada normal é pela rua, um corredor comprido que também serve de entrada de carros, ladeado por muros altos. No final, há dois portões: o da garagem, que está sempre trancado, já que não tenho carro, e o de pedestres, colado a ele, que tem campainha. Assim, se alguém vier aqui, terá que tocar para ser atendido. Isso lhe dará tempo de se esconder no porão.

— Está bem.

— Agora, porém, nada poderemos fazer. É tarde, você deve estar cansada, e eu tenho que terminar de corrigir essas provas. Não posso mudar a minha rotina, ou alguém poderá desconfiar. Vou arranjar-lhe travesseiros e lençóis para você dormir no sofá por esta noite. Não é muito confortável, mas serve.

— Para mim está ótimo.

— E terá Lulu por companhia — falou sorrindo, tentando descontraí-la. — Acho que ele gostou de você.

Pela primeira vez, Rafaela pegou o cachorrinho no colo.

— Você é muito bonitinho — comentou. — Mas o nome que escolheram para você é horrível.

Augusto deu uma gargalhada suave e esclareceu:

— Foi Nelma quem escolheu. Mas você está certa. É horrível.

— Com essas orelhas, você parece o senhor Spock, de *Jornada nas Estrelas*.

— Não é que você tem razão?

— Não podemos trocar o nome dele? Spock tem mais a ver.

— Por mim, tudo bem. De hoje em diante, ele vai se chamar Spock.

Como o sofá era muito pequenino, Rafaela teve que dormir encolhida. Contudo, sentia-se segura, principalmente porque Augusto estava bem ali diante dela, sentado à mesa, corrigindo suas provas. A presença dele deu-lhe confiança suficiente para permitir que as pálpebras começassem a pesar, atirando-a num mundo de sonhos confusos e amedrontadores, em que o padre surgia como o herói da infância que a salvava de todos os perigos.

CAPÍTULO 12

Era uma rua escura, aquela por onde ele andava. De um lado e de outro, as calçadas pareciam se mover em ondas, como um chão de argamassa flexível e ruidosa. Curioso, aproximou-se do meio-fio e abaixou-se para espiar. A visão que teve encheu-o de terror. O que antes pensou serem ondas, via agora que eram crânios humanos se agitando num poço de trevas, estalando feito vértebras que se partiam em uma colisão.

— Minha Nossa Senhora! — espantou-se Carlos Augusto, levando a mão ao coração.

No momento em que se levantou, cambaleando na direção oposta, uma luzinha muito fraca começou a luzir no fim da rua. Minúscula, quase invisível, pareceu-lhe um ponto de esperança naquele lugar de horrores. Assustado, Carlos Augusto desatou a correr no meio da escuridão, tentando não olhar para aquelas cabeças que forjavam ondas macabras.

Não fazia a menor ideia do lugar em que se encontrava. Depois dos choques e das torturas, não aguentara e desmaiara. A dor fora tão intensa que, quando parou, ele teve a certeza de que havia morrido. Somente a bênção da morte para libertá-lo daquele sofrimento. Sempre ouvira dizer que algum parente ou amigo que antecedera a pessoa na morte viria buscá-la. Contudo, não via ninguém. Ou será que ele, pelas suas práticas subversivas, fora parar no inferno, sem chance de perdão?

— Deus não se mete em política — disse para si mesmo.

Carlos Augusto corria com pressa, a visão tolhida pelas brumas ao redor, onde apenas os vultos dos crânios eram discerníveis na escuridão. Corria com tanta pressa, em direção àquela luz, que não notou uma outra pessoa vindo na direção oposta, correndo tanto quanto ele. O choque entre ambos foi tão violento que os jogou ao chão. Carlos Augusto se levantou na mesma hora, com medo da proximidade das caveiras. Estreitou a vista, tentando enxergar o corpo com que trombara. Na penumbra que caía ao redor deles, não lhe divisou nem a sombra. Não sabia onde o outro estava.

— Fantasmas não produzem sobras — disse para si mesmo, ainda olhando ao redor.

No meio da treva, um choramingar doloroso atraiu sua atenção. Seguiu aquele som inexato, preocupado com a pessoa que chorava bem próximo a ele. A passos hesitantes, experimentando o chão em que pisava, não demorou para avistar o vulto de um homem caído no chão, próximo ao mar de cabeças.

— Amigo — sussurrou baixinho, para não chamar a atenção dos crânios. — Você está bem?

Ao sentir o toque dos dedos de Carlos Augusto em seu ombro, o outro deu um salto e se empertigou todo, fitando-o com os olhos esbugalhados, cheios de terror.

— Carlos Augusto... — balbuciou. — Sou eu...

O vulto atirou-se nos braços de Carlos Augusto, que só então reconheceu Rogério, o companheiro que fora preso junto com ele.

IMPULSOS DO CORAÇÃO

— Meu Deus, Rogério, é você mesmo? Não sei se posso dizer que é um prazer vê-lo aqui.

— Onde estamos?

— Sinceramente? Acho que estamos mortos, e isso aqui deve ser uma espécie de inferno ou purgatório.

— Você viu as cabeças? — tornou ele, apontando para a calçada.

— Vi, sim. Na verdade, são pessoas espremidas num tipo de subterrâneo, balançando-se em todas as direções.

— Que coisa horrível!

— Realmente. Por isso mesmo é que precisamos sair daqui. Venha.

— Para onde vamos?

— Para lá — ele virou o amigo para a frente e apontou. — Vê aquela luzinha?

— Que luzinha?

— Aquela, lá no fundo. Não está vendo?

Rogério apertou os olhos, na tentativa de enxergar a luz, porém, só o que viu foi a escuridão.

— Não vejo nada — anunciou ele.

Embora achasse aquilo estranho, Carlos Augusto silenciou. Era óbvio que apenas ele enxergava a luz. Contar isso ao amigo, naquele momento, talvez o deixasse ainda mais confuso e assustado. Não importava que ele não visse. Era para lá que iria e levaria Rogério com ele.

Com o braço ao redor da cintura do outro, saiu amparando-o. Rogério parecia muito mais machucado do que ele.

— Eles o torturaram mesmo, não foi? — comentou com pesar.

— E a você, não?

— Também. Mas eu não falei. Não disse nada. Foi por isso que nos mataram.

— Não estou morto — protestou Rogério, acabrunhado.

— Tudo bem, não está morto. Podemos discutir isso depois.

Caminharam por mais algum tempo em silêncio, até que Carlos Augusto continuou a conversa:

— Está doendo muito? — Rogério assentiu. — Engraçado, me torturaram muito também, mas não estou sentindo nada. Estranho, não acha?

— Vai ver só você está morto.

— Ah, é? E como é que um morto pode carregar um vivo?

— Não estamos mortos — negou Rogério novamente.

— Vivos ou mortos, não estamos lá muito bem, não é mesmo? Sei que Geraldo foi morto na rua, e o cara que me torturou disse que haviam matado Ana Lúcia. O que me conforta é saber que Rafaela e Silmara estão em segurança.

Rogério parou de caminhar e encarou Carlos Augusto com desgosto.

— O que é? — estranhou Carlos Augusto — O que foi?

— Como você sabe que Silmara e Rafaela estão em segurança? Elas andavam com a gente, e não é nenhum segredo que Rafaela é sua namorada.

— Ninguém tem prova contra elas.

— E desde quando a polícia precisa de provas para prender alguém? Basta uma denúncia...

Sentindo as palavras não ditas, Carlos Augusto o soltou e perguntou desconfiado:

— O que você está querendo dizer?

— Nada — desconversou Rogério. — Só não quero que você se iluda.

— Iludir-me com o quê?

— Rafaela e Silmara podem não estar tão seguras como você pensa. E tem o apartamento...

— Que ninguém sabe onde fica — Carlos Augusto notou o embaraço de Rogério e gritou, nervoso: — Rogério, você contou algo àqueles desgraçados? Contou?

Ele começou a choramingar e retrucou entre soluços:

— Eles me obrigaram... Não tive escolha. Se eu não contasse, iam nos matar.

— Seu idiota, nos mataram de qualquer jeito!

— Eu não estou morto.

— Está, está morto! Não seja estúpido! Que lugar na Terra você conhece com essas caveiras ambulantes?

— Isso é um sonho... um pesadelo... Vou acordar...

— Na câmara de torturas? É isso o que pensa? Que ainda está amarrado à cadeira de torturas?

Com um puxão, Carlos Augusto saiu arrastando Rogério em direção à calçada. Obrigou o amigo a ajoelhar-se e empurrou a cabeça dele bem próxima dos crânios, que se voltaram todos ao mesmo tempo.

— Não! Pelo amor de Deus, Carlos Augusto, tire-me daqui! Não deixe que eles me peguem!

Uma das caveiras conseguiu soltar parcialmente os braços e esticou-os para cima, em direção ao pescoço de Rogério, os dedos sem carne se aproximando de sua garganta. Rogério se debatia apavorado, implorando para que o outro o soltasse. Carlos Augusto segurava firme, consumido pela revolta e a indignação.

— Desgraçado! — esbravejou. — Morri para salvar as meninas, e você as entrega por nada? Para morrer também? E agora, o que será feito de Rafaela?

— Perdoe-me, Carlos Augusto, perdoe-me — chorava ele desesperado. — Eu não aguentava mais. Sou um fraco, não tenho a sua coragem. Só Deus sabe o que sofri.

As mãos descarnadas se aproximavam cada vez mais, ora jogadas para um lado, ora para outro, pela multidão de ossos no poço.

— E eu não sofri também? — retrucou irado. — Teria feito o mesmo por você. Era nosso trato, suportar a tortura para não entregar nossos companheiros.

— Mas eu não consegui! Sou covarde, fraco, medroso. Não pude mais suportar tanta dor, não pude...

O visível desespero de Rogério só fazia aumentar a raiva de Carlos Augusto. Ele sabia que estava morto e por que morrera: para salvar as meninas, principalmente Rafaela, que só aderira ao movimento por causa dele. Sentia-se responsável, não queria que ela sofresse metade do que ele havia sofrido.

Ao longe, a luzinha havia parado de brilhar, deixando-os envoltos numa escuridão fria e intensa. A seus pés, Rogério se debatia, enquanto as mãos ossudas aos poucos ganhavam liberdade para se movimentar acima do mar de crânios e alcançar o pescoço dele. Quando estavam prestes a tocá-lo, eram empurradas pela onda óssea, mas depois, lá vinham elas novamente.

Seria bem-feito para Rogério cair naquele poço de esqueletos. Talvez ali fosse a morada dos covardes, algo que Carlos Augusto, decididamente, não era nem nunca seria. Ao contrário dele, Rogério se revelara um covarde, um fraco sem fibra, sem valor. Não podia esperar que ele agisse de forma diferente.

A esse pensamento, Carlos Augusto estacou. Se Rogério não podia agir de outra forma, então, por que lhe cobrava uma atitude que ele jamais conseguiria ter? Olhando para o amigo, que se debatia e choramingava no chão a seus pés, uma nesguinha de compreensão se abriu dentro dele. Rogério queria viver. Quem poderia culpá-lo por isso?

Os dedos descarnados roçaram a pele de Rogério, que se debateu feito louco nas mãos de Carlos Augusto, sem conseguir se soltar. Quando, finalmente, o esqueleto conseguiu espaço suficiente para agarrar o pescoço de Rogério e tentar puxá-lo para baixo, Carlos Augusto sentiu-se envolver por aquela compreensão. Mais que depressa, trouxe o amigo de volta.

Caído no chão, Rogério chorava convulsivamente, apertando a própria garganta para se certificar de que ainda

IMPULSOS DO CORAÇÃO

estava ali. Corroído pelo remorso por ter entregado Rafaela e Silmara aos agentes do DOI-CODI, disse entre soluços:

— Eu não queria. Mas tive tanto medo! Sou um covarde, eu sei, mas só queria fazer parar a dor. Não queria morrer.

— Não deu certo, cara. Você está morto, pode acreditar em mim.

— Ah! Carlos Augusto, me perdoe.

— Deixe para lá. Não podemos nos cobrar além do que podemos dar.

Enquanto Rogério chorava, presa de um desespero sem tréguas, Carlos Augusto procurou confortá-lo. Abraçou-o com carinho, vencendo a própria revolta e despertando sua capacidade de perdão.

— Você me perdoa? — insistiu Rogério.

— Ninguém precisa de perdão. Eu que estou sendo muito exigente. Cada um é que sabe o quanto de dor o corpo e a mente podem suportar. Agora venha. Vamos procurar aquela luz.

— Não tem luz nenhuma, cara!

— Tem, sim.

Ao longe, um brilho fraco era indício de que a luz havia voltado. Abraçado à cintura de Rogério, Carlos Augusto seguiu para lá. Foi uma caminhada comprida, silenciosa, permeada de soluços e do estalido dos ossos. Depois do que pareceu uma eternidade, chegaram ao fim da rua, onde uma porta entreaberta deixava à mostra a luz que Carlos Augusto via.

— Chegamos — anunciou, depositando o corpo do amigo no chão.

— Aonde? — tornou Rogério, quase desfalecido.

— À luz. Não é possível que você não esteja vendo.

— Não vejo nada. Não tem nada aí, a não ser mais escuridão. E ossos...

— Os ossos se acabaram, a calçada macabra se foi. Tem apenas a porta, por onde passa uma claridade tão confortadora. Olhe só, Rogério, dá para sentir alívio só de olhar para ela.

— Você está louco! Não tem porta nenhuma, muito menos luz confortadora.

— Se você não vê, não faz mal. O importante é que eu estou vendo. Venha comigo. Vamos atravessar juntos.

— Não, de jeito nenhum! Tenho medo.

— Medo de quê? Eu estou com você, venha. Dê-me sua mão, vamos juntos.

— Não vou. E se eu fosse você, também não ia.

— Olhe, eu vou lá do outro lado para ver como é. Aí, volto e pego você. Está bem?

— Pode ir. Não tem nada aí mesmo. Você vai dar de cara na parede e vai voltar.

Mesmo sem compreender por que Rogério não via a porta, muito menos a luz, Carlos Augusto se aventurou. Deu um passo adiante e enfiou o pé pela abertura, sendo imediatamente envolvido por aqueles chuviscos de luz. Foi uma sensação maravilhosa. Era como se o pé se desprendesse do corpo e se tornasse leve, flutuando num céu de nuvens macias e translúcidas.

Carlos Augusto não resistiu. Queria que todo o corpo sentisse a mesma leveza que envolvia seu pé. Como que magnetizado, atirou-se para a frente, passando por inteiro para o outro lado. Na mesma hora, viu-se envolvido por uma luz cristalina, que entrava nele e saía pelos seus poros, projetando-se em todas as direções. Em êxtase, respirou fundo, sentindo partículas de uma energia revigorante preenchendo seu corpo, tornando-o translúcido, fazendo sumir aos poucos a densidade e o peso.

Quando começou a flutuar naquele mar de luz, Carlos Augusto virou-se para onde supostamente ficava a porta, pensando em voltar e pegar Rogério. Sem muito esforço, aterrissou de volta no chão e virou-se em todas as direções,

IMPULSOS DO CORAÇÃO

procurando. Mas não conseguiu encontrá-la. Em seu lugar, apenas uma parede de luz contrastando imensamente com a escuridão que, ele sabia, imperava do outro lado.

Carlos Augusto apalpou a parede, buscando uma saída, mas sua mão a atravessou e se fundiu com a luz, tornando-se ambas uma única fonte de energia. Vendo que ela não era sólida, reuniu forças e atirou o corpo para a frente, certo de que assim conseguiria atravessá-la. Não conseguiu. Uma força poderosa o empurrava para fora, tornando impossível a passagem. Mesmo assim, saiu tateando o muro, buscando a porta que deveria estar em algum lugar.

Nada. Como por encanto, a porta havia se fechado.

CAPÍTULO 13

O general Darci Odílio era uma boa pessoa, avesso às práticas de tortura do novo regime. Auxiliava Augusto o quanto podia, passando informações valiosas, fornecendo dinheiro e passaportes falsos. Mesmo assim, Augusto não lhe contou sobre a presença de Rafaela em sua casa, para não o comprometer, caso viessem a ser descobertos.

Depois da missa daquela manhã de domingo, Augusto terminou de conversar com Odílio e já se preparava para sair quando ouviu uma voz estranha atrás de si. Voltou-se imediatamente e ficou parado, olhando o homem que lhe sorria de um jeito familiar, mas que ele não conseguiu de plano identificar.

— Não me conhece mais, Augusto? — indagou o homem.

— Você... — retrucou ele, puxando pela memória — Sua feição não me é estranha. Espere um instante. Já sei! Meu Deus, Reinaldo, é você?

Reinaldo correu para um abraço fraterno, enquanto respondia com olhos úmidos:

— Quando soube que você havia sido mandado para um seminário em Mariana, fiquei muito triste. Pensei que nunca mais o veria. E agora, veja só você aqui.

— Veja você aqui! Como foi que me encontrou?

— Vi o seu nome no jornal.

— Ah! Aquilo...

— Você, como sempre, defendendo os animais.

— Ainda se lembra disso?

— Como não? Lembro-me da sua revolta com a caça. Continua não comendo carne?

— Continuo — e prosseguiu emocionado: — Há quanto tempo, meu amigo!

— Quase duas décadas.

— O que fez durante todos esses anos?

— Minha mãe e eu nos mudamos para Belo Horizonte. Cresci, estudei e vim para o Rio, onde fiz faculdade.

— Você se formou? Em quê?

— Sou advogado.

— Imagine! Deve ser difícil para você exercer a profissão com essa gente toda sendo presa e a vigilância constante.

— Nem tanto. Não me envolvo em questões políticas ou militares. Exerço a advocacia cível e de família. Nada que me coloque em risco.

— Ainda bem — fez uma pausa estudada e indagou: — E sua mãe, como está?

— Morreu faz cinco anos.

— Não me diga!

— Foi muito triste. Morreu de infarto... — lágrimas lhe subiram aos olhos, e ele desconversou: — Não gosto de falar sobre isso.

— Claro, sinto muito. Lembro-me como vocês eram ligados.

Com um movimento discreto, Reinaldo enxugou as lágrimas e retrucou:

— E você? O que tem feito?

Augusto abriu os braços e falou com um sorriso:

— Minha vida é o sacerdócio. É só isso que faço.

— Só isso? Imagino como deve ser chato ouvir a baboseira dos fiéis.

— Ossos do ofício. Estou acostumado e não faço julgamentos. Somente a Ele cabe nos julgar — completou, apontando o dedo indicador para cima.

— Tem razão.

— Você se casou? Tem filhos?

Com um sorriso enigmático, Reinaldo respondeu:

— Ainda não. Não tive a sorte de conhecer nenhuma mulher que me impressionasse. Quanto a você, não preciso nem perguntar.

Ambos riram, e Reinaldo, após consultar o relógio, afirmou:

— Já está na hora de ir. Tenho uma audiência daqui a pouco e não posso me demorar. Mas eu tinha que vir falar com você.

— Agora que nos reencontramos, creio que não faltarão oportunidades para conversarmos e colocar os assuntos desses vinte anos em dia.

— É verdade.

— Onde está morando?

— Em Laranjeiras. Outra hora, com mais calma, lhe dou o endereço e o telefone.

Após efusivos abraços, Reinaldo se foi. Augusto acompanhou-o à porta da igreja, olhando-o até ele dobrar a esquina. Quando se viu fora do alcance das vistas do padre, Reinaldo entrou em um carro estacionado do outro lado da rua, onde seu companheiro o aguardava.

— Então? — indagou Paulão. — Fez contato com o padre?

— Fiz.

— Era ele mesmo?

IMPULSOS DO CORAÇÃO

— O próprio.

— O general Odílio também estava lá?

— Assistiu à missa e, no final, foi conversar com Augusto.

— Você acha que o padre está envolvido?

— Espero que não. Augusto é meu amigo, e não gostaria de vê-lo na cadeia.

— Acho bom você não ficar de sentimentalismos. Está amarelando agora, é?

— Não é nada disso. É que Augusto me traz boas lembranças da infância.

— Sei.

Com ar de mofa, Paulão girou a chave na ignição, e o carro se movimentou lentamente. Em silêncio, fizeram o percurso até o Quartel do Primeiro Batalhão da Polícia do Exército[1], onde ambos exerciam a função de agentes da inteligência do DOI-CODI: Destacamento de Operações de Informações — Centro de Operações de Defesa Interna. Essa instituição de inteligência e repressão do governo contava com militares da Marinha, Exército e Aeronáutica, policiais militares, civis e federais, todos sob o mesmo comando.

Desde o dia em que deixara Uberlândia, Reinaldo estava decidido sobre a profissão que gostaria de seguir. Queria ser da polícia. Jamais permitiria que o humilhassem de novo, como haviam feito quando fora praticamente expulso de Uberlândia. Ainda tinha vivas na memória as palavras de desprezo e humilhação que ouvira do pai de Augusto. Nunca sentira tanto ódio em sua vida e jurara para si mesmo que não permitiria que aquilo acontecesse novamente. Precisava de uma profissão de poder, para que todos aprendessem a tratá-lo com respeito.

A vida em Uberlândia alimentava sua ingenuidade infantil. Reinaldo acreditava que Augusto seria seu amigo

_____

1 Localizado no bairro da Tijuca, foi o maior estabelecimento do DOI-CODI no Rio de Janeiro, para onde era levada a maioria dos presos políticos.

para sempre. Reinaldo não compreendia o afeto que sentia pelo outro nem o questionava. Não tinha motivos para desconfiar ou temer algo que não conhecia. Para ele, gostar de Augusto era uma coisa tão natural como respirar. Criança, nada sabia sobre sexo ou desejo nem nunca havia questionado.

À medida que foi crescendo, o contato com meninos mais velhos lhe trouxe uma certa maturidade, mostrando-lhe que podia haver dois lados da sexualidade. Mesmo assim, não se reconhecia nem uma coisa, nem outra. Mesmo o desejo que passou a sentir por Augusto não o despertou. Sem experiências sexuais, era difícil definir-se. Reinaldo ia levando a vida sem se dar conta do desejo que crescia dentro dele.

Até que a noite da tempestade chegou, e ele se viu aterrado no sofá da sala de Augusto, temendo cada sombra, cada ruído. Esforçou-se o mais que pôde para vencer o medo e aguentar sozinho até a manhã seguinte. Apesar de tudo, não queria ser chamado de medroso nem covarde. Mas foi demais. Quando, por fim, a árvore tombou sobre a porta, produzindo aquele barulho infernal, sentiu que continuar na sala seria um ato de bravura muito além de suas forças.

Reinaldo entrou no quarto de Augusto tremendo de tanto pavor. Atirou-se na cama ao lado dele, que despertara sonolento e logo voltara a dormir. Aos poucos, sentindo-se seguro, foi-se acalmando. A seu lado, Augusto dormia serenamente, o corpo encolhido de encontro ao seu, para não cair da cama.

Quando Reinaldo finalmente se tranquilizou, uma nova onda de agitação dominou o seu corpo. A seu lado, a respiração regular de Augusto fazia-o perder o sono. Era a primeira vez que sentia aquelas coisas e teve medo. O calor de Augusto, a maciez de sua pele, o perfume de seus cabelos, nada o deixava dormir.

Experimentou tocar o dorso de Augusto, que não se mexeu. Aos pouquinhos, foi deslizando os dedos por todo o

IMPULSOS DO CORAÇÃO

corpo do amigo, experimentando um prazer que nunca antes imaginara existir. Morria de medo de que ele acordasse e o repelisse, contudo, Augusto parecia nada perceber. De vez em quando estremecia e tentava se virar, mas não acordava.

Foi uma descoberta surpreendente. Reinaldo se deu conta de que tocar a pele de Augusto lhe transmitia um prazer inenarrável. Não sabia bem o que aquilo significava, mas gostou. Em seu íntimo, contudo, intuía algo que os pais desaprovariam. Entre a certeza e o medo, chegou o rosto perto da nuca de Augusto e chorou.

Aquilo acontecera havia muito tempo. Reinaldo fora embora com a família, obrigando-o a engolir a paixão silenciosa pelo amigo. Nos primeiros anos da adolescência, procurou se relacionar com meninas, para tentar sufocar seus instintos. Não deu certo. A dificuldade do sexo provocava o escárnio das garotas, fazendo recrudescer seu desprezo pelo sexo feminino.

Até que, já na fase adulta, não suportando mais a mentira em que se transformara sua vida, desistiu das mulheres para assumir a preferência por rapazes. Podia ter feito isso de forma natural e saudável. Contudo, o preconceito consigo mesmo levou-o a práticas violentas e humilhantes, como se descarregasse nos parceiros o desprezo que sentia por se reconhecer homossexual.

Nunca, em toda a sua vida, permitira-se um relacionamento amoroso de verdade. Jamais conseguira amar alguém. A paixão por Augusto, aos poucos, foi arrefecendo, mas nenhum outro conseguira ocupar o vazio que ele deixou. Uma a uma, Reinaldo viu perderem-se as oportunidades de se relacionar com companheiros honestos e dignos. Só o que queria era se divertir, usar as pessoas para depois descartá-las sem consideração nem respeito.

Ainda jovem, veio para o Rio de Janeiro, ingressou na polícia militar e, alguns anos depois, na faculdade de Direito da UEG[2], como espião do governo. Concluído o curso, foi convidado, em razão de sua inteligência brilhante, a integrar o DOI-CODI, onde alcançou o posto de capitão.

A mãe o acompanhou em todos os momentos. Sem coragem de assumir a homossexualidade, Reinaldo temia a solidão mais do que qualquer outra coisa. Por isso, seu apego à mãe era mais do que compreensível. Ao se mudar para o Rio de Janeiro, chamou-a para ir com ele, e Alcina foi sem titubear. A filha mais velha, com quem não se dava, estava casada, e a mais nova morrera atropelada assim que chegaram a Belo Horizonte. Sozinha, só lhe restava o filho para confortá-la na velhice.

Desde o ingresso de Reinaldo na polícia militar, Alcina sentiu imensa decepção e medo pelas funções do filho. Jamais conseguiu aceitar as atividades que ele exercia. No princípio, dizia a si mesma que ele era apenas um bom policial, mas depois, a partir do golpe de 64, não teve mais dúvidas. Foram muitas as conversas que flagrara por telefone e logo tomou ciência de suas reais atividades. Reinaldo comentava com os colegas sobre as torturas sem qualquer constrangimento ou remorso.

Um dia, Reinaldo apareceu em casa com uma moça, colega de faculdade, a quem Alcina se afeiçoou imensamente. Sueli era de boa família, muito educada e carinhosa. Tinha apenas um porém: envolvera-se em movimentos clandestinos da UNE contra o novo regime. Alcina não sabia de nada disso e estava feliz com o interesse do filho pela menina, a única que ele levara a sua casa.

Mas tudo não passava de uma armação. Reinaldo simulou o flerte porque desconfiava que ela liderava um movimento de resistência. Bem-apessoado, aproximou-se da moça, fingindo-se contra a revolução. Ninguém podia imaginar que ele era um espião infiltrado, muito menos Sueli,

---

2 UEG – Universidade do Estado da Guanabara, atual Universidade do Estado do Rio de Janeiro.

que cedera ao seu assédio. Não demorou muito, estavam namorando, mas ela ainda resistia em lhe revelar suas atividades ilegais. Para conquistar-lhe a confiança, Reinaldo levou-a a sua casa, apresentou-a a sua mãe, dormiu com ela à custa de muito sacrifício.

Com tanta intimidade, era natural que Sueli se abrisse. Julgando-o confiável, contou-lhe tudo o que fazia, levou-o à base de suas operações. Em breve, todo o movimento foi descoberto, e seus membros, presos. A moça desapareceu, foi torturada e morta sem que ninguém soubesse. Apenas Alcina ficou sabendo. Ouvira uma conversa entre Reinaldo e um amigo, onde o filho narrava, em minúcias, todo o processo de tortura da moça.

— O que você fez? — cobrou Alcina, indignada, assim que Reinaldo ficou sozinho.

— Não fiz nada — respondeu ele secamente.

— Ouvi vocês conversando. Cadê a Sueli?

— Não sei.

— Ela é sua namorada. Como não sabe?

— Não me amole, mãe.

— Você a prendeu, não foi? Prendeu sua própria namorada!

Reinaldo não queria lhe dizer o que fora feito de Sueli, mas agora era tarde. A mãe ouvira sua conversa, ele não tinha mais como negar.

— Por que tem que ficar ouvindo atrás das portas? — tornou ele com irritação.

— Eu não ouvia atrás das portas! Você e seu amigo falavam alto, eu não sou surda.

— Ouça, mãe — falou ele, segurando-lhe as mãos e mudando de tom. — Sueli era uma inimiga interna, uma traidora da pátria. Fiz o que era certo. Sou um policial, tenho deveres para com o meu país.

— O que fez com ela? — redarguiu horrorizada.

— Não fiz nada. Ela está presa.

— Presa onde?

— Não posso dizer.

— Ela está viva? — ele não respondeu. — Ela está viva?

— Não se meta nisso, mãe. É melhor.

— Que tipo de monstro é você, Reinaldo? Não foi esse o filho que criei.

Reinaldo soltou as mãos de Alcina e virou-lhe as costas. Não conseguia encará-la.

— Por favor, mãe, esqueça Sueli — aconselhou, sem se voltar. — É melhor.

— Quando eu descobri que você não era homem, não disse nada a ninguém — revidou ela com raiva. — Depois, quando você apareceu com essa moça, achei que estava errada. Agora, não sei mais o que pensar.

— O que quer dizer com isso? — retrucou abismado, voltando-se para ela com os olhos flamejantes. — O que está insinuando?

— Como disse, não sou surda. Sei bem de seu envolvimento com os rapazes.

— Cale a boca!

— Posso aceitar que você seja homossexual. Mas que seja um assassino... é mais do que posso suportar.

— Cale a boca, já disse!

— Do que tem mais medo? De que alguém descubra que você é um monstro ou que não é um homem de verdade?

Sem pensar ou medir consequências, Reinaldo se virou já com o braço estendido, acertando violenta bofetada no rosto da mãe. Alcina cambaleou e caiu no chão, a boca sangrando, os olhos cheios de lágrimas de dor. Apesar da reação instintiva, Reinaldo se arrependeu no mesmo momento.

— Mãe! — gritou ele aos prantos. — Perdoe-me, mãe! Perdi a cabeça, eu não queria.

IMPULSOS DO CORAÇÃO

Ele tentou ajudá-la a se levantar, mas Alcina recusou a mão que ele estendia. Ergueu-se do chão sozinha. Esfregando o local do tapa, fitou-o com olhar sofrido, decepcionado, triste. Sem dizer uma palavra, virou-lhe as costas e trancou-se no quarto. Aquela foi a noite em que Alcina se matou.

No dia seguinte, Reinaldo estranhou a ausência do habitual cheiro do café e a mesa que não havia sido posta. Procurou na cozinha, sem a encontrar. Com desconfiança, irrompeu no quarto vazio. Tentou a porta do banheiro, que estava trancada. Ao arrombá-la, um choque. Na água turva de sangue da banheira, o corpo de Alcina jazia inerte, os pulsos cortados, a gilete caída no chão de pastilhas brancas, afogada em gotas rubras.

O suicídio da mãe, ao invés de chamá-lo à razão, fez recrudescer a revolta dentro dele. Reinaldo se tornou não apenas um espião eficaz, mas exímio torturador. De lá para cá, mudou-se para o apartamento em Laranjeiras, onde passou a viver sozinho, atormentado pelas muitas culpas que ia colecionando.

Até o dia foi em que foi chamado para investigar um possível traidor, um general de nome Darci Odílio, que morava no Méier e costumava frequentar a igreja de um certo padre mineiro. Como os dois eram da mesma cidade, quem sabe, não se conheciam? Foi com enorme surpresa que Reinaldo descobriu que o nome do padre era Augusto dos Santos Cerqueira, seu velho amigo de infância.

Reinaldo apanhara o dossiê do general e indagara interessado:

— Ele está sendo investigado?

— Não, só o general — respondera seu superior. — Por enquanto, não temos nada contra o padre.

— Se ele ouviu algo em confissão, não vai me contar. Ainda que eu seja seu amigo.

— Não esperamos que ele lhe conte, mas que você tenha acesso aos lugares que ele frequenta sem levantar suspeitas.

— Como farei para chegar até ele?

— Você é esperto. Dê um jeito.

Uma semana depois, o nome e o rosto de Augusto estavam no jornal que Reinaldo folheava ao acaso. Não podia acreditar. Passara os últimos dias imaginando uma maneira de se aproximar do padre sem que ele desconfiasse. Tinha que ter um motivo. Não podia simplesmente aparecer dizendo que, de uma hora para outra, adivinhara que ele estava no Rio e resolvera procurá-lo.

Reinaldo pousara o jornal sobre a mesa com um sorriso de satisfação nos lábios, embora sem saber a natureza do que sentia: excitação pela iminência de mais uma investigação bem sucedida ou pela possibilidade de rever seu amor de infância.

CAPÍTULO 14

O encontro com Reinaldo trouxe lembranças gostosas da infância de Augusto, da época em que brincavam e estudavam juntos. Pegou-se esperando com ansiedade que ele aparecesse, lamentando o fato de não ter deixado ao menos o número do telefone. Tinham muito que conversar, esclarecer e se desculpar.

Na noite de sexta-feira, Augusto chegou a casa mais tarde, após uma reunião no colégio em que dava aulas. Encontrou Rafaela e Nelma na sala, assistindo a um capítulo de *O Bem-amado*, enquanto Spock, aninhado no colo da moça, nem se dera conta de que ele chegara.

— Vendo novela? — indagou ele, em tom de brincadeira.

Nelma deu um sorriso forçado, mal olhando para ele, os olhos pregados na tela da televisão.

— Já vou esquentar seu jantar — anunciou.

— Não se preocupe. Termine de ver a novela. Vou tomar um banho primeiro.

Foi para o quarto, carregando sua pasta pesada, cheia de cadernos e livros didáticos. Voltou poucos minutos depois, já de pijamas, protegido por um robe pesado e escuro. Terminada a novela, Nelma correra para a cozinha e esquentava o jantar.

— Foi tudo bem hoje? — perguntou ele, reparando no ar amuado de Rafaela.

— Tudo — respondeu ela laconicamente.

— O que há? Está aborrecida?

— Estou com saudades de minha mãe.

— Sei que é difícil, mas procure resistir. Você não pode vê-la.

Ela suspirou dolorosamente e prosseguiu:

— Não aguento mais ficar aqui dentro sem fazer nada. Será que não posso sair?

— Você está sendo procurada pela polícia. Quer se arriscar?

— Será que a polícia não desistiu de mim?

— A polícia não desiste de ninguém até encontrar.

Pouco depois, Nelma entrou com uma bandeja e depositou o prato já pronto de Augusto na mesa.

— Venha comer — chamou ela, visivelmente mal-humorada. — Fiz uma jardineira de legumes que está uma delícia. Só Rafaela não gostou.

— Rafaela sente falta do bife e da batata frita — comentou o padre, em tom de brincadeira.

— Não se trata disso — protestou ela, não querendo parecer mal-agradecida. — É que não estou acostumada a só comer legumes.

— Tem razão. Amanhã Nelma pode comprar um bife para você, se vai fazê-la mais feliz.

— O senhor e eu não comemos carne — objetou Nelma.

— Mas Rafaela come. E não tem importância você preparar-lhe um bife.

— Não acho isso certo. Aqui, ninguém come carne.

— Spock come — arriscou Rafaela. — E você não reclama.

IMPULSOS DO CORAÇÃO

— Spock... — desdenhou, fazendo uma careta. — Ele é cachorro. É instinto dele comer carne.

Rafaela já havia ido longe demais. Era uma estranha naquela casa, não estava direito discutir com a governanta do padre. Augusto, contudo, sem se dar por vencido, arrematou:

— Vocês duas estão discutindo à toa. Tenho certeza de que Nelma não vai se importar de fazer o bife.

Mesmo a contragosto, Nelma não disse nada. Esperou até que ele terminasse de comer, tirou a mesa e arrematou com uma certa frieza:

— Se não se importa, padre Augusto, vou me deitar. Amanhã termino de lavar essa louça.

— Claro, Nelma, vá. Já disse mais de mil vezes que você não precisa ficar me esperando até tarde.

— E quem vai esquentar comida para o senhor?

— Posso muito bem me virar sozinho. Não sou criança.

— Eu posso esquentar a comida — anunciou Rafaela. — Fico aqui sem ter o que fazer, não me custa nada. Aliás, já me ofereci para ajudar Nelma no serviço de casa, mas ela se recusa.

Nelma fitou-a com uma certa hostilidade e rebateu de má vontade:

— Quem quer mesmo ajudar não pergunta. Faz.

Augusto percebeu a crescente agressividade no tom de voz de Nelma e interveio:

— Ninguém precisa se aborrecer por tão pouco. Pode ir se deitar, Nelma, e não se preocupe com a louça.

Embora arrependida de haver dito aquilo, Nelma não se desculpou e se despediu com os olhos baixos:

— Boa noite.

— Boa noite — respondeu Augusto.

Rafaela não respondeu. Magoada com a grosseria de Nelma, ficou parada, olhando pela janela, com os olhos úmidos.

— Ela não precisava ter dito aquilo — contestou contrariada. — Faz parecer que eu sou preguiçosa, quando não é verdade. Só não tomei a iniciativa de ajudar porque fiquei com medo de fazer do meu jeito e acabar mudando a rotina da casa. Não queria que ela pensasse que estou querendo tomar o lugar dela.

— Não se importe com isso. Nelma está comigo há muitos anos e já se acostumou a cuidar de mim sozinha.

— Ela me odeia.

— Não é verdade. Nelma jamais faria algo que a prejudicasse. — Rafaela o olhou em dúvida, e ele continuou: — Acho que ela está com ciúmes, principalmente porque você trocou o nome que ela deu ao cachorro.

— Ela se queixou com o senhor?

— Nem precisa. Conheço-a de longa data.

— Pois é isso mesmo. Comigo, ela reclamou. Chamou-me de intrometida e de abusada. Se não lhe contei antes, foi para não o aborrecer.

Augusto suspirou desanimado e aconselhou:

— Não fique zangada com Nelma. Ela é uma boa pessoa.

— Boa para o senhor.

— Não seja tão exigente. Nelma é uma mulher sozinha, só tem a mim no mundo. Dê-lhe uma chance.

— O senhor tem razão, desculpe-me — concordou ela, achando que não tinha o direito de cobrar-lhe nada. — Não quero trazer-lhe mais problemas. Tem feito muito por mim. E Nelma também. Se o senhor quiser, podemos mudar o nome do cachorro de novo.

Ele deu uma risada suave e objetou:

— Não precisa. Vai acabar confundindo a cabecinha do coitado. Deixe como está e não toque mais nesse assunto. Com o tempo, Nelma esquece.

— Está certo. Perdoe-me novamente.

— Já é tarde — anunciou ele, consultando o relógio. — Por que não vai se deitar?

IMPULSOS DO CORAÇÃO

— Não estou com sono. Na verdade, acho mesmo que vou sair para respirar o ar da noite, aproveitar a lua cheia e as estrelas.

Depois que ela saiu, Augusto foi para o quarto. Deitado em sua cama, não conseguia dormir. A chegada de Reinaldo ainda o confundia. Ficara muito feliz em rever o amigo, mais ainda por descobrir que nada do que o pai dissera era verdade. O temor que sentira na infância fora infundado. Nunca nutrira por Reinaldo sentimento algum que não fosse o de uma forte amizade. Só agora tinha certeza disso.

Passara aqueles anos todos evitando os rapazes, com medo de ceder a uma tentação inexistente. Agora sabia que jamais se interessara por rapaz algum. Aquilo era fruto da imaginação, do medo, do preconceito dos pais e dos padres. E por que ter preconceito de pessoas que eram iguais a ele, só se diferenciando pelo caminho sexual que escolhiam? Afinal, não eram todos filhos de Deus?

Quanto mais pensava nessas coisas, menos sono tinha. Se ele não desejava os homens, o que desejava então? Respondendo a essa dúvida, seus pensamentos voaram direto para Rafaela, preenchendo todos os recônditos de sua mente. Agradava-lhe muito a companhia da moça, embora não reconhecesse ali nenhum sinal de paixão ou desejo. Justificava seu sentimento com o amor paterno, de um pai para a filha que corre perigo, do sacerdote para a discípula amada. Sim, Rafaela era amada, mas seria mesmo sua discípula?

Não suportando mais a contradição dos pensamentos, levantou-se da cama e foi até a janela, afastando as cortinas para desvendar o quintal enluarado. Rafaela estava lá, banhada pelo clarão esbranquiçado da lua, deitada sobre uma espreguiçadeira, aparentemente olhando as estrelas. Um leve tremor eriçou-lhe os pelos quando vento suave afastou levemente a bainha de sua camisola simples de algodão, desnudando-lhe as coxas firmes e bem torneadas.

Assustado com sua própria reação, Augusto soltou as cortinas e se atirou de joelhos ao pé da cama, as mãos postas em oração, pedindo a Deus que lhe perdoasse aquele pecado. Sem se concentrar na prece, a mente começou a divagar para o quintal, onde Rafaela se entregava, displicente, ao sabor da brisa noturna.

Augusto não conseguiu mais se conter. Encerrou a prece, fez o sinal da cruz e levantou-se, descerrando as cortinas com uma certa fúria. Rafaela continuava no mesmo lugar, do mesmo jeito, o corpo todo tomado pela brisa e a lua. Ele soltou as cortinas e, sem nem se lembrar do roupão, saiu para o quintal. Aproximou-se, o coração ameaçando precipitar-se para fora do peito como um turbilhão revolto, sem controle.

A sombra que ele projetou nos olhos de Rafaela fez com que ela os abrisse e se assustasse com a presença dele.

— Padre Augusto! — exclamou, recompondo-se desajeitadamente. — Aqui fora estava tão fresquinho, tão gostoso, que acho que peguei no sono.

Ele continuava parado, olhando para ela, coração, corpo e mente unidos em um só desejo. Era como se uma torrente elétrica disparasse flâmulas incandescentes pelo seu sangue, sua carne, sua pele.

— Padre, está tudo bem? — indagou ela, notando seus lábios trêmulos e seu olhar febril. — O senhor está doente?

As palavras dela acionaram a mente racional de Augusto, que, após grande esforço, conseguiu aplacar o desejo e reassumir o controle sobre si mesmo. Não disse nada. Apenas olhou-a com um misto de ânsia e pânico. Depois de uma breve hesitação, rodou nos calcanhares e disparou porta adentro.

Rafaela permaneceu onde estava, assustada demais para ir atrás dele. Não podia dizer que não compreendia. Como mulher, também experimentara a chama do desejo diante de um homem bonito e cativante feito Augusto. Desde

IMPULSOS DO CORAÇÃO

os primeiros dias sentira-se atraída por ele, pela sua beleza, seu charme, seu jeito.

Em vista do sacerdócio que ele exercia, Rafaela não se atrevia a supor que ele nutrisse por ela algum tipo de paixão. Ele nunca fizera qualquer comentário nem insinuação. Ao contrário, mostrava-se respeitoso e a tratava como uma filha. Mas aquela aparição repentina fora bastante reveladora. Rafaela jamais se esqueceria do olhar apaixonado e, ao mesmo tempo, atormentado de Augusto.

De repente, tudo ficou muito confuso. Rafaela não conseguia distinguir os próprios sentimentos. A atração física pelo padre, ela já identificara. Contudo, o que sentia naquele momento parecia ir além disso. Ao mesmo tempo em que pensava nele, lembrava-se de Carlos Augusto, sentindo-se presa de uma angústia desconcertante. Será que ela tinha o direito de interessar-se por outro homem tão pouco tempo após a morte do namorado em circunstâncias tão brutais? Não estaria traindo a memória dele?

Olhando as estrelas, não sabia o que fazer. Imaginava onde estaria o namorado e se saberia de seus problemas. Embora nada conhecesse sobre espiritismo ou outra doutrina espiritualista, acreditava na vida após a morte. Tinha que haver alguma coisa além do túmulo, ou a vida se transformaria num vazio inútil e sem sentido.

Naquele momento, sentiu-se mais só do que nunca. A família lhe fazia muita falta, principalmente a mãe. Além disso, morria de saudades de Carlos Augusto, queria saber onde ele estava e se estava bem. E agora, para completar, sentia nascer a paixão obscura por um padre. Sem contar o medo da traição.

— Ah! Augusto — divagou ela, sem saber ao certo se evocava o padre ou o namorado que se fora.

E ambos, cada um à sua maneira, também pensavam nela.

CAPÍTULO 15

Carlos Augusto não se lembrava de quanto tempo ficara se arrastando no muro de luz, gritando o nome de Rogério. Ia de um lado a outro, desesperado para reencontrar a porta ou outra abertura. Nada. O muro se transformara em uma massa aparentemente sólida de energia.

Cansado de tentar atravessar o intransponível, Carlos Augusto sentou-se no chão, exausto, e cerrou os olhos. Apurou os ouvidos para ver se escutava algum sinal de Rogério. Ao invés disso, o que ouviu foi uma voz suave de mulher chamando seu nome:

— Carlos Augusto.

Ele abriu os olhos lentamente. A princípio, não conseguiu fitar a mulher, cujo corpo luminoso quase se confundia com a claridade que sobressaía atrás dela.

— Quem é você? — perguntou, estreitando a vista para enxergá-la melhor.

A mulher se aproximou, tornando-se discernível a seus olhos. Era muito bonita, jovem, cabelos longos e ondulados.

IMPULSOS DO CORAÇÃO

Ele a estudou com cuidado, puxando pela memória para se lembrar de onde a conhecia.

— Não se lembra de mim? — tornou ela. — Você era criança quando desencarnei, mas será que me esqueceu?

— Paulina?

— Eu mesma.

Paulina fora sua madrinha em vida e desencarnara ainda jovem. Amiga íntima de sua mãe, apaixonada por crianças, aceitara batizar Carlos Augusto com alegria. A leucemia, contudo, tirara-a da matéria prematuramente, aos vinte e nove anos de idade.

— Você parece uma fada brilhante — observou Carlos Augusto. — Como pode ser?

— Obrigada pela comparação. É a primeira vez que me chamam de fada.

— Você está muito bem. Ao contrário de mim...

— Se você não notou, seu corpo não tem nenhuma sequela das torturas.

— É verdade — concordou ele, olhando para si mesmo. — Onde foram parar?

— Ficaram na matéria, como tinha que ser. Graças a Deus você não é uma pessoa apegada nem teme a morte.

Ele se levantou e limpou as mãos nas calças, surpreendendo-se com a poeira de luz que se desprendeu delas e caiu ao chão.

— O que é isso? Pó de pirlimpimpim?

— Muito engraçado. Estamos numa região limítrofe entre o astral inferior, onde você estava, e os círculos mais elevados do mundo invisível. Na verdade, é um dos muitos acessos às inúmeras cidades astrais que flutuam acima do planeta.

— Como isso pode ser um acesso? Não vejo caminho algum.

— Você não precisa trilhar nenhuma estrada. Basta pensar, que todos os caminhos se abrem.

— Não entendi.

— Quando alguém chega até aqui é porque está preparado para seguir adiante. Não está preso aos sentimentos de baixa vibração que criam a ilusão do sofrimento. Tem a mente livre e o coração pronto para aceitar as transformações da matéria.

— Está querendo dizer que é porque aceitei que morri?

— Não apenas porque aceitou. Mas porque sua mente compreendeu a morte e está voltada para você.

— Não propriamente. Estou preocupado com Rogério.

— Não foi a isso que me referi. Digo que está voltada para você porque se desapegou da energia daqueles que causaram a sua morte. Não está em sintonia com eles, não os acusa, não os odeia. Quando isso acontece, não se estabelece liame entre o agressor e a vítima, já que não existe nem um, nem outro. A mente assim liberta pode buscar seu próprio caminho. Já a sua preocupação com Rogério provém de sentimentos opostos aos que prendem o homem à dor, porque decorre da afeição, da amizade, da solidariedade e tantos outros sentimentos nobres que você já conquistou. Isso só faz engrandecer a alma, pois a libertação do egoísmo, com a compreensão do amor por si mesmo, é um dos objetivos que o ser humano deve alcançar. Pensar em si mesmo sem se esquecer do próximo. Amar-se para depois amar seu semelhante. E você já consegue fazer isso com naturalidade. Está mais próximo da verdadeira iluminação.

Ele a fitou, emocionado com as palavras dela, e retrucou:

— De onde vem toda essa luz?

— É uma concentração de energia do bem que serve para aliviar a dor e o cansaço dos que aqui conseguem chegar.

— É só isso? Energia?

— Sim. São fluidos cósmicos condensados, retirados da matéria universal.

— Por que Rogério não consegue passar? Ele nem viu a porta.

IMPULSOS DO CORAÇÃO

— Rogério não está pronto. Ao contrário de você, criou elos invisíveis que o aprisionam à culpa, ao ódio, ao medo e à pena de si próprio. Ainda não acionou a luz interior que habita dentro dele. Quando fizer isso, achará o caminho e viremos buscá-lo.

— Não podemos tirá-lo de lá?

— No momento, não. Ele sequer vai nos enxergar.

— Mas ele me viu, caminhou comigo. Como não vai mais nos enxergar?

— Você agora está em outro plano vibratório. Para chegar até ele, terá que fazer cair essa vibração. Isso é possível, mas quando você voltar para cá, ele vai se assustar com a luz e não vai entrar.

— Como você pode ter certeza?

— Você conseguiu trazê-lo?

— Não, mas ele achou que não existia um outro lado. Se eu lhe contar, ele vai acreditar em mim.

— Ele não acreditou em você quando disse que havia uma porta e uma luz. O que o leva a crer que acreditará agora?

— Posso provar.

— Não pode, porque ele não vai ver.

Carlos Augusto soltou os braços ao longo do corpo, desanimado.

— Não podemos fazer nada para ajudá-lo?

— Podemos rezar. Costuma ter um efeito bastante eficaz. Poucos são os que reconhecem o valor da oração, mas ela é poderosíssima, porque mexe com energias que estão muito além da densidade da matéria. Essa energia purifica todos os corpos do homem, trazendo bem-estar, alegria, conforto e paz. É uma ferramenta que todo mundo deveria usar. É de graça, não dá trabalho, não cansa e é muito eficiente.

— Entendo o que você diz. Só que essa impotência me faz sentir um inútil.

— Não devia se sentir assim. Se não fosse você, Rogério teria sucumbido no mar de esqueletos.

— Sucumbido? Mas eu quase o atirei lá!

— Não se engane consigo mesmo. Você não faria isso, como não fez. Por que acha que você foi parar lá justamente ao lado dele?

— Não sei.

— Rogério desencarnou poucos dias depois de você. Pensa que você esteve lá todo esse tempo?

— E não estive?

— Não. Você estava adormecido, mas quando sentiu o desenlace de Rogério, imediatamente se transferiu para onde ele estava, atraído pela forte amizade que os une.

Ele ergueu as sobrancelhas e considerou:

— Mas então, ele pode ser ajudado.

— Pode. Na medida do que está pronto para receber. No momento, o máximo que você poderia fazer foi ajudá-lo a não cair.

— Então é só isso? Tenho que esperar ele se resolver? — ela assentiu. — E agora?

— Agora, pode vir comigo se quiser.

— Para onde?

— Outro lugar, mais organizado, mais aconchegante.

— Tipo o quê?

— Tipo uma cidade diáfana e iluminada, onde todo mundo busca a paz, o conhecimento e a compreensão da vida.

— Parece tentador.

— E é. Então? Vamos?

Carlos Augusto olhava do muro para ela, ainda em dúvida. Queria ir e não queria, hesitando em deixar Rogério. Por fim, se decidiu. Seguindo o conselho de Paulina, virou-se para o muro e fez uma breve, mas emocionada oração. Em pensamentos, Paulina o acompanhou, certa de que, do outro lado, Rogério a receberia.

Efetivamente, sem que Carlos Augusto soubesse, Rogério recebia os fluidos de paz produzidos pela oração.

Do outro lado do muro, não sabia o que havia acontecido ao amigo, que desaparecera inexplicavelmente. Ele falara em uma porta, mas Rogério não via nada. Nenhum muro. Apenas a escuridão no final da rua. Carlos Augusto o havia abandonado, e ele não entendia por quê.

Não foi preciso muito tempo para que Carlos Augusto se recuperasse de todo. Sem sequelas das torturas, logo se sentiu fortalecido para estudar e trabalhar. Ingressou em grupos de estudo sobre a espiritualidade e procurava ajudar os que, como ele, haviam desencarnado pelas mãos dos torturadores do regime. Muitos compreendiam e aceitavam, outros deixavam-se dominar pelo ódio e fugiam.

Sempre pensava em Rogério e rezava por ele, na esperança de que saísse daquele lugar horrendo. Além dele, Rafaela também merecia sua preocupação.

— Quero muito vê-la, Paulina — dizia constantemente. — Por favor.

Foi uma alegria sem igual que ele, um dia, recebeu dela a notícia:

— Está certo. Podemos ir.

Carlos Augusto e Paulina chegaram à Terra no momento em que Rafaela, deitada na espreguiçadeira, abria os olhos e via o padre a seu lado. Ambos acompanharam a cena sem interferir. Carlos Augusto não se surpreendeu quando, ao invés de sentir ciúmes, desejou intimamente que o padre a fizesse feliz.

Quando a moça se levantou e foi para o quarto, Carlos Augusto seguiu com ela. Tentando afastar a imagem do padre da cabeça, Rafaela se deitou e, pouco depois, ajudada por Paulina, adormeceu. Assim que seu corpo fluídico se viu livre no espaço astral que a circundava, Rafaela logo avistou os dois espíritos. A emoção de ver o antigo namorado misturou-se ao embaraço e à vergonha. Num momento em que deveria estar pranteando a sua morte, ardia de desejo pelo padre.

— Não se preocupe com isso — falou ele, lendo-lhe os pensamentos. — Não estamos aqui para cobrar-lhe nada.

— Quem é ela? — indagou Rafaela, interessada.

— Esta é Paulina, que foi minha madrinha em vida e agora é minha mentora.

Rafaela simpatizou imediatamente com Paulina. As duas abraçaram-se fraternalmente, e Rafaela prosseguiu:

— Ah! Augusto, por que você me deixou?

— Você sabe por quê.

— Aqueles malditos torturadores! O que lhe fizeram?

— Eu estou bem, não se preocupe.

— Por que você teve que morrer daquela forma tão horrível?

— Fui eu que tracei o meu destino. Fui torturador na Inquisição e, lamentavelmente, não consegui me perdoar pelas atrocidades que havia cometido.

— Você foi torturador? Não acredito.

— Pois pode acreditar. Embora tenha sido há muito tempo, custei a me desapegar de tantas culpas. Agora, porém, acho que consegui. Não preciso mais sofrer. E nem você, se não quiser.

— Eu não quero sofrer!

— Então tome cuidado. O padre é uma boa pessoa e gosta realmente de você, mas tem amigos que não são o que dizem ser.

— Ele trabalha a favor dos perseguidos políticos.

— Por isso é que lhe digo para tomar cuidado. Você e ele correm grande risco.

— Como é que você sabe dessas coisas?

IMPULSOS DO CORAÇÃO

— Onde estou, muito me foi e é revelado.

— Por quê?

— Porque estou em condições de compreender sem julgar.

— Por que você ainda se interessa tanto por mim?

— Não se lembra? — ela meneou a cabeça. — Fomos irmãos em outra vida, sinto-me responsável pela sua morte. Não quero que isso se repita.

— Podemos ter sido irmãos em outra vida, mas nessa, fomos namorados. Eu devia ser fiel à sua memória.

— Está se referindo ao padre?

— Oh! Augusto, perdoe-me! Tentei, mas não pude evitar. Acho que estou me apaixonando por ele.

— E qual o problema?

— Eu não devia. Faz tão pouco tempo que você se foi.

— Minha querida, isso agora não importa mais. Quero que você seja feliz.

— Não está chateado? Não pensa que sou uma vadia?

— Mas o que é isso? Que ideia faz de si mesma! Eu agora estou em outra vida, a sua tem que continuar. Estamos em mundos diferentes, não podemos viver mais juntos.

— Mas você está aqui. Como podem ser mundos diferentes?

— Você ainda está vivendo na matéria, tem um corpo físico. Eu não o tenho mais, meu corpo astral vive no mundo astral.

— Como eu o vejo e falo com você?

— Cada plano interpenetra os anteriores. Assim, o astral entra pelo físico, por assim dizer. É por isso que conseguimos contato. Esse mundo, que é também o das emoções, é acessível pela morte ou pelo sono. Eu estou morto, você está dormindo. Seu corpo físico não veio, está deitado na cama. Quem entrou aqui foi o seu corpo astral, que se desprendeu parcialmente. Contudo, embora estejamos momentaneamente na mesma dimensão, nossas vidas estão

121

se desenrolando em mundos distintos. Você vai voltar ao físico, eu vou prosseguir no astral. Não podemos mais nos relacionar. Por isso, não se apegue a uma traição que não existe. Você e o padre são livres para fazer o que quiserem.

— Jura que não vai ficar com ciúmes?

— Preciso jurar?

— Acho que não... Ao acordar, vou me lembrar desse encontro?

— Provavelmente, não. Pode ser que se lembre de algumas passagens confusas, pois as experiências que aqui vivemos, em sua maioria, ficarão retidas no filtro etéreo que limita a passagem de energias astrais, impedindo os encarnados de se lembrar de tudo.

— Como assim? Por que isso acontece?

— O corpo denso é um grande limitador da expressão do astral. Romper as barreiras etéreas para que o físico mantenha as tênues impressões do astral requer um preparo que poucos têm. E quanto mais o cérebro físico se esforça para se lembrar dos sonhos, mais os afasta da lembrança, pois a densidade de suas vibrações pulveriza a sutileza das vibrações astrais.

O sol começava a raiar, e Paulina os interrompeu com gestos delicados:

— Acho que já chega, por hoje. Temos que ir, e Rafaela deve retornar à matéria.

— Promete voltar? — indagou a Carlos Augusto.

— Sempre que me for permitido.

— Está bem.

Carlos Augusto deu-lhe um beijo suave na testa. Rafaela retornou ao corpo, enquanto ele e Paulina desvaneciam no ar. Logo pela manhã, o sonho aflorou à sua mente, embora confuso e contraditório. Mesmo assim, lembrou-se de ter sonhado com ele. Como, porém, sua mente andava povoada de culpas e remorsos, analisou o sonho como um alerta de

IMPULSOS DO CORAÇÃO

que talvez a alma dele estivesse inquieta com o que estava acontecendo. Não apenas com o perigo de ser presa, mas com seu sentimento por padre Augusto.

O conflito estava instalado e, muito embora Rafaela se martirizasse com a sensação de traição, sabia que não poderia resistir a Augusto por muito tempo.

CAPÍTULO 16

Quando Rafaela apareceu para o café da manhã, Augusto já não estava mais lá. Levantara-se cedo e saíra sem tomar o desjejum, com medo de suas próprias reações. Atormentado pelo fantasma do desejo, que só agora conseguia identificar, viu na confissão o instrumento do limite para que se mantivesse dentro dos princípios da Igreja e do sacerdócio.

Bem cedinho, bateu à porta de seu amigo Cláudio, que atendeu ainda de pijamas, a escova de dentes e a pasta na mão.

— Augusto! — surpreendeu-se. — O que o traz aqui tão cedo?

— Preciso me confessar — disse rapidamente. — E tem que ser agora.

— Não pode esperar? Ainda nem me aprontei.

— Pois então apronte-se, pelo amor de Deus! Preciso de você com urgência. É o único em quem posso confiar para fazer essa confissão. Por favor...

IMPULSOS DO CORAÇÃO

Notando o desespero no olhar e na voz do outro, Cláudio se arrumou o mais rápido que pôde. Levou-o para seu quarto, fechou a porta e iniciou preocupado:

— Muito bem. Agora conte-me o que tanto o aflige.

Augusto ajoelhou-se aos pés dele e, beijando-lhe a ponta da batina, chorou de mansinho.

— Perdoe-me, padre, porque eu pequei...

Não conseguiu terminar. A voz engasgada na garganta, permaneceu onde estava, umedecendo as vestes do outro com as lágrimas que agora vertiam em abundância.

— Meu filho — disse Cláudio, passando a mão sobre a cabeça de Augusto. — Sabe que além de padre, sou também seu amigo. Seja o que for, pode me contar. Não estou aqui para julgá-lo, mas apenas para levar um pouco de alívio ao seu coração.

Cláudio era um padre mais velho e mais experiente. Como os dois estavam envolvidos com o auxílio aos perseguidos políticos, pensou que o problema de Augusto estivesse relacionado a isso. Pelo jeito como entrara ali, algo muito grave devia ter acontecido. Teria ele sido descoberto e, por uma infelicidade, matado alguém?

— O que foi que houve? — estimulou, deveras preocupado. — Tem algo a ver com o nosso movimento? — Augusto assentiu. — Você matou alguém?

A surpresa no olhar de Augusto foi genuína, e o alívio que causou em Cláudio também.

— Por Deus, padre, não! — objetou Augusto, indignado. — Eu apenas estou... acho que me apaixonei por uma mulher...

Calou-se novamente, mas dessa vez não chorou, à espera de uma palavra de censura do amigo.

— Apaixonou-se? — retrucou Cláudio, de uma certa forma, aliviado. — Por quem?

Vencendo o temor, Augusto esclareceu:

— Lembra-se da estudante que veio me procurar outro dia? — Cláudio assentiu. — A quem dei instruções para a fuga? Pois ela agora está escondida em minha casa.

— Em sua casa? — espantou-se Cláudio. — Mas então vocês...

— Não fizemos nada, se é no que está pensando. Ontem, porém, quase perdi a cabeça. Por pouco não a tomei nos braços e fiz uma loucura. Cheguei bem perto de violar meu voto de castidade!

— Já esperava por isso, mais cedo ou mais tarde — revelou Cláudio, impassível. — Não é uma coisa rara de acontecer.

— Sou um padre — objetou Augusto, sentindo as faces arder. — Devia estar acima dessas coisas.

— Não seja tão severo. Você é homem, em primeiro lugar.

— Homem... — desdenhou de si mesmo. — Justo eu, que nem isso pensava que fosse.

— Como assim?

— Meu pai me mandou para o seminário porque achava que eu era, ou tinha tudo para ser, um sodomita.

— Eu não sabia. Por que nunca me contou?

— Era algo de que eu me envergonhava.

Cláudio soltou um suspiro de compreensão e retrucou:

— Infelizmente, muitos pais que pensam assim enviam seus filhos para o sacerdócio sem nenhuma vocação.

— Meu pai tinha medo de que eu me tornasse homossexual.

— E você não se tornou, pelo visto.

— Acho isso uma ignorância. Ninguém se torna homossexual. Quem é já nasce assim. Nada o fará mudar.

Cláudio ergueu as sobrancelhas e retrucou com uma leve censura:

— Você não acredita que Deus pode livrar o homem do pecado?

— Não sei. Acredito que o homem pode tentar encontrar seu caminho com a ajuda de Deus. Mas não estou convencido

IMPULSOS DO CORAÇÃO

de que ser homossexual seja algo que requeira uma mudança de caminho. Não creio que seja pecado.

— Não?

— Convivi com alguns meninos estranhos no seminário. Nunca me interessei por nenhum deles, mas vi a angústia em seus olhos. Eram pessoas boas, compreensivas, amorosas. Não conseguia ver pecado em suas atitudes e achava mesmo que o lugar delas não era ali. Como pode ser pecador um homem que só quer o bem de seus semelhantes? Não acho que seja justo condenar alguém só porque escolheu um caminho sexual fora dos padrões sociais.

— Fora dos padrões religiosos, você quer dizer.

— A religião foi feita por homens. Duvido que Deus, o verdadeiro Deus de amor, pura energia, puna ou condene alguém. Penso que o importante é o que vai no coração do homem, não a forma como utiliza seu sexo.

— Nunca o ouvi falar dessa forma — repreendeu Cláudio. — Onde aprendeu essas coisas?

— Com a vida e a experiência. Tenho ouvido muitas confissões nesse sentido e vejo que a atitude sexual nada tem a ver com o caráter das pessoas. É isso que me faz questionar esse dogma.

— Você me parece muito avançadinho. E eu que pensei que fosse um padre moderno... Não entendo como você, com essas ideias progressistas, está se condenando por ter sentido desejo por uma mulher.

— Porque eu fiz um juramento. Fiz voto de castidade e considero a palavra um ato sagrado de compromisso. Sem contar que eu pensava que fosse homossexual. Deixei que meu pai e os outros padres me convencessem disso. Imagine a surpresa que foi para mim também. Passei a vida pensando que havia conseguido dominar meu desejo por homens quando, na verdade, gosto mesmo é de mulheres. E nem sabia disso.

— Interessante. Contudo, de pouco auxílio no momento.

— O que posso fazer, padre? Ajude-me! Como sufocar o que sinto por Rafaela?

— Talvez seja melhor essa moça sair da sua casa.

— Pensa que já não pensei nisso? Mas ela está sendo procurada pela polícia. Não posso mandá-la embora.

— Esse não é um problema insolúvel. A Esperança já ajudou muitos na mesma situação que a dela.

— Ela está sozinha, tem medo de ir para o exterior.

— Você está arranjando desculpas para mantê-la ao seu lado. No fundo, não quer que ela se vá.

Augusto abaixou a cabeça e confessou com os olhos cheios de lágrimas:

— Não. Por isso, aguardo sua penitência. Qualquer punição é preferível a mandá-la embora.

— Acha que penitência vai adiantar? Que vai acalmar a sua alma e evitar que o pior aconteça?

— Eu não sei. Tenho que tentar.

— Não é assim que funciona, Augusto. Somos padres, sim, mas isso não modifica a nossa natureza. Alguns conseguem vencer o instinto e seguir o celibato. Outros caem em tentação. Em qualquer hipótese, devemos preservar a imagem do sacerdócio.

— Como assim?

— Você pensa que eu nunca senti desejo por mulher alguma?

— Sentiu?

— Da primeira vez, pensei que havia me apaixonado. Consegui resistir, terminei tudo, mas o desejo persistiu. Sabe o que fiz? — Augusto meneou a cabeça. — Quando o fogo do desejo ardia a ponto de me deixar febril, vestia vestes profanas e procurava uma mulher desconhecida.

— Você fazia isso?

IMPULSOS DO CORAÇÃO

— Por que o espanto? Foi melhor do que largar a batina por uma mulher que, mais tarde, eu sabia que iria me deixar. É o que vai acontecer com você se não se cuidar.

— Você acha que eu devo largar a batina?

— Não. Acho que essa moça, mais cedo ou mais tarde, vai deixá-lo. E o que será de você?

— Por que diz isso?

— Você é inexperiente e está se iludindo. Se você se envolver com essa moça, no começo, tudo vai correr às mil maravilhas. Por enquanto ela está fragilizada, com medo. Você se transformou em seu herói e protetor. É um homem bem-apessoado, culto, atencioso, corajoso e inteligente, qualidades que as mulheres mais admiram. Mas e depois? E quando ela se enjoar de ficar em casa esperando você, impedida de viver a juventude? Aceitará nossa ajuda e irá embora, sem se importar com seus sentimentos.

— Rafaela não é assim. Tenho certeza de que ela gosta de mim.

— Gosta. Quem não gostaria? A questão é: até quando?

Augusto não respondeu. Não tinha pensado em nada daquilo, preocupado com o sentimento novo que experienciava. Os olhares de Rafaela eram um sinal bem forte de que ela também gostava dele. No entanto, o que Cláudio lhe dizia fazia sentido. Será que valeria a pena ele se deixar envolver por uma jovem que, mais dia menos dia, iria embora sem maiores preocupações?

— O que é que eu faço? — sussurrou ele, alquebrado.

— Deus o está pondo à prova. Não falhe com Ele!

A emoção de Augusto estava próxima do desespero. Ele apanhou as mãos de Cláudio e beijou-as. Então, suplicou:

— Pelo amor de Deus, ajude-me.

Cláudio permaneceu alguns minutos pensativo. Quando falou, tinha na voz o tom da incerteza:

— Não podemos simplesmente mandá-la embora e deixar que seja presa. Não me agrada ver você cair em tentação, mas não quero que ela vá parar nas câmaras de tortura. Então, ou você a convence e se convence de que a melhor solução é tirá-la do país em segurança, ou não lhe restará alternativa senão resistir.

Encarando Cláudio com ar incrédulo, Augusto retrucou preocupado:

— Pensa que é fácil?

— Sei que não é. Ambas as alternativas irão requerer muito esforço de sua parte. Por isso é uma prova.

— Não acredito em provas — exasperou-se. — Deus não quer a nossa ruína, quer o nosso bem.

— Se não acredita em nada do que digo, por que me procurou?

— Pensei que pudesse me ajudar.

— Você não quer a minha ajuda. Quer que eu aprove o que você deseja fazer.

Era isso mesmo. Augusto fora até ali em busca de absolvição e uma solução mágica para seu problema. Não conseguira. Saiu da casa de Cláudio mais transtornado do que quando chegara. O amigo tinha razão. Rafaela era só uma menina. Seria loucura abandonar sua vida por causa de uma paixão que se apagaria com o tempo.

A conversa com Cláudio surtiu algum efeito. Desde então, o comportamento de Augusto mudou. Tratava Rafaela bem, contudo, com frieza e indiferença. Respondia a tudo o que lhe perguntava, embora com monossílabos e reticências. A mudança de atitude deixou Rafaela confusa e Nelma satisfeita por achar que Augusto, finalmente, mostrara a ela o seu devido lugar.

IMPULSOS DO CORAÇÃO

Nelma havia terminado de colocar a mesa quando ouviram soar a campainha do portão. Os três se entreolharam aflitos, e Augusto se adiantou:

— Podem deixar que vou atender. Rafaela, vá para o porão e deixe Spock aqui. Ele pode latir e revelar sua presença.

Enquanto Rafaela ia para o porão sozinha, Augusto saiu para atender o portão. Voltou em seguida em companhia de Cláudio.

— Bênção, padre — falou Nelma, beijando-lhe a mão.

— Deus a abençoe — respondeu ele. — Então? Onde está a mocinha?

— Não se preocupe, Nelma — tranquilizou ele, ante o olhar de espanto da criada. — Cláudio sabe da presença de Rafaela. Por favor, vá chamá-la.

Assim que ela saiu, Cláudio comentou:

— Seu segredo está bem guardado comigo, protegido pelo sigilo da confissão. Quero apenas conhecer a menina.

— Sei disso. Jamais coloquei em dúvida sua fidelidade aos deveres do sacerdócio.

— Não é apenas isso. Você é meu amigo. Não trairia sua amizade.

Rafaela entrou logo atrás de Nelma, tímida e insegura. Fitou Cláudio com desconfiança e abaixou-se para pegar Spock no colo, apertando-o de encontro ao peito como se ele pudesse protegê-la.

— Venha, Rafaela — chamou Augusto. — Não tenha medo. Padre Cláudio é meu amigo, integrante da *Esperança*.

— Ah! — ela relaxou o corpo com um sorriso e cumprimentou aliviada: — Muito prazer.

— O prazer é todo meu.

— Janta conosco, padre Cláudio? — perguntou Nelma.

— Janta, é claro — respondeu Augusto. — Pode pôr mais um prato na mesa.

— Então você é a moça misteriosa que Augusto esconde no porão — afirmou Cláudio. — Deve ser difícil para você, não é?

— Muito. Sobretudo pela falta que sinto da minha família.

— Seus pais não sabem onde você está?

— Rafaela foi avisada para jamais tentar se comunicar com eles — esclareceu Augusto. — Temendo pela sua segurança, não os procurou.

— Entendo.

— Acho que o telefone lá de casa está grampeado — disse ela.

— Eu bem que pensei em falar com eles — acrescentou Augusto. — Mas se a polícia estiver vigiando a casa, pode me seguir até aqui.

— Realmente. Você não deve se arriscar. Colocaria em risco toda nossa organização. Mas diga-me, Rafaela, já pensou em fugir do país?

Rafaela olhou para Augusto de soslaio e retrucou baixinho:

— Tenho medo. Para onde vou? Não conheço ninguém em lugar nenhum.

— É complicado, eu sei, mas há pessoas na nossa organização que podem ajudá-la. Você ficaria em segurança, muito mais do que aqui.

Augusto permanecia de olhos baixos, as veias do pescoço saltando a cada vez que Cláudio dizia alguma coisa.

— Padre Augusto — chamou ela. — Tenho mesmo que ir embora?

Finalmente ele a encarou e não resistiu ao seu olhar de súplica.

— Não — declarou com uma convicção muito além da que pretendia.

A resposta quase intimidou Cláudio, que observou sem graça:

— Você é uma moça muito bonita. Deve ter um namorado.

— Meu namorado morreu — retrucou ela, agora com lágrimas nos olhos. — Foi torturado e morreu.

— Ah! É mesmo!

Cláudio maldisse a si mesmo por aquele esquecimento. Augusto havia lhe contado, inclusive, que o rapaz tinha até o mesmo nome que ele. Não queria mal à moça, muito menos levar-lhe lembranças dolorosas numa hora em que a dor já era muita.

A conversa tomou outro rumo. Cláudio passou a noite comentando casos sem importância e coisas banais. Augusto limitava-se a assentir de vez em quando, e Rafaela mal via a hora de poder se retirar. O clima não era dos mais agradáveis, principalmente porque Augusto mal olhava para Rafaela e pouco lhe dirigia a palavra.

Quando Cláudio partiu, foi um alívio para os dois. Embora Augusto não quisesse admitir, a presença do amigo em sua casa fora bastante constrangedora. Ele esperou até que Nelma tirasse a mesa para então espalhar o material didático que sempre levava consigo, tentando centrar a mente na aula que tinha para preparar, fingindo não prestar atenção a Rafaela, que brincava com o cachorro no sofá.

— Será que não podemos levar Spock para passear? — sugeriu ela.

— Você não deve sair — respondeu ele, com aparente frieza.

— Por que então não jogamos alguma coisa? Buraco, por exemplo.

— Não vê que estou trabalhando?

— Depois, quando você terminar.

— Já é tarde. Você devia estar dormindo.

— Não estou com sono.

— Pois eu estou. Assim que terminar aqui, vou me deitar.

— E amanhã? É sábado, dia de folga.

— Amanhã, tenho vários casamentos para celebrar.

— Posso assistir?

— De jeito nenhum.

— Ah! por favor, deixe. Vou disfarçada.

— Disfarçada de quê?

— De freira.

Ele parou de escrever e encarou-a com ar sério.

— Isso não é brincadeira — censurou. — A vida religiosa pode não representar nada para você, mas é muito importante para mim e para várias outras pessoas que guardam Deus no coração.

Rafaela ficou confusa. Não esperava aquela reação tão brusca para um comentário inocente que ele sabia ser brincadeira.

— Desculpe-me — sussurrou envergonhada. — Não queria ofendê-lo nem faltar com o respeito à Igreja. Estava apenas jogando conversa fora.

— Pois vá jogar conversa fora com outra pessoa. Não tenho tempo para perder com suas infantilidades.

A resposta dele magoou-a profundamente. Segurando nos olhos as lágrimas que, dali a instantes, iriam jorrar aos borbotões, Rafaela deu meia-volta e saiu correndo da sala, descendo, de par em par, as escadas do porão. Atirou-se na cama, então deu vazão ao pranto.

No andar de cima, Augusto soltou a caneta com irritação, aborrecido consigo mesmo. Descontara nela o seu temor, a sua covardia. Não era culpa dela que ele não soubesse lidar com aquele tipo de emoção. Com o raciocínio agora comprometido, desistiu de preparar as aulas. Guardou o material e resolveu sair. O ar fresco da noite o ajudaria a esfriar a cabeça.

Nelma também notou o comportamento estranho dos dois. Conhecia padre Augusto havia tempo suficiente para saber quando algo o incomodava ou entristecia. Assim que ouviu a porta bater, procurou-o na sala. Como não o encontrou, desceu ao porão para falar com Rafaela. Ela estava sentada na cama, abraçada aos joelhos, os olhos ainda umedecidos das muitas lágrimas que vertera.

— Está tudo bem? — indagou ela, sentando-se ao lado da moça.

— Está.

— Você e padre Augusto brigaram?

Rafaela encarou-a com ar magoado e respondeu sem muita convicção.

— Por que um padre brigaria comigo?

— Não sei. Você fez alguma coisa de que ele não gostou?

— Não fiz nada.

Nelma balançou a cabeça em sinal de compreensão e se levantou. A atitude dos dois era deveras estranha, as lágrimas de Rafaela, por demais reveladoras. Nelma não era tola, conhecia muito bem aquelas meninas que se deixavam levar pela paixão e os desejos. Ao pôr um dos pés na escada, virou-se para Rafaela e, com voz de quem entende do assunto, alertou:

— Se eu fosse você, não me apegaria muito a padre Augusto.

— Como assim?

— Ele é um homem bom e ajuda muita gente. Nada mais.

— Não estou entendendo aonde você quer chegar.

— Padre Augusto é um rapaz bonito, mas não se esqueça de que ele usa uma batina em lugar de calças. Ele não é um homem comum.

— Sei disso.

Nelma não disse mais nada. Balançou a cabeça novamente e continuou a subir as escadas, deixando Rafaela confusa e atordoada, desvendada em seu íntimo. Seus pensamentos voaram direto para padre Augusto, e um arrepio percorreu sua pele ao recordar o corpo atlético dele de encontro ao luar.

Na mesma hora, lembrou-se do namorado, e o velho sentimento de culpa a atormentou. Não conseguira ainda se desvencilhar da sensação de que o traía. Não fizera nada, contudo, era como se o estivesse enganando. Pensando nele, seu coração se apertou, seus pensamentos se voltaram para a dura realidade que vivia. Não estava ali como hóspede, e sim como fugitiva. Seu lugar não era ao lado do padre, mas do namorado que dera a vida para salvá-la.

Pensando nele, chorou novamente, lembrando-se então de Silmara, de quem não tinha notícias havia muito tempo. O que teria sido feito dela? De repente, sentiu saudades dela e preocupação pelo seu destino. Ela conseguira fugir, encontrara um padre engajado no movimento contraditadura. E Silmara? Será que tivera a mesma sorte?

Não podia telefonar-lhe, pois o telefone da casa dela, com certeza, estaria grampeado também. Queria notícias dela. Como fazer? O jeito era apelar para padre Augusto novamente. Como sempre, ele se interessaria em ajudá-la e tudo faria para descobrir o paradeiro de Silmara, assim como fizera com Carlos Augusto e Rogério.

Isso lhe daria ainda um bom motivo para forçá-lo a falar com ela normalmente.

CAPÍTULO 17

Em pouco tempo, o general Odílio descobriu o paradeiro de Silmara. Por ocasião da fuga de Rafaela, ela havia sido presa, torturada e, em seguida, libertada.

— Onde ela está agora? — quis saber Rafaela.

— Não sei exatamente — respondeu padre Augusto. — Mas tenho certeza de que não voltou para casa. Parece que está morando sozinha em algum lugar.

— Como, se ela nem emprego tinha?

— Existem muitas maneiras de uma mulher sobreviver.

— Está insinuando que ela se prostituiu?

— Não exatamente. Meu contato disse que ela está vivendo às custas de um coronel.

— O quê? Não acredito.

— Pois pode acreditar.

— Justo a Silmara... Não posso conceber que ela tenha se passado para o lado do inimigo. Logo ela, que era tão radical!

— Você não imagina o que a tortura pode fazer a alguém.

— Mesmo assim. Carlos Augusto morreu, mas não nos traiu.

137

— Ninguém disse que ela a traiu.

— Mas se passou para o outro lado. Carlos Augusto jamais faria uma coisa dessas. Era um verdadeiro herói, um homem de coragem inabalável.

Augusto sentiu uma pontada de ciúmes, algo que, até então, jamais experimentara. Lutou contra esse sentimento, tentando não demonstrar o que lhe ia na alma. Em tom neutro, falou:

— Você não pode exigir que todos tenham a mesma coragem de Carlos Augusto. Lembre-se de que você está aqui, em segurança, livre das salas de torturas. O que Silmara fez foi tentar sobreviver. Quem pode culpá-la?

— Tem razão. Não é justo compará-la a Carlos Augusto. É muito fácil falar quando não estamos sofrendo. Só espero que Silmara não esteja se complicando ainda mais.

— O que sei é que o tal coronel se encantou com ela. Silmara foi muito maltratada no DOI-CODI, estuprada por vários agentes. Quando o coronel foi interrogá-la, gostou dela e ofereceu-lhe a vida em troca de ela se tornar sua amante. Quem recusaria?

— Ninguém. Pobre Silmara... Deve estar sofrendo muito.

— Acho que agora está bem. Pode estar se forçando a uma situação, mas ao menos está viva. Ouvi dizer que o coronel faz tudo por ela. Tem também o seu lado ruim, é claro. Silmara não é mais uma pessoa livre, não pode ir aonde quiser. O coronel a vigia constantemente e não permite que ela se relacione com nenhum dos antigos conhecidos ou colegas de faculdade.

— Nem com a família ela pode falar?

— Isso eu não sei.

— Gostaria de falar com ela.

— Nem pensar! O telefone da casa dela está grampeado, você correria um grande risco se a procurasse. O melhor é deixar as coisas como estão. Contente-se em saber que ela está viva. Silmara tem a proteção de um coronel, mas você é procurada pela polícia, pelo Exército, pelo DOPS e sabe-se lá por quem mais. Sou apenas um padre, não posso proteger você como faz o coronel.

— E o seu contato? Não pode fazer nada?

— Ele é uma pessoa importante dentro da atual política, muito embora não aceite esse regime de terror. Vive uma vida dupla, ninguém pode desconfiar de que é contra essa ditadura. É ele quem obtém passaportes falsos e passagens, mas sem se expor.

— Compreendo. Você tem razão. A situação de Silmara pode não ser das melhores, mas, pelo menos, ela está viva.

— Sim, dê graças por isso.

Rafaela pensou em Silmara por alguns minutos, tentando imaginar o que a amiga estaria passando. Ambas prisioneiras, embora de formas distintas, sendo que ela nada tinha a reclamar de padre Augusto. O que mais a incomodava era a falta da família e a lembrança do namorado morto.

— Sinto falta de Carlos Augusto — revelou ela. — Ele deve ter sofrido tanto!

— Não pense nisso — ele procurou confortar. — Tenho orado muito por ele e por todos os que perderam a vida nessa guerra sem sentido.

— Muito obrigada.

O ciúme era algo difícil de se domar, mas Augusto estava sendo sincero. Se pudesse, teria tirado Carlos Augusto daquela situação, mesmo que isso significasse a partida de Rafaela. Ele a fitou de soslaio, enternecendo-se com seu ar frágil e assustado. Seus pensamentos divagaram, trazendo de volta a noite em que quase perdera a cabeça.

Mais tarde, quando Augusto estava prestes a fechar as portas da igreja, Reinaldo apareceu. Fora informado de que o general Odílio voltara a procurar informações sobre mais presos políticos. Era estranho que o general, que não participava dos interrogatórios, de repente se interessasse tanto pelos presos. Apesar de não participar de nenhuma ação ou estratégia, exercia um cargo burocrático do mais alto escalão que lhe dava acesso a todos os arquivos onde eram fichados os inimigos do Estado.

Poucos eram os que desconfiavam da lealdade do general Odílio. Muitos achavam mesmo que ele era um *homem de bem*, preocupado com o futuro da nação e a repressão aos traidores da pátria. Odílio representava bem esse papel. Contudo, por trás da máscara de ferro havia um homem sensível e humano, profundamente abalado com a máquina de terror em que se transformara o Exército no qual ingressara para defender seus compatriotas. Defendê-los de ameaças externas, não exterminá-los por divergências políticas internas.

O trabalho de Odílio jamais teria chamado a atenção, não fosse um breve comentário que fizera ao ver a fotografia de um rapaz morto:

— Quando é que essas atrocidades vão terminar?

Foi um desabafo pronunciado num momento em que ele se encontrava sozinho, vistoriando as fichas que passavam por sua sala. Como não havia ninguém com ele, não pensou que pudessem escutá-lo. Não contara com o telefone que, mal posicionado sobre o gancho, não encerrara a ligação que fizera havia poucos minutos ao coronel Ribeiro, deixando a linha presa. O coronel, do outro lado, querendo fazer nova ligação, apanhou o fone e levou-o ao ouvido justo no momento em que Odílio fazia o comentário infeliz.

Embora o som viesse à distância, foi possível identificar as palavras do general Odílio. Intrigado, o coronel Ribeiro largou o telefone e atravessou o corredor às pressas, encontrando Odílio com as fichas abertas sobre a mesa. Não foi difícil, portanto, identificar o foco do comentário.

Podia ter sido apenas uma observação imprópria de um homem desacostumado a cenas chocantes. No entanto, a dúvida se instaurou na mente de Ribeiro, que chamou seu superior e lhe narrou suas desconfianças. Realmente, era estranho, e apesar de o general parecer um homem acima de qualquer suspeita, alguns poucos agentes de confiança máxima do DOI-CODI foram chamados para uma investigação sigilosa.

Reinaldo estava entre eles. Como se não bastasse, o general dera para perguntar sobre uma tal de Silmara Campos, que havia sido libertada pelos militares. Não satisfeito com as informações obtidas em sua ficha, indagara aqui e ali, até ser informado de que ela se amasiara com um coronel. Suas indagações podiam não passar de curiosidade de um velho, no entanto, havia quem não pensasse assim.

Desencadeara-se então a investigação sobre o nome do general. Como Odílio integrava a congregação de Augusto, Reinaldo tinha a oportunidade única de alcançar dois objetivos com uma só ação. Prendia o traidor e ainda reconquistava seu antigo amor de infância.

Nem ele sabia qual desses dois motivos era o que mais lhe agradava. Reinaldo amava o que fazia, envolvia-se no delírio das investigações, remoía o prazer que os gritos de dor dos torturados lhe causavam. Paralelamente, a presença de Augusto o cativava, e ele se pegava preso no ar carismático do padre.

Quando chegou à igreja, logo avistou Augusto perto do altar, cuidando de algumas imagens de santos. Aproximando-se por trás, cumprimentou:

— Olá, Augusto.

O padre se virou calmamente, e seu rosto se iluminou com um sorriso genuíno.

— Reinaldo! Como está?

— Vou bem. E você? Muito ocupado?

Reinaldo apontou com o queixo o altar, e Augusto explicou:

— Tenho que mandar restaurar algumas imagens. Mas me falta dinheiro.

— Ah! O problema do mundo, atualmente.

— O problema do mundo, na minha visão, é a falta de respeito.

Surpreso, Reinaldo retrucou espantado:

— Você acha?

— É claro. Nota-se a falta de respeito nas mais pequeninas coisas: na fila do mercado, na corrida pelo assento do ônibus, na pressa do trânsito...

— Ora, meu amigo, o mundo é assim mesmo. Isso não é nada de mais.

— Isso é tudo de mais. Quando o ser humano aprender o valor do respeito, começando pelas pequenas coisas, vai compreender que o direito do próximo é igualzinho ao seu e vai parar de querer se beneficiar com tudo.

— Acha mesmo isso?

— Você, não? — Reinaldo fez ar de dúvida, e Augusto prosseguiu: — Hoje em dia, todo mundo quer se dar bem. Acho justo que cada um lute pelo seu bem-estar, mas não podemos esquecer que todos têm os mesmos direitos. Por que furar fila? Por que pular o muro para não pagar entrada? Por que tomar o que não lhe pertence, inclusive a vida do próximo? Quando se pratica um ato desses, está lesando-se alguém. Isso é só uma pequena amostra do que é falta de respeito. Levada a extremos, que é como vivemos hoje, ela é a responsável por todos os conflitos e males.

— Acho que você está exagerando. Não foi a falta de respeito que fez a revolução, por exemplo.

— Ah! mas foi, sim. Foi a falta de respeito pela humanidade e, principalmente, pelo amor de Deus. Já parou para pensar como Deus deve estar se sentindo com tudo isso?

— Essa não é uma guerra religiosa, padre. E olhe que muitas já aconteceram em nome de Deus.

IMPULSOS DO CORAÇÃO

— Não em nome do Deus verdadeiro, mas em nome de um deus criado pelos homens para justificar sua ambição. Mais uma vez, a falta de respeito.

— Quer dizer então que você considera a revolução um desrespeito às leis de Deus?

Reinaldo estava entrando em um terreno perigoso, obrigando Augusto a reconsiderar:

— Não me meto em política, Reinaldo, nem Deus. Mas o respeito a Ele me impede de prejudicar meus semelhantes, porque Deus disse: amar ao próximo como a si mesmo.

— Certo. E quem é o próximo?

— Qualquer um.

— Interessante, mas não me convence. Acho que Deus só deve se ocupar das coisas espirituais. As falhas humanas na Terra devem ser resolvidas pelos próprios homens.

— A polícia e a lei nem sempre caminham ao lado da justiça. E o que é a justiça, afinal de contas? A lei da Terra é cheia de falhas e imperfeições, ao passo que a lei de Deus mantém a harmonia e o equilíbrio de todas as coisas.

— O equilíbrio e a harmonia só são alcançados com a força da polícia e do Exército — irritou-se.

— Por que você fala assim? — estranhou Augusto. — Está do lado dos militares?

— Não se trata disso. Sou advogado, avalio as coisas pelo lado da lei terrena.

— A lei do homem jamais será superior à lei de Deus. Os homens escrevem normas transitórias, as leis divinas existem desde sempre e para sempre.

— Não entendo nada disso — disse em tom jocoso. — E não vim aqui para falar de Deus. Que tal um café?

Mesmo contra a vontade, Augusto aceitou. O rumo da conversa deixara-o desconfiado da ideologia de Reinaldo. Embora ele lhe tivesse dito que não se interessava por política, dava mostras de simpatia pelo regime militar.

Numa confeitaria próxima, pediram duas xícaras de café e um pedaço de torta. Sentaram-se a uma mesinha perto da janela para continuarem a conversa.

— Você e eu temos profissões parecidas — observou Reinaldo. — Ambos somos obrigados a guardar sigilo sobre as confissões que ouvimos.

— É verdade — concordou Augusto, ressabiado.

— As pessoas que me procuram querem brigar com alguém. As que o procuram estão atrás de algum tipo de reconciliação.

— Muitos querem apenas ser compreendidos e buscam conforto para as dores da alma.

— Bonito, isso. Imagino que, nesses tempos difíceis em que vivemos, deve haver muita gente precisando de conforto.

— Algumas...

— Diga-me lá, Augusto: esses torturadores não procuram você para se aliviar das culpas pelo que fazem aos outros? Quero dizer, por torturar e matar?

— Não coloco rótulos nas pessoas — rebateu Augusto, com cautela. — Não sei quem é torturador, ou comunista, ou adúltero. Apenas ouço o que elas têm a dizer.

— E lhes dá absolvição...

— Só Deus pode absolver os homens. O máximo que faço é ajudá-los a reencontrar-se com Deus.

— Todo mundo?

— Todo mundo.

— Até mesmo os assassinos?

— Até mesmo esses.

— E os estupradores?

— Também.

— E os homossexuais?

— Homossexualidade não é pecado.

— Não é? — espantou-se Reinaldo. — Todo padre que conheço diz que é.

IMPULSOS DO CORAÇÃO

— Pois eu acho que não. Penso que houve uma má compreensão das escrituras nesse caso. O pecado está dentro do homem, em seus pensamentos, suas atitudes, seus sentimentos. Naquilo que ele deseja para si mesmo e para seu próximo que lhes poderá prejudicar. Nada que traz alegria pode ser pecado.

— Tem gente que fica alegre infligindo dor.

— Essa não é uma alegria verdadeira. É apenas uma ilusão dos sentidos que se deixa corromper pelo fascínio do poder.

Cada vez mais Reinaldo se surpreendia com as palavras de Augusto. Interessara-se principalmente pelo que ele dissera com relação aos homossexuais. Aquela era a oportunidade que tanto aguardara para saber mais a respeito do amigo.

— Você se lembra do que nos aconteceu, não lembra? — sondou.

— Como poderia esquecer?

— Tudo porque seu pai achou que nós tínhamos feito algo errado.

— Meu pai agiu por ignorância. Nós sabemos que não fizemos.

— É verdade... E como você se sentiu com tudo aquilo?

Augusto remexeu a xícara de café com a colherzinha e, sem encarar o outro, admitiu:

— No começo, foi difícil. Deixei-me convencer por meu pai e padre Antônio de que era homossexual. Passei a vida toda acreditando nisso.

— E você não é?

A pergunta direta assustou Augusto, mas, mesmo assim, ele respondeu com um sorriso amargo:

— Não.

— Como pode ter certeza? Já se relacionou com algum rapaz?

— Não — disse ele, incomodado com a indiscrição do outro.

— Por que não?

— Você está me fazendo um interrogatório e tanto — ponderou. — Com que finalidade?

— Nenhuma. Eu só fiquei curioso. Afinal, foram anos levando a fama de bicha.

— Você não levou nenhuma fama — objetou. — Foi embora para Belo Horizonte, onde ninguém o conhecia, cresceu, estudou, escolheu a carreira que quis. Eu é que fui internado num seminário e tinha sempre um padre atrás de mim, para que não caísse em pecado.

— Está explicado por que nunca se relacionou com nenhum menino.

— Não foi por isso. No começo eu também pensava assim. Mas quando senti desejo por uma mulher percebi que todos estavam errados. Inclusive eu.

Augusto arrependeu-se da revelação, enquanto Reinaldo sentiu um misto de decepção e raiva insinuando-se em seu peito.

— Você já dormiu com mulheres? — exasperou-se.

— Não — assegurou Augusto, para quem a reação de Reinaldo devia-se à surpresa por ouvir aquelas coisas da boca de um padre. — Fiz voto de castidade, que respeito muito. Contudo, não posso fingir que as mulheres não me atraiam.

— Se pudesse, dormiria com elas?

— Por favor, Reinaldo — pediu ele, envergonhado. — Essa conversa está tomando um rumo desagradável. Não se esqueça de que sou um sacerdote.

— Desculpe-me se fui intrometido. Foi apenas curiosidade. Fico feliz que você não seja mais um desses pederastas nojentos.

IMPULSOS DO CORAÇÃO

— Por favor, não se refira assim às pessoas. Não gosto de discriminação e você, como todo mundo, está enveredando pelo caminho da falta de respeito. Lembra-se do que lhe falei há pouco?

Como Reinaldo podia esquecer? Tudo o que Augusto dissera ficara bem gravado em sua memória, principalmente aquela descoberta de que ele não era homossexual. A revelação bloqueara toda sua vontade de se abrir com ele. De que adiantaria? Ele seria bonzinho e o acolheria, mas já deixara claro que gostava de mulheres. E um homem que sentisse prazer com mulheres não lhe interessava.

Era uma pena que Augusto não correspondesse aos seus sentimentos. Os dois tinham tudo para ser felizes. Por ele, Reinaldo seria capaz de qualquer coisa, menos, talvez, de mudar de profissão.

— Bem — finalizou. — Tenho que ir andando. O dever me chama.

— Ainda vai trabalhar a essa hora?

— Tenho muitas causas para estudar. Foi um prazer conversar com você, Augusto. Até uma próxima vez.

Reinaldo foi embora sem esperar por Augusto. Tirou uma nota do bolso e colocou-a sobre a mesa, ignorando os protestos do padre para pagar a conta. Estava tão furioso que seria capaz de explodir, e o melhor seria que aquela explosão acontecesse fora das vistas do amigo.

CAPÍTULO 18

Ao entrar em casa, Augusto estranhou a presença de Nelma e Rafaela, sentadas no sofá com ar compungido. Embora fosse comum encontrar as duas assistindo a algum programa de televisão, naquela noite, o aparelho estava desligado, e um silêncio absoluto reinava no ar. Ele entrou, pousou a pasta em cima da mesa e olhou para elas, que se levantaram ao mesmo tempo, sem dizer nada.

— Aconteceu alguma coisa? — indagou ele, notando que nenhuma das duas queria tomar a iniciativa de falar.

Após um breve silêncio, em que Rafaela olhava para Nelma com expectativa e ansiedade, a criada se pronunciou:

— Sua mãe telefonou. É o seu pai. Lamento, padre Augusto, mas ele faleceu.

Augusto olhou de uma para outra como quem digere a informação. Sentou-se no sofá, abaixou a cabeça, alisou os cabelos. Quando ergueu os olhos, estavam úmidos, porém, serenos e confiantes.

— Quando foi isso? — perguntou.

IMPULSOS DO CORAÇÃO

— Parece que no começo da tarde — esclareceu Nelma.

— Foi infarto. Tentei localizá-lo, mas não o encontrei na igreja.

— Saí para tomar café com um amigo.

— Ela pediu que o senhor ligasse assim que chegasse.

— Vou fazer isso.

Com ar alquebrado, Augusto foi até o telefone. Era visível o seu abatimento, e vê-lo daquele jeito frágil mexeu com os sentimentos de Rafaela. Queria estreitá-lo nos braços, beijá-lo, confortar sua dor. Ele conseguiu ligar para a mãe e falou com ela por alguns minutos. Quando desligou, estava chorando, embora sem desespero.

— Vou precisar viajar — anunciou, discando outro número. — Preciso de autorização para me ausentar da paróquia.

Enquanto ele tratava dos preparativos da viagem, Nelma foi esquentar seu jantar, e Rafaela permaneceu ao lado dele, observando-o à distância. Como era bonito! Corpo esguio, viril, um homem de chamar a atenção, não fosse o disfarce da batina. Imediatamente desviou os olhos, arrependida, recriminando-se pela forma precipitada com que colocava um padre no lugar do namorado morto.

Depois de alguns telefonemas, Augusto sentou-se ao lado de Rafaela no sofá. Novamente afundou o rosto entre as mãos, pensativo, lembrando-se de tudo o que vivera ao lado do pai.

— O senhor está bem? — interessou-se Rafaela.

— Estou. Talvez um pouco abalado, mas estou bem.

— Não deve ser fácil receber uma notícia dessas assim, de repente.

— Meu pai e eu não éramos muito chegados. Mesmo assim, ele era meu pai.

— Vocês não se viam muito?

— Raramente. Meus pais moram em Uberlândia, e eu vim para o Rio faz tempo. Desde então, só vou lá uns poucos dias por ano, quando tiro férias, e eles nunca vieram aqui.

— Seu pai não queria que o senhor fosse padre?

Ele deu um sorriso triste e respondeu com um resquício de mágoa:

— Pelo contrário. Foi por causa dele que fui parar no seminário.

O ressentimento sobressaía nas palavras dele, e Rafaela tornou curiosa:

— O senhor não queria ir?

— Não é que não quisesse. Eu gostava de ir à igreja, só nunca havia pensado em seguir a carreira monástica. Mas ele insistiu, e minha mãe apoiou.

— Seu pai era muito católico?

Novo sorriso, nova resposta magoada:

— Não. Ele não era nada católico. Minha mãe que era.

— Mas então...

— Deixemos isso para lá — cortou ele, levantando-se de chofre. — Vou arrumar minhas coisas. Pretendo sair amanhã antes das seis, ou não chegarei a tempo para o funeral. Padre Cláudio vai me emprestar o carro e vai me substituir na minha ausência.

Notando que deixara a curiosidade ir longe demais, Rafaela deixou de lado o interrogatório. De repente, como quem tem uma súbita e brilhante ideia, deu um salto do sofá, ao mesmo tempo em que perguntava com euforia:

— Eu posso ir com o senhor? Posso?

— Ir comigo? Ficou maluca?

— Ah! Vamos, padre, deixe. Ninguém vai saber. Escondo-me no carro de padre Cláudio e saio sem que ninguém me veja.

— De jeito nenhum! É perigoso demais.

— Não é, não. Posso fazer-lhe companhia na estrada. Ninguém me conhece.

— Não vão achar estranho uma mocinha feito você viajando em companhia de um padre?

IMPULSOS DO CORAÇÃO

— Ninguém precisa me ver.

— Isso é loucura. Vou hospedar-me em casa de minha mãe. O que pensa que ela dirá se me vir chegar acompanhado de uma garota?

— O senhor pode dizer a ela que sou sua assistente.

— Padre não tem assistente.

— Sua empregada.

— Minha mãe conhece Nelma de tanto se falarem ao telefone.

— Então, fico num hotel. Num bem baratinho, que é para o senhor não ter despesa comigo. Por favor, deixe. É a minha chance de sair um pouquinho daqui.

A ideia até que agradava a Augusto. Ter a companhia de Rafaela durante alguns dias não seria nada mau. Contudo, temia pela sua segurança e pela discrição que a vida de sacerdote lhe impunha. Não queria despertar a curiosidade das pessoas nem a maledicência dos mais maliciosos.

— Olhe, Rafaela, eu bem que gostaria, mas é perigoso.

— Por que não me deixa decidir se é perigoso ou não? Afinal, é a minha vida que está em risco.

— Não apenas a sua vida, mas a de padre Augusto também — interrompeu Nelma, que acabara de entrar com uma bandeja. — Onde já se viu? Se descobrem você, ele vai preso junto.

— Obrigado pela preocupação, Nelma, mas posso decidir isso por mim mesmo — objetou Augusto, um tanto contrariado com aquela interferência deveras racional e coerente.

— O senhor vai se arriscar — prosseguiu ela, aborrecida. — Essa menina não tem juízo, mas o senhor há de ter.

— O que é que tem, Nelma? — irritou-se Rafaela. — Passo os dias trancada aqui dentro, sem fazer nenhuma queixa. O que tem demais acompanhar padre Augusto nessa viagem?

— Além de tudo, é mal agradecida. Fica trancada aqui dentro para salvar a vida, gastando o dinheiro e a comida

151

de padre Augusto. E eu, cozinhando e lavando para você, que não faz nada o dia inteiro.

— Não faço nada porque você não deixa! Quantas vezes quis ajudar?

— Por favor, moças, peço que encerrem essa discussão — ponderou Augusto. — Não é a hora mais apropriada para termos essa conversa.

As duas se arrependeram ao mesmo tempo. A situação provocara o desabafo de ambas, que apenas se toleravam. Augusto estava triste com a morte do pai, e a discussão delas não passava de um rompante de egoísmo.

— Desculpe-me, padre — adiantou-se Nelma. — O senhor tem razão. Numa hora dessas, não devíamos ficar discutindo nossos problemas, que são pequenos em relação ao seu.

— Não se trata disso. É que gosto das duas e não me agrada vê-las discutindo.

Nelma lançou um olhar de desafio para Rafaela e colocou o jantar de Augusto na mesa. Ele mal tocou na comida, levado pelas lembranças da infância. Nem todas eram difíceis. Houve momentos de prazer entre ele e o pai, sobretudo antes da época das caçadas. Quando ele era bem pequenino, o pai era carinhoso e atencioso. Levava-o ao parque, ensinara-o a andar de bicicleta, iam juntos ao cinema e tomar sorvete. Só quando Jaime se iniciou na caça foi que as coisas se complicaram. Daí em diante, a infância cedeu lugar à masculinidade, e o pai começou a exigir-lhe atitudes de homem, ao invés do comportamento infantil.

Tudo isso era passado. O pai agora estava morto, mas não mais distante do que estivera em toda sua vida. A mãe precisava dele naquele momento, era sua obrigação atendê-la.

O que lhe preocupava mais era a situação de Rafaela. Levá-la com ele era muito perigoso, contudo, deixá-la sozinha com Nelma talvez não fosse o mais aconselhável. Era

IMPULSOS DO CORAÇÃO

visível que Nelma não gostava de Rafaela. Tolerava-a em respeito a ele, mas as duas não se davam.

Com esse pensamento dominando suas ideias e encobrindo o fato de que não queria afastar-se de Rafaela, decidiu que deveria levá-la.

— Você vai comigo — anunciou, sem olhar para Nelma. — Vai lhe fazer bem.

— O quê? — indignou-se a criada. — Ficou louco, padre Augusto? E se a polícia descobrir?

— Só vai descobrir se você contar.

Ela se persignou várias vezes e exclamou horrorizada:

— Deus me livre, padre, que não sou traidora! Eu só acho que é arriscado.

— Rafaela está certa, Nelma. Ninguém vai desconfiar de nada. Para todos os efeitos, é só uma moça viajando em companhia do irmão, que é padre.

— O senhor vai mentir? — retrucou ela, cada vez mais indignada. — Mas o senhor nunca mentiu!

— É por uma boa causa. É uma mentirinha que não vai prejudicar ninguém. E depois, só mentirei se for preciso.

— O que vai dizer a sua mãe?

— Nada. Vou deixar Rafaela num hotel onde ninguém me conhece.

Nelma estava furiosa, porém, não tinha o que dizer. Olhou para Rafaela, esperando que a menina lhe devolvesse o olhar com o brilho da vitória, mas ela não fez nada. Sequer lhe deu atenção. Tinha os olhos grudados no padre. O brilho que deles se desprendia não era de vitória, mas de paixão.

— Isso não está certo — murmurou Nelma.

— Você não tem com o que se preocupar — tranquilizou Augusto. — Dentro de uma semana, no máximo, estaremos de volta. Agora, com licença. Vou arrumar umas coisas para levar e sugiro a você, Rafaela, que faça o mesmo. Partiremos amanhã bem cedinho.

153

O coração de Rafaela parecia haver duplicado de tamanho, de tão cheio que estava de emoção e euforia. Passar uns dias longe dali era quase um sonho. Seria muito bom retomar um pouco da liberdade, principalmente em companhia de padre Augusto.

O carro de padre Cláudio era um Fusca amarelo colonial ano 1971, que ele estacionou em frente à casa. Ainda estava escuro quando ele chegou. Desligou os faróis e saltou, enquanto Augusto ajudava Nelma a fechar o pesado portão de madeira da garagem.

— Chegou cedo — falou Augusto, dando-lhe um abraço fraterno.

— Não foi o combinado? — retrucou Cláudio, entregando-lhe as chaves do Fusca. — Já está abastecido.

— Obrigado. Sabia que podia contar com você.

— É para isso que servem os amigos, não é?

— Pode deixar que vou cuidar direitinho do seu carro.

— Não estou preocupado com isso. Vá em paz, com calma. Sua mãe precisa de seu conforto, e seu pai espera um último adeus.

Logo em seguida, Rafaela saiu carregando sua mala e a de Augusto.

— Bom dia, padre — cumprimentou ela.

— Bom dia, minha filha — respondeu Cláudio, abrindo o porta-malas do carro para colocar as bagagens. Notando que eram duas, questionou: — Por que tantos volumes? Não vá me dizer que você também vai!

Rafaela abaixou os olhos, envergonhada. Augusto sentiu ainda mais vergonha do que ela, já que havia confessado seus sentimentos.

— Achei que seria boa ideia levar Rafaela comigo. É uma oportunidade para que ela saia um pouquinho.

— Vocês dois são loucos — afirmou Cláudio, categórico. — Não veem o perigo que correm?

IMPULSOS DO CORAÇÃO

Augusto não sabia se ele se referia ao risco de serem presos ou à tentação da carne, mas respondeu convicto:

— Não corremos risco algum. Estou seguro do que faço e sei que nada nos acontecerá.

Cláudio entendeu o recado, embora não se convencesse. Achava que Augusto era muito inexperiente para fazer aquele tipo de afirmação.

— Eu disse a eles que era arriscado — concordou Nelma, que vinha carregando uma sacola com alguns sanduíches e frutas. — Mas ninguém quis me ouvir.

— Não vai acontecer nada — asseverou Augusto, encarando Cláudio de forma expressiva.

Cláudio fitou Rafaela com uma certa antipatia, que tratou logo de ocultar. Apanhou Augusto pelo braço e conduziu-o para dentro de casa, a pretexto de ir beber água. Na cozinha, desabafou:

— Pelo amor de Deus, Augusto! Você ficou maluco? Sabe o que está fazendo? Está, deliberadamente, entregando-se nas mãos do demônio!

— Rafaela não é nenhum demônio, e você sabe disso.

— É força de expressão. Mas ela é uma tentação, a sua tentação! O que pensa que vai acontecer?

— Nada.

— Quanta ingenuidade! Vocês dois, sozinhos em outra cidade.

— Achei que você estivesse preocupado com a polícia.

— Também. É outra loucura.

— Você não entende, Cláudio. Não posso deixar Rafaela sozinha com Nelma.

— Por que não?

— Nelma não gosta dela. Quando estou aqui, ela me respeita e não faz nada. Mas é hostil com Rafaela muitas vezes.

— Por que será?

— Nada lhe dá o direito de maltratar Rafaela. Na minha ausência, ficaria ainda pior.

— Posso cuidar disso para você.

— Agradeço, mas não. Acho melhor evitar problemas.

Cláudio foi obrigado a silenciar. Augusto se fazia surdo à voz da razão. Acompanhou o amigo até o carro, onde Rafaela o aguardava. Pela cara de Nelma, dava para perceber sua contrariedade e revolta.

Rafaela entrou no banco de trás e deitou-se, cobrindo-se com uma manta. Iria escondida até saírem da cidade, quando então passaria para o banco da frente, colocaria óculos escuros e atravessaria um lenço ao redor da cabeça, amarrando-o embaixo do queixo. Para todos os efeitos, eram apenas um padre e sua irmã a caminho de sua cidade natal.

Sem muito entusiasmo, despediram-se e partiram, logo que os primeiros raios de sol se insinuaram timidamente por detrás dos morros. Rafaela teve tempo apenas de contemplar o céu e as nuvens pálidas do alvorecer. O cansaço e o sono logo a dominaram. Em poucos minutos, adormeceu.

CAPÍTULO 19

Na pia do banheiro, Reinaldo lavava as mãos sujas de sangue. Tivera uma noite movimentada, muito trabalho com o jornalista que já interrogava havia quase um mês. Não conseguira arrancar dele as valiosas informações que procurava sobre pessoas envolvidas com a luta armada. O homem não resistira e morrera.

A porta do banheiro se abriu e Paulão, seu colega de torturas, entrou.

— O que deu em você, cara? — indagou exasperado.

— Nada — respondeu Reinaldo, perplexo. — Fiz o meu trabalho.

— Não precisava tê-lo matado.

— Desde quando você sente pena desses traidores?

— Não sinto pena. Mas ele podia ter nos dado mais informações.

— Ele não sabia de nada. Estava desperdiçando meu tempo. Foi melhor ter morrido.

Reinaldo enxugou as mãos e já ia sair quando Paulão o segurou pelo braço.

— Eu o conheço muito bem — falou. — Está com raiva de alguém?

— Não — respondeu secamente.

— Então, por que essa atitude?

— Estou nisso há bastante tempo para saber quando meu trabalho é inútil. Enxergo de longe os delatores e reconheço os durões. E aquele jornalista era durão. Não ia entregar ninguém. Estava me fazendo perder tempo e paciência.

— Ainda assim, acho que tínhamos uma chance. Você se precipitou em matá-lo.

Reinaldo não respondeu. Se Paulão soubesse o real motivo por que ele matara o jornalista seria a sua ruína.

— Deixe isso para lá — tornou com azedume. — O cara não era ninguém, era um nada. Morreu e pronto, foi merecido.

Para não chamar a atenção, Reinaldo mudou de assunto. Deu um aperto no ombro do outro e convidou-o para um café. Estava cansado, virara a madrugada interrogando o jornalista para esquecer o fracasso com Augusto.

Nunca antes o havia visto. Contudo, assim como ele, o homem era homossexual. Reinaldo não se recordava de tê-lo encontrado, mas o sujeito se lembrava dele. De olhos fechados, recordou os últimos momentos com o jornalista antes de matá-lo.

— Ande, fale! — gritara Reinaldo, entre uma bordoada e outra. — Sei que há mais como você nessa luta.

O jornalista era valente, nada dissera. Em dado momento, cuspiu sangue no chão e fixou os olhos inchados em Reinaldo.

— Conheço você — afirmou com desdém, e Reinaldo se aproximou intrigado. — Da galeria Alaska[1]...

Reinaldo não poderia descrever o ódio e o medo que sentira naquele momento. Não costumava frequentar a galeria

---

1 Situada em Copacabana, a Galeria Alaska foi ponto de encontro de homossexuais desde a década de 1960.

IMPULSOS DO CORAÇÃO

com assiduidade. Ia lá de vez em quando, sempre que estava à procura de sexo fácil e sem complicações.

— O que está dizendo, cachorro? — esbravejou ele, espumando de raiva. — O que está insinuando?

Os olhos dele adquiriram um tom vermelho como ferro incandescente, e um rubor candente se espalhou por toda sua face.

— Descobri o seu segredo, não foi? — prosseguiu o jornalista, mordaz. — O soldado machão e com cara de mau não passa de uma bicha.

O horror que sentiu naquele momento foi tão grande, que Reinaldo perdeu a cabeça. A última coisa que poderia permitir era que aquele traidor revelasse seu tesouro mais secreto. O pânico o dominou de tal forma, que ele não conseguiu se controlar. Agarrou o jornalista pelo pescoço e puxou-o para fora da cadeira, batendo com a cabeça dele na parede várias vezes. Quando ele caiu ao chão, Reinaldo passou a mão no bordão que tinha para essa finalidade, desferindo vários golpes que praticamente esfacelaram o crânio do outro. Mesmo quando o jornalista parou de se mexer, Reinaldo continuou a golpeá-lo, só parando quando Paulão entrou na sala e, surpreso com a violência extremada, segurou a sua mão.

Reinaldo soltou o bastão no chão e olhou para o companheiro, as mãos manchadas com o sangue de sua vítima.

— O que você fez? — indagou Paulão, abaixando-se para verificar a pulsação do jornalista. — Você o matou!

— E daí? — tornou Reinaldo, aliviado.

— Ele disse alguma coisa?

— Não.

— Mas então, por que...

Não pôde concluir a frase, porque Reinaldo já havia disparado em direção ao banheiro, deixando Paulão atônito. Sabia que havia se excedido, no entanto, seu segredo permaneceria em segurança, e isso era tudo o que importava.

Depois que Reinaldo deixou o banheiro, voltou para sua sala demonstrando sinais de exaustão. Paulão foi atrás dele e comentou preocupado:

— Você tem trabalhado demais. Devia tirar uma licença.

— Estou bem.

— Ninguém aguenta esse ritmo. Você quase não descansa, não sai do quartel. O que é que há? Algum problema?

— Estou bem, já disse.

— Você não me engana. Nunca vi ninguém trabalhar tanto assim.

— Gosto do que faço.

— Pode gostar, mas você há de concordar que chega uma hora que cansa. Ver toda essa gente morrer...

— Matar toda essa gente, você quer dizer.

— Será que estou sentindo uma pontinha de remorso? Foi por causa do jornalista?

— Dá para esquecer esse jornalista? Por que fica insistindo nisso? O cara não valia nada para nós. Não sabia de nada. Além de tudo, era veado.

— Ah! Então é isso. Você também não gosta dessas bichas, não é? — ele não disse nada. — Como você descobriu? Ele cantou você?

Paulão deu um sorriso irônico, sem perceber o ar de revolta de Reinaldo.

— Percebi pelo jeito dele — tornou com raiva. — O cara era um fresco, desmunhecava e gritava feito uma mulherzinha. Mereceu o fim que teve.

— Também acho, Reinaldo. Se é assim, você fez bem. Uma bicha a menos no mundo.

— Essa gente me dá nojo — disse contrariado, quase sem conseguir pronunciar as palavras. — Odeio todo tipo de homossexual.

A cada frase mentirosa, o coração de Reinaldo ardia com a revolta e o desprezo que sentia de si mesmo. Quanto mais

IMPULSOS DO CORAÇÃO

Paulão recriminava e discriminava pessoas que eram iguaizinhas a ele, mais humilhado se sentia e tentava transparecer um repúdio que não lhe pertencia. Ao invés de se aceitar e conviver pacificamente com sua sexualidade, Reinaldo descontava no mundo o que considerava sua vergonha.

— Vá para casa, Reinaldo — ele ouviu, distante, a voz de Paulão. — Você virou a noite, deve estar morto de sono. Vá descansar.

— Acho que vou mesmo — concordou Reinaldo, subitamente sentindo o efeito de um cansaço muito mais emocional do que físico.

A caminho de casa, Reinaldo não parava de pensar na mãe e em Augusto. O jornalista já ficara esquecido, fora só mais um que tivera que matar. Contudo, a imagem da mãe lhe surgiu em sonhos. Acordou suando, apavorado com sua aparência tenebrosa e triste, as mãos estendidas como a cobrar-lhe algo. Custou a adormecer novamente, dessa vez porque a figura linda e marcante de Augusto não lhe saía da cabeça. Mesmo aquela batina não fora suficiente para esconder-lhe a beleza.

A seu lado, vultos indiscerníveis rondavam sua cama, zelando para que sua consciência não se aproximasse da razão. Não era tarefa das mais difíceis, já que a natureza de Reinaldo era espontaneamente violenta, vingativa e cruel.

Enquanto rolava na cama de um lado a outro, alternando a imagem da mãe com a de Augusto, questionava-se sobre o motivo pelo qual nascera daquele jeito. Queria muito ser como todo mundo, no entanto, não conseguia. Sua natureza não era aquela. Chegava a odiar as mulheres e as facilidades que tinham de se exibir para os homens, sem levantar qualquer sentimento que não fosse a lascívia.

Não queria ser mulher. Gostava de ser homem tanto quanto gostava de homens. Não compreendia o porquê daquela preferência, julgava-se punido por Deus. Quanto mais pensava nisso, mais usava os presos como bodes expia-tórios, descendo mais fundo na senda tortuosa do desamor.

Reinaldo não conhecia o valor do respeito. Não respei-tava a si mesmo, muito menos o próximo. Não imaginava que toda sua vida teria sido mais fácil e menos sofrida se tivesse aceitado sua homossexualidade como fato natural que é, ao invés de tentar ocultá-la sob o véu da crueldade. Torturar e matar foram as formas que encontrara de se vingar do mundo e de acusá-lo pelo suicídio da mãe.

Nessas horas, a imagem da mãe lhe surgia na mente. Era a tortura que a vida lhe impunha por sentir-se culpado pela morte dela. Reinaldo não era culpado pela infeliz es-colha de Alcina. O desgosto e a fraqueza, sim.

Ao abrir os olhos no mundo espiritual, Alcina se viu to-talmente imersa em uma banheira de sangue, sem conseguir se mover ou respirar. Queria sair, contudo, a ideia fixa de que cometera um crime a mantinha presa ali. Durante um tempo, aceitou o inevitável, vendo apenas sombras se es-gueirando sobre a superfície turva da água. Esses vultos, muitas vezes, lhe causavam uma sensação de dor. Eram espíritos sanguessugas, para ela atraídos devido à enorme quantidade de energia vital que Alcina, com a morte súbita, liberara no astral.

Um dia, porém, alguém dela se apiedou. O espírito de uma jovem desconhecida, saciada após sugar as energias que a circundavam, abaixou-se perto da banheira e sus-surrou, sem que seus comparsas a ouvissem:

— Hei! Psiu! Experimente rezar.

Alcina levou um susto ao ouvir aquela voz. Tinha medo de orar, não se sentia digna. No entanto, não custava ten-tar. Timidamente, mas com enorme confiança, pensou em Deus, pedindo ajuda. Na mesma hora, um fio cintilante se insinuou pela banheira, aos poucos substituindo a água ensanguentada por uma claridade suave e refrescante, banhando o corpo de Alcina de luz.

Não demorou muito, e ela estava fora dali. Levada para uma cidade astral, recebeu tratamento adequado. Nada de julgamentos nem críticas, apenas energia de amor para suavizar suas dores. Seu mentor esclareceu que punir alguém que tomou essa atitude desesperada seria falta de amor. Ninguém que se mata encontra-se em equilíbrio. O remorso que atormenta o suicida favorece a criação mental de ambientes de sofrimento, levando vários espíritos em igual situação a construir vales e cidades de atmosfera densa para punir-se por suas culpas.

São eles mesmos que se atiram nesse ambiente de dor. Ninguém os leva para lá nem os aprisiona ao corpo. Nenhum suicida está condenado a reviver seu ato nem a sofrer com os vermes da putrefação. Não há crime. Anos de cultura religiosa é que fortalecem essa crença, levando os suicidas a crer na expiação, a permanecer por anos em submundos astrais de miséria e aflição.

Para Alcina, foram poucos meses de sofrimento. A oração facilitou o auxílio e, com ele, a compreensão. Restava apenas a imensa carga de energia vital impregnada em seu corpo fluídico, que ela foi orientada a gastar no trabalho espiritual.

De Reinaldo, não pôde mais se aproximar, para que o desequilíbrio dele não evocasse novamente seus piores momentos de dor.

CAPÍTULO 20

Os solavancos no carro despertaram Rafaela, que levantou o pescoço dolorido para espiar a estrada. O sol já ia a pino, e o vento penetrava pela janela entreaberta, atingindo-a direto no rosto. Pelo retrovisor, Augusto viu quando ela se levantou; sorriu para ela, que devolveu o sorriso ao reflexo que a mirava.

— Onde estamos? — indagou, sentando-se e massageando o pescoço.

— Chegando a Juiz de Fora. Você dormiu um bocado.

— Falta muito?

— Hum... Creio que mais umas seis horas, mais ou menos.

— Tudo isso?

— Uberlândia é longe.

— Por que não veio de avião?

— Não gosto de voar.

— Que bom.

— Por que diz isso?

— Porque se o senhor viesse de avião, eu não poderia vir junto.

IMPULSOS DO CORAÇÃO

Ele assentiu e, tornando a olhar pelo retrovisor, indagou:

— Quer dar uma parada para um café ou ir ao banheiro?

— Seria bom.

— Não se esqueça dos óculos escuros e do lenço.

Pararam num posto de gasolina na beira da estrada. Enquanto Rafaela ia ao toalete, Augusto pediu dois cafés, que beberam com os sanduíches que Nelma havia preparado.

— Está cansada? — questionou ele.

— Fiquei com dor no pescoço, mas tudo bem. Se é para sair um pouco, vale a pena.

— Você já pode passar para o banco da frente.

— Farei isso.

Agora sentada ao lado dele, Rafaela aproveitava a viagem. Como ventava muito, apanhou a manta no banco de trás para se cobrir.

— Quer que eu feche um pouco mais a janela?

— Não precisa. Não gosto de ficar abafada.

Fizeram o resto do percurso conversando coisas amenas a princípio, depois assuntos políticos e, finalmente, passaram a trocar confidências.

— Você e seu namorado estavam juntos há muito tempo? — questionou Augusto.

— Pouco mais de um ano.

— Você gostava muito dele, não é?

— Muito. Pensávamos em nos casar.

— Imagino o quanto você deve ter sofrido com a sua morte.

Ela virou o rosto para a janela, sentindo-se culpada por estar platonicamente traindo o namorado morto com um padre.

— Tenho sonhado com ele — declarou.

Novamente o monstro do ciúme o incomodou, mas ele conseguiu disfarçar e perguntou com aparente indiferença:

— Sonhos bons?

— Não sei exatamente. Ele me diz algo que não consigo entender. O senhor acredita em espíritos?

Augusto hesitou antes de responder:

— Acredito.

— Mesmo? — ele assentiu. — Acha que eles são bons ou ruins?

— Acho que podem ser as duas coisas.

— Mas isso não é crença da Igreja, é?

— A Igreja não acredita na comunicação dos mortos com os vivos.

— E o senhor?

Ele fez uma pequena pausa e balançou a cabeça:

— Embora os dogmas da Igreja afirmem que essa comunicação não é possível, já atendi muitas pessoas que dizem ter tido contato com espíritos, pessoas lúcidas e ponderadas, algumas até bastante racionais. Eu mesmo já vi almas circulando pela igreja.

— Sério?

Ele assentiu e continuou:

— Em vista disso, andei pesquisando o assunto. Fui em busca de conhecimento e descobri a doutrina de Allan Kardec, as obras de Chico Xavier, Bezerra de Menezes, Cammile Flammarion, Léon Denis, Cairbar Schutel e outros.

— Nossa! Você leu tudo isso?

— Estou lendo aos poucos.

— Já havia ouvido falar em Allan Kardec e Chico Xavier, é claro, mas essa turma toda aí é novidade.

— São todos escritores clássicos da doutrina espírita. Cada um à sua maneira, centrados na divulgação das verdades divinas. São pessoas que vieram ao mundo para somar conhecimentos às necessidades humanas, assim como muitos que há por aí e outros que ainda virão, com a tarefa de divulgar a espiritualidade sob várias formas, em diversos segmentos. Mas todas, sem exceção, com o mesmo objetivo final, que é o desenvolvimento do amor e a redescoberta da espiritualidade no ser humano.

— Padre! — exclamou Rafaela após algum tempo, deveras surpresa. — Eu jamais poderia imaginar que o senhor acreditasse no mundo oculto.

Ele sorriu e acrescentou satisfeito:

— Que o bispo não me ouça, mas acho tudo isso bastante convincente. As explicações do espiritismo fazem muito sentido, senti-me preenchido em meus questionamentos. Foi bastante interessante.

— Quem diria! Um padre espírita.

— Não sou espírita. Apenas acho que, como não somos os donos da verdade, não devemos desconsiderar outras doutrinas. Existem muitos mistérios que o homem não consegue ainda compreender, mistérios para os quais o espiritismo trouxe uma luz esclarecedora, numa forma bastante simples de se compreender. Conhecimentos até então restritos a uma minoria de ocultistas e esotéricos começaram a ser revelados, em linguagem acessível ao ser humano comum. Acabou-se o tempo das coisas ocultas. O momento agora é de revelação. Todo ser humano tem direito ao conhecimento das coisas divinas.

— E Deus? O Deus dos católicos não condena essas coisas?

— Não existe isso de *Deus dos católicos*. Deus é um só, compreendido em várias manifestações que os homens mesmos criam.

— Como assim?

— Muitos como você dizem que tem o Deus dos católicos, o Deus dos protestantes, dos espíritas, dos budistas, dos africanos, dos muçulmanos, dos judeus, de tanta gente! E no final, é tudo uma coisa só. Deus é uno, mas as pessoas criam seus dogmas, fazem suas escrituras, adotam conceitos e tudo mais para definir o que, em essência, é igual para todos.

— Pensando bem, sabe que o senhor tem razão? Acho que Deus ama a todos, independentemente de suas crenças.

— Por certo.

— Mas o senhor há de convir que as religiões fazem uma miscelânea danada com tudo isso. E todas elas têm dogmas que não aceito.

— Não diga que não aceita. Diga apenas que não preenchem o seu coração. Se você não aceita, resiste à crença estabelecida pelo próximo que, para ele, é a expressão da verdade. É da resistência que surgem os conflitos. Ao passo que, se você respeitar os dogmas religiosos e apenas não os adotar para você, ninguém vai se sentir ofendido. Nenhum de nós está em condições de dizer qual a melhor verdade, senão para si mesmo.

— Nunca havia pensado nisso.

— Sei que não. Isso é sobre respeito. Se todos tivessem respeito pelo outro, o mundo seria um lugar bem mais amigável, prazeroso e divertido. Todos seríamos felizes.

— O senhor não acredita em felicidade?

— Acredito, embora não saiba exatamente quantos que se dizem felizes realmente o são.

— Por que diz isso?

— Muitos que se dizem felizes maltratam seus semelhantes, são soberbos, agressivos, maldosos. Esses são comportamentos que não condizem com a felicidade. Creio que, no máximo, são pessoas que realizam seus desejos, mas não encontraram ainda a felicidade em sua essência. A criatura realmente feliz é condescendente, benéfica, caridosa, amiga e paciente. Porque a felicidade vem do interior da alma, não da satisfação plena dos desejos que, muitas vezes, está maculada pelo egoísmo.

— O senhor acha que é errado satisfazer os desejos?

— Não acho certo nem errado. Os desejos devem ser satisfeitos dentro do limite do bom-senso. Temos que eleger

IMPULSOS DO CORAÇÃO

nossa própria escala de valores, que é individual. Se os desejos estão no topo dessa escala, penso que a pessoa anda meio iludida.

— O que tem que vir no topo, então?

— A espiritualização, que passa pelos bons sentimentos e a compreensão da vida. Ter uma boa moral é fundamental.

— O conceito de moral varia de povo para povo, de época para época.

— É verdade. E é por isso que estamos caminhando a passos lentos em direção ao desenvolvimento da humanidade. Cada prática daninha deixada para trás é uma conquista de todo o planeta.

— Como assim?

— Veja a pena de morte, por exemplo. Muitos povos ainda a adotam de forma legalizada. A moral daqueles que assim o fazem ainda está no *olho por olho, dente por dente.* Não podem ser condenados nem criticados. É o que eles acham certo, pensam que, eliminando o elemento nocivo estão fazendo um bem à sociedade. Não sabem que apenas trocam o indivíduo de lugar: do plano físico, passa ao invisível, fazendo as mesmas coisas que antes, só que com muito mais liberdade. É claro que ele não vai conseguir atingir fisicamente seus inimigos, mas poderá contribuir para a derrota dos mais frágeis, dos adoecidos com a falta de respeito e de dignidade. Com o tempo, a certeza na eficácia dessa medida vai se desintegrando pelo próprio avanço do espírito humano. Aos poucos, os países vão abolindo a pena de morte, até chegar o dia em que ninguém mais irá adotá-la. Essa é a elevação da moral, contida em todos os evangelhos, em todos os livros sagrados: não matar. Não importa de que lado se esteja, não devemos matar, pois a justiça dos homens é falha e vem permeada de baixos sentimentos, sobretudo a vingança e o ódio.

— E a justiça divina não falha.

— Não falha porque é a justiça da consciência humana, que conhece cada pedacinho de ação, sentimento ou pensamento da alma.

— Como se conserta isso então?

— Com a mudança de atitudes e crenças, operada, muitas vezes, pela reencarnação.

— O senhor acredita em reencarnação? — ela estava cada vez mais espantada.

— Acredito. É a única explicação para as aparentes desigualdades da vida. É a oportunidade que Deus nos dá de retomarmos o equilíbrio.

— O espiritismo acredita em pecado?

— Não. Acredita em responsabilidade e consciência. Tudo é permitido, mas cada ato gera consequências. Por isso mesmo, temos que assumir a responsabilidade pelos nossos atos.

— Acho essa história de pecado muito chata. Ninguém pode viver a própria vida como bem entender.

— O mundo está mudando, talvez tenhamos que rever certos valores. Tenho observado a natureza humana, é o meu trabalho como sacerdote. E só o que vejo nas confissões são pessoas comuns tentando viver. Vejo suas atitudes, seus medos, seus defeitos. No fundo, todo mundo é igual, ninguém é perfeito mesmo. Por que Deus faria pessoas imperfeitas, sujeitas ao pecado, só para puni-las depois? Para mim, não faz sentido.

— E o que faz sentido?

— Penso que o mundo é como um laboratório cósmico. Estamos aqui para viver as experiências que a vida coloca ao nosso dispor.

— Somos cobaias?

— Somos os cientistas. Criamos a nossa própria sorte, nosso próprio destino. Cobaias são as situações que a vida nos apresenta. Com o nosso discernimento, nossa moral,

IMPULSOS DO CORAÇÃO

nossos conhecimentos, vamos moldando a vida e experimentando os resultados do que nós mesmos criamos e fazemos.

— Muito interessante a sua colocação e nada condizente com as ideias de um padre.

— As ideias não são minhas. Elas já estão no mundo há muito tempo.

— Eu bem devia esperar algo assim de um padre feito o senhor — observou ela, admirada.

— Um padre feito eu?

— É. Bem se vê que o senhor não é um padre tradicional. Aceita outras ideias, não tem medo de investigar doutrinas novas nem tem preconceito pelo que é diferente.

— Tenho meus receios.

— Que espécie de receios?

Ele olhou para ela de soslaio e respondeu com um certo tremor:

— Sou homem. Passei por coisas difíceis que me atormentaram por muito tempo.

— De que tipo?

— Acho melhor não falarmos sobre isso.

— Tudo bem — ela fez uma pausa e mudou de assunto.

— E o que o senhor pensa sobre sexo antes do casamento?

— Acho que tudo o que é feito com amor tem a bênção de Deus.

— Então o senhor é a favor?

— Sou a favor do amor e do respeito.

— Não sou mais virgem — revelou, estudando a reação dele. — Já transei com Carlos Augusto. Foi por amor, mas agora que ele morreu, será que algum outro homem vai me querer?

— Se ele amar você, sim.

— Hoje em dia as pessoas não estão mais ligando muito para isso.

— Seus pais não ligam?

171

— Acho que sim. Mas eu não ligo.

— Você é da geração jovem. Tem outros conceitos, está vivendo uma era de rebeldia e mais liberação.

— Isso não o incomoda?

— Sinceramente, não. Não estou aqui para julgá-la. O julgamento pertence a Deus.

— O senhor fala em sexo com amor. Quer dizer então que acha errado fazer sexo só por prazer?

— Errado, não. No entanto, como tudo o mais, o problema está na falta de respeito e no excesso. Isso gera desequilíbrio, consequentemente, atrai o sofrimento. Todavia, o prazer não pode ser renegado. Deve ser satisfeito, mas sem promiscuidade nem abusos. Nesse sentido, não vejo nada de mais.

— Eu também não. Afinal, sexo é uma necessidade. Todo mundo sente falta, não é mesmo?

Ele não respondeu. Sabia bem aonde ela pretendia chegar e mudou de assunto:

— Ainda bem que não tivemos problemas até agora. E não teremos nenhum. A viagem está tranquila, graças a Deus.

Percebendo que aquele era um terreno perigoso, Rafaela aceitou a mudança de assunto e não falou mais sobre sexo. Não queria forçar a barra com ele.

— Nunca ouvi o senhor falar de coisas espirituais — observou ela.

— Esses não são assuntos para se comentar na igreja ou em casa. Atrairia a indignação e o julgamento daqueles que não compreendem a questão.

— Por que está conversando comigo?

— Porque você é jovem, inteligente e tem a mente aberta.

Ela sorriu, satisfeita com o elogio.

— Padre Cláudio também faz esses estudos?

IMPULSOS DO CORAÇÃO

— Ele lê uma coisa ou outra, a título de curiosidade, mas ainda tem a mente muito arraigada nos dogmas canônicos.

— Pois eu adorei essa conversa. Sinto-me até mais leve.

— Quando conversamos coisas úteis, a alma se preenche e se alegra.

— O senhor é o máximo!

Ela não conseguiu evitar o entusiasmo nem o beijo que se seguiu depois. Foi inocente, um leve toque na face de Augusto, mas encheu-o de um sentimento que lhe trazia medo. Não disse nada, não conseguiria falar sem lhe revelar o turbilhão que se agitava em seu peito.

Dali em diante a conversa tomou novos rumos. Rafaela, contudo, estava realmente impressionada, cada vez mais atraída por aquele padre nada ortodoxo e de uma sabedoria muito distante da convencional.

Ela não sabia como fazer para conter os sentimentos. Às vezes parecia que ele correspondia, outras vezes parecia que não. Augusto era um mistério em seu coração, um mistério que ela gostaria de desvendar.

CAPÍTULO 21

Chegaram a Uberlândia pouco depois das três horas, e Augusto se espantou com o avanço da cidade. Encontrou um hotel afastado do centro, num local onde imperavam o verde e os pássaros. Era um hotelzinho bucólico, muito agradável, com chalés equipados com lareira e televisão.

— Não sei quando poderei vir vê-la — falou, assim que a instalou no quarto. — Tudo vai depender de como está minha mãe. Por favor, não faça nenhuma bobagem. Pode sair para dar uma volta pelas redondezas, mas não vá para a cidade.

— Ok. Não se preocupe com nada. Pode confiar em mim.

Augusto procurou não dar muitas explicações sobre ela. Disse apenas que era sua meia-irmã e que ficaria ali à espera dele. Depois que ela se acomodou, partiu apressado para o cemitério onde estaria sendo velado o corpo do pai.

Quando chegou, a mãe já havia perdido as esperanças de vê-lo. O sepultamento fora marcado para as cinco horas, último horário, na esperança de que o filho chegasse a

IMPULSOS DO CORAÇÃO

tempo. Laura o abraçou em lágrimas, e ele sentiu uma forte comoção ao ver o corpo do pai deitado no caixão, coberto de flores. Cumprimentou os parentes e aproximou-se.

O rosto de Jaime estava lívido, porém, sereno. Augusto fez uma oração silenciosa pela sua alma. Lágrimas lhe vieram aos olhos, perturbando-o com a ideia de pedir perdão ao pai por não ter sido o filho que ele esperava. Pensando no que se tornara sua vida, o velho ressentimento o incomodou. Augusto lutou consigo mesmo para não lançar acusações indizíveis contra o morto. Concentrou-se na oração, buscando forças na alma para perdoar o pai por ter-lhe roubado a liberdade de escolha e o futuro.

Durante o resto do velório, Augusto ficou ao lado da mãe, dando-lhe apoio e carinho. Quando o corpo baixou à sepultura, segurou sua mão e chorou com ela, intimamente rezando para que o espírito do pai fosse encaminhado a um lugar agradável. No final, agradeceu as palavras do padre encarregado do cemitério, que caprichara no sermão ao saber que o filho do falecido também era um sacerdote. Despediu-se de familiares e amigos. Sempre ao lado da mãe, foi para casa.

Tudo estava como antes, provocando em Augusto uma leve nostalgia ao tocar os móveis e objetos tão conhecidos de sua infância. Apenas a cor das paredes havia sido mudada, estavam agora pintadas de rosa claro, cor preferida da mãe. Ela preparou um jantar caprichado para ele, sem carne, e comeram juntos.

— Estava delicioso, mãe — elogiou ele. — Obrigado.

— Seu pai não aprovaria essa comida sem graça, como ele dizia. Mas sei que é do que você gosta.

Ele apertou a mão dela e repetiu com olhos úmidos:

— Obrigado.

Fez-se um silêncio embaraçoso, até que ela prosseguiu:

— Seu pai gostaria muito de ter visto você uma última vez.

— Não tivemos tempo de nos despedir, mas fiz por ele uma oração sincera.

— Sei que fez. Ele teria ficado orgulhoso dela, como ficou quando você se ordenou.

— Por favor, mãe, podemos não falar disso?

— Por que não?

Ouvindo a mãe afirmar o que ele considerava uma mentira, Augusto sentiu uma certa revolta insinuar-se em seu coração. O velho ressentimento retornou e ele, por mais que se esforçasse, não conseguiu conter o desabafo:

— Meu pai não ficou orgulhoso porque me ordenei padre. Ficou aliviado porque não me tornei homossexual.

— Isso não é verdade! — objetou ela, com veemência.

— A carreira religiosa é muito bonita. Não é qualquer um que tem o dom do sacerdócio.

Arrependido por ter dado vazão à revolta há tanto contida, Augusto retrocedeu:

— Está bem, mãe. Tem razão.

— Não devia falar assim do seu pai — censurou ela. — Ele fez o que era melhor para você.

— Não o estou culpando. Já o perdoei por isso...

— Perdoou-o por querer o melhor para você?

— Por favor, mãe, chega. Papai acabou de morrer. Não vejo por que tocarmos nesse assunto agora.

Laura encarou-o com um misto de reprovação e culpa. No fundo, sabia que o que ele dizia era verdade. Jaime morria de medo e de vergonha de ter um filho fresco. E ela concordara com ele, aceitara o seminário como a salvação de seu menino.

— O que pretende fazer agora? — prosseguiu Augusto, desviando-a de seus pensamentos.

— Continuar vivendo como sempre vivi.

— Vai ficar aqui sozinha? Não acha que é melhor ir para o Rio comigo?

IMPULSOS DO CORAÇÃO

— Não, obrigada. Não deixaria minha casa por nada. E depois, não estarei sozinha. Tenho parentes aqui.

— Vou ficar preocupado com a senhora. E se precisar de alguma coisa?

— Não precisa se preocupar. Meus irmãos estão todos vivos, seus primos vêm sempre me visitar. E tenho telefone em casa. Se tiver qualquer coisa, posso ligar para eles.

— Tem certeza?

— Absoluta. Não se preocupe. Ficarei bem.

— Como a senhora quiser. Mas sabe que, a qualquer momento que decidir, basta um telefonema, e virei buscá-la.

— Sei disso — finalizou ela, batendo de leve na mão dele. — Você é um excelente filho. Sempre foi.

Havia um significado oculto naquelas palavras, quase como um pedido de desculpas. Augusto, contudo, não estava disposto, naquele momento já tão conturbado, a retomar uma conversa sobre o passado.

— E o inventário? — indagou, displicente. — Vai ter que cuidar disso, sabe?

— Eu sei — disse ela após um suspiro profundo. — Mas seu tio que é advogado ficou de providenciar tudo.

— Não vai precisar de mim?

— Não. Não entendo bem dessas coisas, mas você é herdeiro e deve ter que vir receber a sua parte.

— Não quero nada.

— Só o que seu pai possuía era essa casa, o carro e algum dinheiro na caderneta de poupança.

— É tudo seu, mãe, não quero nada.

Ela suspirou novamente, agradecida e prosseguiu:

— Quanto tempo pretende ficar?

— Tenho a semana toda.

Augusto passou a noite em companhia de Laura, refletindo na breve conversa que tiveram sobre o passado. A mãe não queria ouvir a verdade, e ele, por sua vez, tinha medo de revelá-la. Não sabia se valia a pena remexer naquelas feridas, pois a dor que poderiam causar talvez fosse insuportável. O que seria, para uma mãe, saber que contribuíra para a infelicidade do filho?

Ele falara tanto de felicidade com Rafaela e não sabia o que dizer de si mesmo. Não podia dizer que era infeliz. Gostava do sacerdócio e de ajudar as pessoas. Havia, contudo, um vazio que ele nunca antes pudera definir nem preencher. Agora, porém, ele sabia. Era o amor de uma mulher, o desejo de constituir família, sonhos que ele sepultara no seminário. Como se sentiria a mãe ao saber disso?

No dia seguinte, Augusto tomou o café da manhã com ela, ajudou-a a arrumar a casa, e passaram o resto da tarde vendo antigos álbuns de fotografias. Nenhum dos dois tocou no assunto novamente, como se tudo o que tivesse para se ouvir já houvesse sido dito. Havia coisas que Augusto gostaria de ter esclarecido e revelado ao pai, mas agora era tarde demais.

Esse questionamento insistia em incomodá-lo. Só não era mais forte do que a saudade que sentia de Rafaela. Augusto não queria que a mãe sequer desconfiasse de que ele fora ali com uma moça. Ela não entenderia e faria mau juízo dele. Ao cair da noite, enquanto ela tomava banho, finalmente conseguiu telefonar ao hotel. A ligação foi transferida para o quarto de Rafaela, que atendeu com voz ansiosa:

— Alô?

— Como está, Rafaela?

— Está tudo bem. E com o senhor?

— Bem, na medida do possível.

— E sua mãe?

— Está superando.

— Que bom... O senhor ainda vai demorar muito?

— Mais alguns dias. Só o tempo necessário para que minha mãe se sinta fortalecida.

IMPULSOS DO CORAÇÃO

— Entendo — tornou decepcionada.

— Tenha paciência. Em breve irei vê-la.

— Por favor, padre, não pense que estou lhe cobrando nada. Sou-lhe grata por tudo o que tem feito por mim.

— Não precisa agradecer. Apenas tome cuidado. Sei que é ruim ficar sozinha, mas ao menos você pode passear ao ar livre sem medo.

— Não estou me sentindo só, na verdade. Conheci um rapaz aqui do hotel que conversou comigo hoje a tarde toda.

— Rapaz do hotel? — enciumou-se. — Que rapaz é esse?

— O pai dele trabalha no hotel, e ele cuida dos estábulos. É um garoto bem jovem, mais novo do que eu, mas tem uma conversa agradável.

— Tenha cuidado, Rafaela. Não vá confiando assim nos outros.

— Ele não me conhece. É só um adolescente.

— Mesmo assim, cuidado. Não diga nada que possa comprometer você.

— Não se preocupe. Só conversamos hoje, e ele ficou de vir me buscar amanhã para darmos uma volta a cavalo. Nada de mais.

O silêncio de Augusto não passou despercebido, revelando o ciúme não dito. O padre mudou o fone de um ouvido a outro e enxugou a testa, sem saber o que o preocupava mais: se o risco a que Rafaela se submetia ou se o fato de ela ter feito amizade com um jovem sem compromissos.

Ele ouviu o barulho da porta do banheiro se abrindo, e Laura saiu enrolada num robe, direcionando-se a seu quarto.

— Tenho que desligar — anunciou ele. — Amanhã torno a telefonar. Cuide-se.

— Pode deixar.

Desligaram. Um calafrio percorreu a espinha de Augusto, um medo indizível de que algo de ruim acontecesse a Rafaela, ou de que ela e o rapaz acabassem se envolvendo afetiva ou sexualmente. O ciúme apanhou-o em cheio, não permitia que pensasse em outra coisa. Augusto queria desesperadamente ir ao hotel e certificar-se de que Rafaela estava no quarto. Sozinha.

Não foi possível sair. Desconhecendo o torvelinho de emoções que tomava conta de todo o ser de Augusto, Laura o chamou para o jantar. Serviu-lhe uma lasanha de queijo e beringela, receita que copiara de uma revista de culinária. Estava uma delícia, mas Augusto mal conseguiu comer, o estômago revirando ante a ideia de que Rafaela podia estar, naquele momento, na cama com outro homem.

A ideia tornou-se fixação. Quando ele se deitou para dormir, Rafaela era a única a ocupar seus pensamentos, disseminando o ciúme até nas palavras com que ele tentava formar suas orações. Naquela noite, pela primeira vez em anos, não conseguiu rezar.

CAPÍTULO 22

A reação de Augusto marcou o coração de Rafaela, que agora não tinha mais dúvidas sobre os sentimentos do padre. Podia dizer que ele silenciara ao telefone por medo ou indignação, contudo, ela era mulher e sabia reconhecer num homem os sinais do ciúme. A certeza a agitou, fazendo vir à tona um desejo quase incontrolável de estar junto dele. O único freio que impunha a si mesma ainda era a lembrança de Carlos Augusto.

Seu novo amigo não despertava preocupações. Era um menino de dezessete anos, que conhecera quando dava uma volta nos arredores do hotel. Montado num lindo cavalo negro, parou quando a viu e puxou conversa. Rafaela não podia perder a oportunidade de travar uma nova amizade e aceitou falar com ele. Passaram a tarde juntos, conhecendo-se de forma inocente, até que ele a convidou para uma cavalgada no dia seguinte.

Sem enxergar maldade no convite, Rafaela aceitou. Tomou o café bem cedo e partiu ao encontro dele nos estábulos. Embora não fizesse frio, uma névoa fininha se infiltrava no meio das árvores. Ele terminava de preparar as montarias quando ela se aproximou e cumprimentou alegremente:

— Bom dia, Gérson. Cheguei cedo?

— É claro que não! — objetou o rapaz, abrindo largo sorriso. — Já terminei aqui. Então? Vamos?

Meio sem jeito, Rafaela se aproximou do animal, que relinchou à sua presença.

— Ele morde? — indagou assustada.

— É claro que não, boba. Vamos, pode subir.

— Tem certeza? Olhe que não estou acostumada.

Sem conseguir se conter, Gérson desatou a rir.

— Do que está rindo? — queixou-se ela.

— Do seu sotaque chiado. É muito engraçado.

— Engraçado é você, que fala feito um caipira — retrucou ela, de bom-humor.

— Mas eu sou um caipira — afirmou ele, acentuando ainda mais o seu jeito mineiro. — Passei a minha vida na roça. Por isso é que sei das coisas. Venha aqui, deixe-me ajudá-la.

Gérson ajudou-a a montar e, de um salto, montou no seu animal.

— Uau! — fez ela admirada. — Pelo visto, você é fera nisso.

Ele riu gostosamente e retrucou animado:

— Faço isso desde sempre.

— Ainda bem, porque eu estou apavorada.

— Tudo bem, não tenha medo — tornou num gracejo. — Vou puxar seu arreio.

— Não precisa. Quero aprender.

Partiram juntos, devagarzinho, cavalgando lado a lado. No começo, Rafaela se demonstrou insegura, mas aos poucos conseguiu dominar o animal. Logo estavam passeando pela estradinha de terra. Como a manhã estava um pouco gelada, Gérson procurava cavalgar pelo sol, mostrando a ela a beleza da região.

IMPULSOS DO CORAÇÃO

À beira de um riacho, desmontaram. Rafaela estava encantada com aquela natureza praticamente intocada. O rio serpenteava pela relva, borbulhando uma água gelada e cristalina. Ela abaixou-se para experimentá-la, sentindo os dedos se enregelarem.

— Está muito fria! — observou, esfregando as mãos.

Gérson não perdeu tempo. Apanhou as mãos dela e levou-as aos lábios, olhando-a com o fogo do desejo. Fez menção de beijá-la, mas ela, esquivando-se, rebateu confusa:

— Por favor, não.

Desvencilhou-se dele e voltou para onde estava seu cavalo. Não podia dizer que não se sentia atraída por Gérson. Embora dois anos mais novo, ele era bonito, musculoso e agradável. Mas não era Augusto.

Dessa vez, Rafaela conseguiu montar sozinha e ficou à espera de que ele se juntasse a ela. Gérson montou em seu cavalo sem fazer qualquer comentário sobre o ocorrido. O que tinha em mente não envolvia violência nem coação, mas levaria ao fim tão desejado.

Continuavam a cavalgada como dois apreciadores das coisas belas da natureza. Gérson só falava sobre as árvores, as flores, os pássaros. Contava coisas da fazenda e da roça, levando-a a rir e se soltar. Aos poucos, a tensão do quase beijo foi se dissipando. Ela pensou que Gérson talvez a estivesse experimentando, mas agora, convencido, não tentaria mais nada.

Cerca de uma hora depois, pararam num campo muito verde e desmontaram novamente. Entre duas quaresmeiras roxas, cujos galhos quase tocavam o chão, havia uma mesa rústica de madeira, ladeada por bancos compridos, praticamente encobertos pela folhagem.

— Venha comigo — chamou ele, puxando-a pela mão.

Rafaela acompanhou-o em dúvida. No centro da mesa, duas taças foram colocadas ao lado de uma caixa de isopor, de onde Gérson retirou uma garrafa de vinho. Ele indicou a ela um dos bancos e sentou-se a seu lado. Apanhou as taças e encheu-as cuidadosamente, oferecendo uma a Rafaela.

— Você não é muito novo para beber? — questionou ela, apanhando a bebida.

— Nem tanto — contestou ele, fixando-a diretamente nos olhos.

Rafaela levou a taça aos lábios, sorvendo o vinho lentamente. Nem percebeu que, a seu lado, Gérson apenas fingia beber.

— Esse vinho tem um gosto estranho — comentou.

— É porque é feito aqui na região — mentiu ele. — Não gostou?

— É diferente, mas gostei. Está geladinho.

Enquanto bebiam, Rafaela ia admirando a beleza do lugar. O vento afastara a névoa, permitindo que o sol esquentasse a manhã. Mesmo assim, um arrepio percorreu a pele de Rafaela, e Gérson aproveitou para passar a mão pelo ombro dela.

— Está com frio? — indagou, puxando-a mais para si.

— Não — objetou ela, afastando-se delicadamente.

— Não é o que parece. Você está tremendo.

— Mas não é de frio. Engraçado... Acho que o vinho está me subindo à cabeça. Estranho, bebi tão pouco...

— Tome mais um pouquinho — incentivou ele. — Para aquecer.

Ela achava que não devia, mas ele já havia derramado a bebida em seu copo antes que ela tivesse tempo de protestar. Rapidamente, a bebida lhe subiu à cabeça, e uma tonteira gostosa foi tomando conta dela. A seu lado, Gérson ria e tratava de manter sua taça sempre cheia, embora ele mesmo não bebesse praticamente nada.

Em dado momento, ela pousou a taça sobre a mesa e cobriu-a com a mão, impedindo que Gérson a enchesse novamente.

IMPULSOS DO CORAÇÃO

— Acho bom parar de beber — anunciou ela, um pouco zangada. — Estou ficando tonta.

Gérson não insistiu. Serviu-se a si mesmo e guardou a garrafa no isopor. Como não havia bebido praticamente nada, sorveu a bebida de um só gole, deixando Rafaela impressionada. Bem se notava que ele estava muito acostumado à bebida, porque não dava nenhum sinal de alteração, ao passo que ela via tudo rodar.

— Está se sentindo bem? — indagou ele, notando que ela estava agora mais pálida do que o normal.

— Bebi demais. Acho que vou vomitar.

— Respire fundo — aconselhou ele. — Que droga, devia ter trazido uma garrafa de café.

— Deixe para lá. Podemos ir embora?

— É claro.

Ele ajudou-a a pôr-se de pé, abraçando-a para que ela não caísse. Seguiu apoiando-a, até quase alcançarem os cavalos. Com o braço enlaçando sua cintura, Gérson sentia o calor do corpo dela subindo pelo seu. A mão pousada sobre seu quadril, apertando-a cada vez mais, a suavidade de seu seio lhe comprimindo o tórax, arrepiando-o até a nuca.

Ao invés de ajudá-la a montar no cavalo, Gérson empurrou-a de encontro a uma árvore e beijou-a avidamente, as mãos agindo com presteza sobre seu corpo. Rafaela não opôs qualquer resistência. Há muito se sentia carente. As imagens de Augusto e de Carlos Augusto se alternavam em sua mente, confundindo-a naquele torpor de prazer.

Gérson deitou-a gentilmente no chão, despindo-a com cuidado. Aos poucos, dominou-a com mais facilidade do que esperava. Rafaela, em momento algum, resistiu ou o rejeitou. Ao contrário, demonstrava-se dócil, ansiosa, como se esperasse que ele fizesse justamente o que fazia.

Como um cordeirinho, ela se entregou, gemendo de prazer a cada vaivém do corpo de Gérson sobre o seu. Dominada pela bebida e a porção de vinho de jurema[1] que ele deitara na garrafa de vinho tinto, sua mente se confundia, misturando a imagem do rapaz com a do ex-namorado e a do padre, ora fazendo-a sentir-se nos braços de um, ora no de outro.

Assim entorpecida, Rafaela, embora percebesse o que fazia, não atinava bem com quem. Para ela, o ato de amor se alternava entre o padre e o ex-namorado, tornando Gérson uma figura indistinta em sua realidade distorcida.

— Augusto... — sussurrava ela, apertando-se cada vez mais a Gérson.

Então ela tinha um namorado e ele se chamava Augusto, deduziu Gérson. Não fazia mal. Não estava interessado nela para ser sua namorada. O pai já o alertara sobre moças como Rafaela, que vinham da cidade grande cheias de ideias avançadas e sem nenhuma moral. Serviam para o sexo, não para o casamento.

Quando tudo terminou, ele se deitou a seu lado e pousou a cabeça dela sobre seu ombro. Em poucos segundos, aturdida pelo vinho de jurema, Rafaela fechou os olhos e adormeceu, deixando Gérson com a sensação da vitória pendurada nos lábios, imaginando o que os amigos diriam quando soubessem que havia conseguido fazer sexo com uma garota do Rio de Janeiro.

Só muito tempo depois Rafaela abriu os olhos, sentindo o braço forte do rapaz atravessado sobre seu corpo. Ele estava acordado e sorriu para ela.

— Você é mesmo uma dorminhoca — brincou. — Pensei que não fosse acordar mais.

— Que horas são? — tornou ela, sentindo um gosto amargo na boca.

— Duas e meia.

— Tudo isso? Nossa, como está tarde! Estou morrendo de fome.

---

1 Jurema (*Mimosa hostilis*) é uma erva originária do nordeste brasileiro, que produz um vinho de efeitos alucinógenos.

IMPULSOS DO CORAÇÃO

— Vamos voltar ao hotel. A essa hora, o almoço já acabou, mas vou lhe arranjar alguma coisa para comer. Também estou faminto.

A cabeça de Rafaela deu vários rodopios. O enjoo quase a fez vomitar.

— Bebi demais — anunciou. — Estranho, nunca bebi assim antes.

— Acontece. Você se lembra do que houve?

— Lembro — afirmou ela, abaixando a cabeça, com vergonha. — Vagamente.

Gérson deu-lhe um beijo na boca e acrescentou:

— Você foi fantástica.

— Obrigada.

Ele a ajudou a montar, e fizeram o percurso de volta em silêncio. Rafaela não sabia o que dizer. Tinha plena consciência de que havia feito sexo com ele, embora não soubesse bem por quê. Quando saíra do hotel, não tinha em mente nada semelhante. Não compreendia por que se deixara envolver pela bebida e cedera ao desejo tão facilmente.

Dos detalhes, pouco se recordava. Apenas de Gérson acariciando-a e se deitando sobre ela. E do prazer. Lembrava-se de quanto prazer sentira com ele. Pelo canto do olho, fitou o garoto a seu lado, tão jovem e tão viril. Riu intimamente, julgando-se dona da situação, uma mulher experiente levando um menino ingênuo a seus primeiros momentos de amor. Nem de longe desconfiava que fora usada por ele, um homem que, de ingênuo, não tinha nada.

Naquela noite, Augusto não telefonou, deixando nela um sentimento de frustração e perda. Sentia-se sozinha, ansiava pela presença dele, ardia só de pensar que poderia fazer com ele o que fizera com Gérson.

Como Augusto não vinha, ela aceitou novo convite de Gérson para passear, dessa vez, disposta a resistir. Não queria magoar os sentimentos do menino, mas daria um jeito de explicar-lhe que aquilo não estava certo. Assim, quando ele tentou beijá-la, sem o efeito do vinho de jurema, Rafaela mostrou-se um pouco mais arredia. Já esperando aquela reação, Gérson preparara uma garrafa especial, e foi dela que se utilizou para que tudo se repetisse como na véspera. Longe da desconfiança, Rafaela bebeu tudo.

Embora se acreditasse apaixonada por Augusto, o apelo sexual era muito forte em sua vida. Era-lhe difícil resistir quando todo o seu corpo ansiava por sexo. E Gérson, apesar de novo, era ardente, másculo, carinhoso. Tudo isso, associado ao vinho de jurema, levava Rafaela a deleitar-se de prazer em seus braços.

Já no terceiro dia, nada daquilo foi necessário.

CAPÍTULO 23

O telefone no quarto de Rafaela não parava de tocar, deixando padre Augusto cada vez mais aflito e inquieto. Fazia três dias que não conseguia falar com ela. Entre irritado e apreensivo, desligou o telefone. Assim que a mãe terminou o banho, anunciou no tom mais despreocupado que conseguiu impor à voz:

— Vou dar uma saída. Quero olhar um pouco a cidade.

— Vá, meu filho, nada mais justo. Desde que chegou, você não saiu do meu lado. Só não me ofereço para acompanhá-lo porque não me sinto com ânimo para passeios.

— Não tem problema, mãe. Vou dar uma volta, ir à igreja e logo mais à noite volto para casa.

— Quer que o espere para jantar?

— Não precisa. Talvez coma alguma coisa por aí.

Augusto acelerou o carro o mais que pôde até o hotel em que Rafaela estava hospedada. Sem passar pela recepção, seguiu direto ao chalé que ela ocupava. Bateu na porta, experimentou a maçaneta e nada. Pelo visto, Rafaela não estava. Na recepção, ninguém sabia dela. Os chalés ficavam um pouco afastados da sede do hotel, de forma que os hóspedes que ali ficavam raramente eram vistos.

Ele deu uma volta pelo hotel, procurando-a nos arredores. Sem a encontrar, voltou ao chalé, ainda vazio, e sentou-se no degrau da escada para esperá-la. O sol já começava a se pôr quando ela apareceu, de mãos dadas com um rapaz que ele nunca havia visto antes. Assim que o avistou, o sangue subiu ao rosto de Rafaela, deixando-o afogueado de vergonha. Ela soltou a mão de Gérson, mas não correu, aproximando-se num caminhar tranquilo e natural, embora, em seu coração, um vulcão estivesse prestes a explodir.

A situação inusitada deixou Augusto sem reação. Nunca antes se imaginara vivendo algo semelhante. Desabituado a lidar com aquele tipo de sentimento, teve que lutar contra a vontade de gritar com Rafaela e esmurrar o rapaz. Jamais havia sentido tanto ciúme em sua vida. Precisava controlá-lo, pois reconhecia o perigo que representava.

Vendo Rafaela aproximar-se devagar, ele se levantou, as mãos trêmulas de raiva. Enfiou-as no bolso da calça e olhou para ela com aparente calma.

— Padre — falou ela, baixinho. — Não o esperava aqui hoje.

— Percebi — retrucou ele com ironia, para depois, arrependido, pedir perdão mentalmente a Deus. — Onde esteve?

— Gérson me levou para dar uma volta.

O olhar que ele deu ao rapaz foi fulminante. O timbre de sua voz vibrava com a emoção:

— Gérson?

— Muito prazer, padre — adiantou-se ele, estendendo-lhe a mão. — Sua bênção.

— Deus o abençoe — forçou-se a dizer, notando um certo tom de ironia na voz do rapaz.

Seguiu-se um clima constrangedor. Rafaela, morrendo de vergonha e remorso, mal conseguia encarar Augusto,

IMPULSOS DO CORAÇÃO

que olhava dela para Gérson com raiva e desprezo. O rapaz sentiu o clima hostil, embora desconhecesse o motivo.

— O senhor é daqui? — indagou, mais para puxar conversa do que por curiosidade.

Augusto não respondeu. Ainda encarando o outro com agressividade, perguntou com ar feroz:

— O que vocês dois estavam fazendo?

— Nós? — retrucou Gérson. — Nada.

— Não acredito.

— Por favor, Gérson, será que poderia nos dar licença? — intercedeu Rafaela. — Padre Augusto e eu temos alguns assuntos importantes a tratar.

— Padre Augusto? — espantou-se ele, lembrando-se do nome que ela, sob o efeito do alucinógeno, costumava evocar.

— Algum problema? — questionou o padre.

— Não, nenhum — respondeu ele, mal ocultando a surpresa.

Depois que ele se afastou, Rafaela entrou com padre Augusto no chalé. Ela se sentou na cama, tirou os sapatos e olhou para ele.

— O que estava fazendo com esse rapaz? — indagou, sério.

— Nada. Apenas me divertindo.

— Divertindo-se como?

— Andando a cavalo por aí. Gérson me mostrou toda a região.

— Não sabe que é perigoso relacionar-se com desconhecidos?

— Gérson é só um garoto e é meu amigo.

— Há três dias tento falar com você. Onde tem estado?

— Por aí, já disse.

— Mandei-a ficar no quarto.

— Como espera que eu fique trancada o dia inteiro aqui dentro, se o senhor nem vem me ver?

191

— Quando trouxe você comigo nessa viagem, avisei-a de que vinha para o enterro de meu pai. Não vim aqui para fazer turismo com você.

— Não quero parecer ingrata, padre, mas não vejo o que tem demais me relacionar com um garoto que é quase da minha idade. Ele me diverte.

— Como é essa diversão?

— Não tenho que falar sobre isso — respondeu ela de má vontade, desviando os olhos dos dele.

— Vocês estão fornicando, não é mesmo? — afirmou ele com raiva. — Igual a uma cadela no cio, você se atirou para o primeiro macho disponível, pondo em risco a própria segurança e o pudor!

As palavras dele foram por demais ásperas, e Rafaela, afundando o rosto entre as mãos, pôs-se a chorar, magoada.

— Isso não é justo — murmurou ela. — Fiz-lhe confidências da minha vida porque confiava no senhor. Não esperava que usasse isso para me ofender. E a sua imparcialidade de confessor, onde está?

Na mesma hora, o arrependimento despencou sobre ele, pesando em seus ombros e seu coração.

— Não quero que nada lhe aconteça — justificou, fingindo que não sentia ciúme. — Perdoe-me.

— Não precisava me ofender. O senhor é muito bom, mas quando quer, sabe machucar com as palavras.

— Por favor, Rafaela, perdoe-me. Deixei-me levar pelo medo. Eu jamais me perdoaria se algo lhe acontecesse. O erro foi meu. Não deveria tê-la trazido.

As lágrimas dela não apenas o comoviam, mas despertavam nele o desejo de estreitá-la de encontro ao peito. Sob o manto da preocupação e do paternalismo, Augusto procurava ocultar a paixão. Sem pensar em nada, aproximou-se dela e abraçou-a, pousando a cabeça dela em seu ombro.

IMPULSOS DO CORAÇÃO

— Perdoe-me, eu lhe imploro — repetiu ele. — A última coisa que queria era ofendê-la ou magoá-la. Você é muito cara para mim.

— Então, por que disse aquelas coisas?

Foi ciúmes, ele quase disse. Mas conseguiu se conter e retrucou indeciso:

— Não sei. Não estou acostumado a ter uma mulher tão próxima a mim.

Rafaela afastou-se um pouco, encarando-o tão fundo nos olhos que o desconcertou. Ele estava tão próximo, era tão bonito, e ela o amava tanto, que não resistiu. Pondo-se na ponta dos pés, beijou-o suavemente nos lábios. Por cerca de cinco segundos, ele correspondeu ao beijo, o primeiro de toda a sua vida. Naquela pequena fração de minuto, foi como se um choque elétrico percorresse todo seu corpo, veloz e aterrador. Sentiu medo.

— Não faça isso — protestou, repelindo-a com um leve empurrão.

— Por quê? — contrapôs, em lágrimas.

— Porque não é certo. Sou um padre, você é minha penitente. Sou responsável pela sua alma.

— Não é...

Ela tentou se aproximar novamente, mas ele a segurou pelos braços, impedindo que seus corpos se tocassem.

— Por Deus, Rafaela, não me comprometa mais do que já estou comprometido!

— Eu o amo — sussurrou ela. — E você me ama também.

— Não... — objetou sem forças. — Amo-a como a uma filha.

— Mentira. Você me ama, sei que me ama. Vejo isso em seus gestos, sua fala, seu olhar. Por que não admite?

— Porque sou um padre! Será que você não pode compreender isso?

— Compreendo. Mas ser padre não impede que me ame também. Você mesmo disse que é um homem.

— Não posso, Rafaela. Por favor, não me obrigue a ir contra os votos do sacerdócio.

— Eu o amo. Pode até ser pecado, mas não tenho como evitar.

Augusto parou de tentar negar os sentimentos. Não adiantava. Precisava apenas encontrar um jeito de resistir a eles e dominá-los. Não podia simplesmente ceder e deixar-se envolver com uma mulher.

— Se me ama mesmo, nunca mais torne a dizer essas coisas — pediu ele, sustentando o olhar de paixão que ela lhe dirigia. — Não tenho como dar o amor que você me pede.

Ele soltou os braços dela e abriu a porta, voando para fora a tempo de evitar uma tragédia maior. Mais um pouco e não resistiria. Estava tentando sufocar dentro do peito um sentimento que dominava cada canto do seu corpo, sua mente, sua alma. Deixá-la foi muito difícil, mas era necessário. Ela era jovem, não tardaria a esquecê-lo.

O que Augusto não sabia era se ele a esqueceria.

CAPÍTULO 24

Augusto entrou na casa da mãe como se houvesse atravessado uma tempestade. Os olhos vermelhos, a pele úmida, a testa explodindo em febre. Laura dormia em seu quarto, e ele se atirou na cama sentindo uma angústia devastadora a agitar seu peito. Não queria chorar, contudo, as lágrimas, sem lhe dar importância, puseram-se a escorrer pela face febril.

Em seus pensamentos, um turbilhão de ideias se agitava, o corpo inteiro respondia ao clamor do nome de Rafaela. Não queria pensar nela, mas a mente não se concentrava em nada que não fosse a menina. Imaginando-a nos braços de Gérson, o sangue disparou pelas veias, fervilhando de ciúmes. Não podia mais mentir para si mesmo nem fingir que o que sentia por Rafaela não era amor, ou paixão, ou desejo, ou tudo isso junto.

Com a imagem de Rafaela brotando a cada instante em seus pensamentos, Augusto se revirava na cama, misturando o desejo que sentia por ela às orações de perdão e misericórdia que dirigia a Deus. Em seu íntimo, queria voltar ao quarto dela e tomá-la nos braços, para experimentar a concretização da paixão que nunca antes havia vivido. Mas não podia.

Toda aquela bonita conversa sobre pecado e felicidade jazia agora no leito frio da teoria. Falar era muito fácil, bem diferente de sentir. Como padre, ele devia estar acima daqueles sentimentos. Descobrir que não estava deixava-o deprimido e assustado. Sem falar na culpa. Um padre jamais deveria ceder ao impulso da carne, principalmente com uma ovelha de seu rebanho. Nesse sentido, era um pecador.

A muito custo adormeceu, os sonhos dominados pela presença marcante de Rafaela. Ele se agitava e murmurava coisas inaudíveis, repetindo o nome dela para a escuridão do quarto. Assim passou a noite, até que, de manhã, não conseguiu se levantar da cama.

Laura acostumara-se a vê-lo de pé logo cedo e estranhou sua ausência. Como ele não apareceu para o café, correu ao quarto dele, temendo que estivesse doente. Muito de leve, tocou sua testa, constatando a quentura. Mesmo sem um termômetro, tinha certeza de que a febre era alta.

— Mãe? — chamou ele, percebendo a presença dela a seu lado — É você?

— Sou eu, meu bem. Você está com febre. O que foi que houve? Pegou um resfriado?

Augusto não respondeu e cerrou os olhos, certo de que a febre que o dominava não provinha de nenhuma gripe, mas do desejo insatisfeito por Rafaela.

— Pode me arranjar um copo de água? — pediu, tentando limpar a garganta seca.

— Vou lhe trazer água e o café da manhã. Depois lhe darei um remédio para baixar essa febre. Será que não é melhor ir ao médico?

— Não precisa. Vou ficar bem. Provavelmente, é só um resfriado. Amanhã, com certeza, estarei melhor.

IMPULSOS DO CORAÇÃO

— Você não vai poder viajar assim.

— Até o dia da viagem, não terei mais nada.

— Vamos esperar para ver.

Após tomar o antitérmico, Augusto tornou a se deitar, adormecendo rapidamente. Quando acordou, já era quase hora do almoço. Levantou-se e entrou no chuveiro. Logo ouviu batidas na porta do banheiro, e a voz da mãe se sobressaiu acima do barulho da água:

— Vou levar o almoço para você na cama.

Quando ela entrou no quarto, Augusto já havia se trocado e, recostado na cama, olhava o horizonte pela janela, imaginando o que Rafaela estaria fazendo àquela hora.

— Você ficou maluco? — repreendeu ela, correndo a fechar a janela. — Quer pegar uma pneumonia?

— Deixe estar, mãe. Já estou melhor. A luz do dia e o vento fresco só podem me fazer bem.

— De jeito nenhum! Se quer ar e luz, basta abrir os postigos. Vai arejar o quarto sem enregelá-lo.

Augusto não discutiu. Enquanto comia, Laura pôs-se a reparar no filho, só agora se dando conta do bonito homem em que ele se transformara.

— Gostaria de ter tido netos — divagou ela, soltando um suspiro. — Pena que você não os pôde me dar.

— Sou padre. Não posso ter filhos.

— Não precisava ter sido assim. Se você não... — calou-se, temerosa das próprias palavras.

Ele engoliu o suco de laranja, sentindo uma pontada de raiva, que conseguiu dominar. Pelo visto, era hora de ter com a mãe a conversa que vinha evitando desde sua chegada.

— Você e papai praticamente me obrigaram a ir para aquele seminário — disse com raiva. — E a senhora, se bem me lembro, morria de orgulho de ter um filho padre.

— Isso foi depois que... você sabe.

— Sei o quê?

— Olhe, meu filho, acho que não é hora de revolvermos o passado. Seu pai se foi, não me sinto com ânimo para discutir essas coisas.

— Mas foi a senhora quem começou!

— Não devia ter dito nada.

— A senhora está se escondendo atrás da morte de papai para não conversar comigo. Do que tem medo? Que eu lhe cobre o futuro que não tive? O veterinário que não fui?

— Pensei que gostasse de ser padre.

— Eu gosto. Mas não era esse o meu sonho. Nem posso dizer que era o de papai ou o seu.

— Eu não queria que você fosse — balbuciou ela, chorosa.

— No começo, não queria. Mas depois, comecei a sentir um certo orgulho. A carreira monástica é muito bonita.

— Tem razão. Mas será que você nunca se perguntou se essa vida era para mim?

— E não era?

— Não sei. Nunca me questionei sobre isso. Por medo, simplesmente aceitei o destino que vocês me impuseram e acabei me acostumando. Tem o lado bom de ajudar as pessoas. Sempre gostei de ajudar as pessoas.

— Então, meu filho? O sacerdócio não lhe fez bem? — ele não respondeu. — Você hoje tem uma vida da qual pode se orgulhar, coisa que não teria se...

Ela nunca conseguia concluir as frases de suas suspeitas, como se tivesse vergonha até de pensar no futuro de Augusto se não fosse a Igreja.

— Se o quê? — insistiu ele, irritado. — Se o quê?

Vendo a irritação dele aumentar, Laura se remexeu constrangida. Olhos baixos, sussurrou:

— Você sabe.

— O que eu sei, mãe? Que a senhora e papai selaram meu destino só porque julgavam que eu não era homem? Pensavam que eu era pederasta, bicha, veado?

Ela abriu a boca, chocada, e tentou protestar:

— Não fica bem um padre usar essa linguagem, ainda mais na frente da mãe.

— Sou um homem primeiro, mãe! Com todo respeito que tenho pelos homossexuais, não sou um deles. Nunca fui!

— Não é porque a Igreja o salvou.

— Não sou porque isso não está em mim! E, ainda que fosse, não era motivo para vocês me mandarem para o seminário contra a minha vontade. Mas o fato é que não sou. Nunca se perguntou por que eu, durante todo o tempo em que estive no seminário, jamais me envolvi em escândalos com outros garotos?

— Porque padre Antônio não descuidava de você.

— Não, mãe! Porque nunca senti desejo por outro homem. Nunca! O que tive com Reinaldo foi fruto de uma amizade pura, que você e papai conseguiram manchar com suas suspeitas maldosas. Com seu preconceito, sua moral distorcida, fizeram seu próprio julgamento e me condenaram a uma vida de privações que eu não teria seguido se tivesse a oportunidade de escolher.

— Não é justo você me acusar. Você mesmo disse que gosta da Igreja. Por que está me dizendo essas coisas?

— Porque sou homem — repetiu ele. — E, quer a senhora e a Igreja gostem ou não, sinto desejo pelas mulheres.

— Você não pode falar assim!

— Eu não devia, concordo. Mas posso, porque é o que sinto. A minha vida inteira me reprimi por medo de algo que não sou, acreditando que era, porque vocês me convenceram que sim. Eu era criança, não entendia nada e tive medo. Não queria queimar no fogo do inferno. Hoje sei que tudo não passou de um equívoco, uma insanidade. Nunca me interessei por garoto nenhum no seminário porque, mesmo sem saber, sempre fui heterossexual.

— Não acredito. Você está falando isso só para que eu me sinta mal. Sendo padre, você pode dizer que é qualquer coisa, porque não tem como provar.

— Estou falando porque é a verdade. E não preciso provar nada. Cada um é do jeito que é. Eu sou heterossexual, repito sem nenhuma chance de errar.

Laura ocultou o rosto entre as mãos e começou a chorar.

— Eu não sabia — angustiou-se. — Seu pai e eu só queríamos proteger você, evitar que caísse na perdição, que vivesse em pecado com outros homens.

— Hoje não acredito mais nessas coisas. Acho que as pessoas têm o direito de ser o que são sem ninguém para julgá-las.

— Mas meu filho, é errado!

— O erro está em criticar e tentar modificar a natureza do próximo. Se tem uma coisa que aprendi no sacerdócio, ouvindo tantas confissões, é que o valor do ser humano está no equilíbrio do seu coração. As distinções da carne foram criadas pelo homem. Deus não diferencia ninguém.

De olhos baixos, Laura só conseguiu balbuciar:

— Achávamos que estávamos fazendo o melhor para você. Perdoe-me se erramos tentando acertar.

Laura caiu num abatimento maior do que o que vinha vivendo. Durante toda sua vida, perguntara-se se haviam agido corretamente, Jaime sempre a tranquilizara dizendo que sim. Ela sentia orgulho do filho, porque ele se tornara um padre de respeito, um homem de Deus, superando, em definitivo, aquelas tendências malignas. Esse fora seu conforto, a compensação pela falta de netos, de alguém que desse continuidade ao nome da família. Agora, depois de tantos anos, depois que Jaime se fora, Augusto aparecia e lhe atirava aquelas coisas na cara, fazendo-a sentir que errara em sua maior decisão e que tudo, toda a sua vida, poderia ter sido diferente.

IMPULSOS DO CORAÇÃO

Na mesma hora, Augusto sentiu que havia ido longe demais. Exagerara em suas palavras, em suas acusações. De que adiantavam as cobranças naquela altura da vida? A mãe e o pai só fizeram o que achavam que era certo. Nada diferente do sacerdócio parecia aceitável. Ele, o único filho, repositório de todos os seus sonhos e desejos, não correspondia às expectativas que haviam traçado para ele. Não era culpa sua, não era culpa de ninguém. Se cada um é como é, cabia a ele tentar compreender e aceitar a posição dos pais, principalmente porque, como sacerdote, há muito descobrira aquela verdade.

— Não, mãe, sou eu que peço perdão — tornou ele, sinceramente arrependido. — Não devia tê-la acusado. Acho que a vontade de Deus, no fim, sempre se faz. Nós é que nos iludimos com as nossas escolhas. No fundo, está tudo certo na vida.

Ele se levantou para abraçá-la, pousando a cabeça dela em seu peito e permitindo que ela desabafasse ali o pranto amargurado.

— Eu não sabia de nada disso — desculpou-se. — Devia ao menos ter imaginado, ter-lhe dado uma chance. Fomos precipitados, estragamos a sua vida. Você, um homem bonito, hoje podia estar casado, com filhos, exercendo a profissão de veterinário com a qual sempre sonhou.

— Deixe para lá, mãe. Não tem importância. Agora já está consumado. Fiz os meus votos, exerço o sacerdócio com responsabilidade e amor. O que poderia sentir por uma mulher, substituo pela minha dedicação aos fiéis. Sou feliz assim.

— Se fosse feliz de verdade, não teria me dito nada disso. Você gostaria de ter tido uma vida comum.

— Gostaria, mas não foi possível. Hoje estou acostumado à vida que tenho e gosto dela. Não pretendo mudar.

— Nem se conhecer uma mulher por quem se apaixone?

Ele engoliu em seco. Os olhos encheram-se de lágrimas, que ele susteve à custa de muito esforço.

— Nem assim — afirmou indeciso.

Augusto fez o que pôde para consolar a mãe e impedir que ela se consumisse ainda mais com a culpa. Todavia, a verdade fora revelada, tornando impossível fingir que nada havia sido dito. Em seu íntimo, Augusto se perguntava se o pai também se arrependeria se soubesse.

No mundo invisível, Jaime permanecia adormecido, sem ouvir o diálogo entre o filho e a mulher. Só muito mais tarde é que lhe foi permitido acessar o registro daquela conversa, para que o conhecimento da verdade lhe provocasse a reflexão.

Ao ouvir o filho falar sobre sua vida, sobre o que realmente era, Jaime sentiu imenso remorso. Tal qual acontecera com Laura, teve certeza de que roubara de Augusto a oportunidade de ser feliz. Percebia que fora cego, preconceituoso, intransigente, irascível. Reconhecia, sobretudo, o tamanho do seu orgulho, que o impedia de aceitar as pessoas como elas realmente são, mesmo que diferentes do que ele achava que elas deveriam ser.

Sem falar em Reinaldo. Ele era como era, a violência fazia parte ainda de seus instintos. Mas Jaime se sentia triste por ter fornecido parte das ferramentas com as quais ele construiu seu destino de crueldades.

Jaime arrependia-se de sua intolerância. Ninguém pode ser responsabilizado pela atitude do outro, mas há de assumir sua parcela de colaboração no desequilíbrio do mundo. E Jaime assumia a sua. Por isso, orava constantemente para que tanto o filho quanto Reinaldo se reconciliassem com a vida, o que o ajudaria a conciliar-se com sua própria consciência.

CAPÍTULO 25

Mesmo sem planos de namorar Rafaela, Gérson sentiu-se atingido em sua honra e masculinidade. Sob a influência do vinho de jurema, ela pronunciara várias vezes o nome Augusto, mas a última coisa que ele esperava era que o namorado dela fosse um padre. Não sentia propriamente ciúmes, contudo, ela o evitara por causa de um homem que usava saias. Não deixava de ser uma comédia e uma tragédia ao mesmo tempo. Aborrecia-o a perda da presa para alguém com quem jamais deveria competir.

No dia em que padre Augusto estivera no hotel, ele não se atreveu a confrontá-lo. O choque fora por demais paralisante. Agora, porém, era preciso tomar uma atitude. Rafaela não podia simplesmente despedi-lo como se ele fosse um mero empregadinho. Era uma questão de orgulho, de hombridade, de amor próprio. O pai jamais o perdoaria se engolisse aquela derrota, permitindo que uma mulherzinha à toa o usasse e descartasse quando bem entendesse.

Quando as batidas soaram na porta do quarto, Rafaela já sabia quem era. Abriu-a lentamente e defrontou-se com um rapaz transfigurado pelo despeito. Os olhos de Gérson pareciam de outra pessoa, suas atitudes haviam adquirido um ar arrogante, a modulação da voz era indício seguro de raiva.

— Quero falar com você — ele foi logo dizendo.

— Hoje, não, Gérson. Não me sinto muito bem.

— Brigou com o namoradinho, foi?

— Lamento, Gérson, mas estava indo para o chuveiro — desculpou-se, tentando fechar a porta.

Com o pé entre a porta e o portal, tornou com sarcasmo:

— Vai se perfumar para o padreco, vai? O que há? Ele não gosta de sentir em você o cheiro de sexo de um homem de verdade?

— Quanta grosseria! — disparou. — Onde aprendeu esses modos tão vulgares?

— Com garotas da sua espécie, vagabunda!

— Chega, Gérson — ela forçou a porta, mas ele a impediu. — Dê-me licença, por favor. Não temos mais o que conversar.

— Não, vadia, exijo uma explicação. Uma prostituta na cama de um padre? Essa é boa!

Ele avançou para ela, que recuou aterrada. Estava tão transtornado, cheirando a álcool, que ela teve certeza de que ia lhe bater. Gérson segurou-a pelos braços e, olhar colérico, bradou:

— Não sou homem que se possa chutar quando bem quer!

— Pare com isso, Gérson — pediu ela. — Não sou sua mulher, não sou nada sua. Nós só transamos, só isso.

— Vagabunda! — rosnou ele, ao mesmo tempo em que lhe acertava um tapa.

O golpe foi tão inesperado que Rafaela tombou para trás, caindo com estrondo e machucando as costas na quina da mesinha de cabeceira. Minúsculas gotas de sangue pontilharam seus lábios que, na mesma hora, começaram a crescer com o inchaço. Entre a dor e a humilhação, ela

IMPULSOS DO CORAÇÃO

tentou gritar, mas a proximidade dos pés dele não lhe permitiu abrir a boca. Uma nova onda de dor percorreu o seu corpo quando o bico da bota acertou-lhe o estômago.

Rafaela se encolheu toda, tentando proteger o rosto dos pontapés que ele desferia de forma tão violenta e desenfreada. Não compreendia por que ele estava agindo daquela forma. Não lhe prometera nada, não lhe dera esperanças, não era sua namorada.

Tomado pelo álcool, Gérson extravasava a raiva do orgulho ferido. Naturalmente, era uma pessoa agressiva, embora costumasse agir de forma carinhosa com as mulheres, desde que não o provocassem. Quando isso acontecia, transfigurava-se na fera que atendia apenas aos instintos.

— Mulher nenhuma me dá o fora ou me troca por outro — continuou irado. — Muito menos uma piranha feito você, e logo com um padreco idiota.

Os golpes cessaram subitamente, porque Gérson foi arrancado de junto de Rafaela. Por entre as lágrimas, ela só teve tempo de ver a ponta da calça negra de Augusto, puxando-o para trás.

— Saia daqui, verme! — esbravejou ele, dando um murro em Gérson e atirando-o porta afora.

O rapaz caiu no gramado, mas logo se levantou, avaliando o adversário com ar hostil e feroz. Augusto estava de frente para ele, punhos cerrados, olhar intimidador.

— Veio em defesa da vadia, foi? — provocou Gérson.

— Vá embora daqui — tornou o padre, em tom ameaçador. — Não me obrigue a tomar uma atitude que vai contra os meus princípios, porque, creia-me, se tentar algo novamente, eu o farei. Não hesitarei em expulsá-lo daqui a pontapés.

Gérson não disse nada, limitando-se a olhar para o padre com raiva e medo. Era muito valente com as mulheres, contudo, os homens sempre lhe impunham respeito. Não gostava de apanhar nem de ter que engolir a vergonha da derrota. Aquele padre, decididamente, era mais alto e mais forte do que ele.

Com ar de desdém, que procurava manter para não dar mostras da covardia, Gérson cuspiu no chão e arrematou com desprezo:

— Pode ficar com ela. É uma porcaria mesmo e já foi muito usada. Fique com os restos.

Mais que depressa, rodou nos calcanhares, ganhando a estradinha que levava aos estábulos, com medo de que alguém chegasse e presenciasse sua covardia. Augusto nem esperou que ele sumisse de vista. Voltou-se para dentro e fechou a porta, correndo para onde estava Rafaela.

A menina conseguira se sentar na cama, esfregando as costas doloridas. O rosto, roxo e inchado, ardia com o sal de suas lágrimas, enquanto os lábios machucados tremu-lavam no ritmo do choro.

— Meu Deus — lastimou ele. — O que foi que esse monstro fez com você?

Rafaela agarrou-se a ele aos prantos. Nunca havia passado por situação semelhante.

— Desculpe-me, padre — choramingou ela. — Não devia ter saído com ele. Devia ter escutado o senhor...

— Chi! Deixe isso para lá. Venha, vou ajudá-la a se le-vantar e limpar essas feridas. Está doendo muito?

Ela assentiu e protestou magoada:

— Não sei o que aconteceu. Gérson entrou aqui, começou a me ofender e me bater.

O pranto fez com que ela engasgasse, e Augusto a abraçou com ternura. Levou-a ao banheiro, ajudou-a a lavar o rosto. De volta ao quarto, colocou as coisas dela na mala e observou:

— Não podemos dar parte na polícia. Era o que esse su-jeitinho merecia, mas você não pode se expor.

IMPULSOS DO CORAÇÃO

— Sei disso e nem é essa a minha intenção. Só o que quero é sumir daqui.

— Está tudo pronto para partirmos. Eu só preciso fechar a conta.

— Tenho medo de ficar sozinha.

— Tranque a porta quando eu sair e não abra em hipótese alguma. Não me demoro. No caminho, passaremos numa farmácia, e comprarei um remédio para pôr no seu rosto.

Assim que ele saiu, Rafaela passou a chave na fechadura e sentou-se na cama para esperar. A cada ruído do lado de fora, sobressaltava-se, achando que Gérson havia voltado para pegá-la. Para tentar aplacar o medo, proferiu uma longa e silenciosa oração, que só interrompeu quando ouviu a voz de Augusto chamando-a do lado de fora.

A oração deixou-a mais calma. Ela abriu a porta e saiu com a mala, que Augusto tomou de suas mãos. Seguiu amparando-a, caminhando devagar por causa da dor que a pancada nas costas causava.

— Será que quebrou alguma costela? — aventou Augusto. — Talvez seja melhor pararmos num hospital.

— Não precisa — objetou ela, receosa. — Foi só o baque. Vou ficar bem.

Em instantes alcançaram o carro. Augusto acomodou-a no banco da frente, cobrindo-a com a manta. Queria partir dali o mais depressa possível, temendo que o escândalo atraísse a atenção de alguém que, por sua vez, acabasse chamando a polícia.

Mais que depressa, Augusto deu a partida e saiu apressado, guiando o automóvel até a rua principal, à procura de uma farmácia. Nem reparou que Gérson os observava à distância, remoendo o ódio e o despeito. A sorte, contudo, urdia a seu favor. Alheio às questões militares e políticas, o garoto nem de longe imaginou que Rafaela fosse uma fugitiva do regime, caso contrário, tê-la-ia entregado às autoridades.

— Já vai tarde — ruminou para si mesmo, de certa forma aliviado.

Aquela foi a última vez que Rafaela e Augusto ouviram falar de Gérson, para quem a moça nada mais fora do que uma vagabunda da cidade grande que serviu apenas a sua diversão.

Na primeira drogaria, Augusto encostou o carro e foi comprar gaze, algodão, água oxigenada e mertiolate. Dentro do veículo mesmo, desinfetou e esterilizou o machucado, retirando a mão sempre que ela deixava escapar soluços de dor. O local da pancada nas costas estava mais dorido do que os demais, contudo, não havia fraturas visíveis. Augusto não era médico, mas apalpou os ossos de Rafaela com cuidado, de forma a certificar-se de que nada estava quebrado.

— Está com um hematoma feio aí — observou ele. — Mas vai passar.

— Vai, sim — concordou laconicamente, já que a vergonha não lhe permitia dizer muita coisa.

Augusto passou-a para o banco de trás e ajeitou a manta sobre ela. Acariciou seus cabelos, deu-lhe um sorriso encorajador. De volta ao volante, colocou o carro em movimento, logo alcançando a autoestrada. Aquele fora um grave incidente que deixara Rafaela visivelmente abalada. Não podia mandá-la embora de sua casa daquele jeito. Precisaria esperar até que ela se recuperasse psicologicamente antes de prepará-la para um futuro longe dele.

Com o balanço do automóvel, ela logo adormeceu, deixando Augusto a sós com seus pensamentos. Nunca, em toda a sua vida, imaginara-se vivendo uma situação tão inusitada quanto aquela. O rapaz merecera aquele murro, contudo, não era de seu feitio agredir ninguém. Sempre pregara que a paz era a única solução possível para o ser humano, que todos os conflitos deveriam ser resolvidos com diálogo, compreensão e paciência. Agora, porém, via-se fazendo exatamente o oposto daquilo em que realmente acreditava.

A visão de Rafaela sendo agredida por aquele bruta-montes revoltara-o além do limite da tolerância. Era uma covardia sem precedentes, um rapaz forte como aquele batendo numa menina franzina e frágil feito Rafaela. Não teve alternativa. Precisava agir para evitar que ele matasse Rafaela.

Pensando bem, fora muita sorte ele ter vencido a febre. A mãe insistira para que ficasse na cama mais alguns dias, contudo, ele não quis. A conversa com ela havia desgastado-o a ponto de ele desejar se afastar por uns tempos. Ao acordar, como a febre havia cedido, juntou suas coisas e partiu.

Ele ajeitou o retrovisor, de forma a visualizar o rosto ferido de Rafaela. A emoção tomou conta dele, um medo atroz o abalou: será que poderia viver sem ela?

CAPÍTULO 26

Já era tarde quando chegaram a casa. Rafaela estava dormindo, e Augusto a acordou gentilmente. Assim que ouviram o ruído do automóvel, Nelma e Cláudio vieram lá de dentro, ambos demonstrando genuína surpresa ao se depararem com o rosto arroxeado de Rafaela. Atrás deles, Spock apareceu abanando o rabo, pulando alternadamente nas pernas de Augusto e de Rafaela.

— Jesus! — exclamou padre Cláudio. — O que foi que lhe aconteceu?

Enquanto Augusto se abaixava para pegar o cãozinho, a desculpa aflorou, rápida, em sua mente:

— A culpa foi minha. Não devia ter deixado Rafaela sozinha no hotel. Tentaram assaltá-la.

— Minha Nossa Senhora! — espantou-se Nelma.

— Não foi nada — falou Rafaela, sem graça. — Já estou bem.

— Entraram no seu quarto? — interessou-se Cláudio, que não acreditara naquela história.

— Foi — respondeu ela, de forma lacônica.

IMPULSOS DO CORAÇÃO

— Você esqueceu a porta aberta?

— Ela pensou que era eu e abriu — esclareceu Augusto, intimamente pedindo perdão a Deus pela mentira. — Foi hoje mesmo, na hora de virmos embora. Ainda bem que nada mais sério aconteceu.

— Aposto como foi algum tarado — observou Nelma, num tom onde se percebia uma leve acusação. — Também, uma moça sozinha num hotel...

— Deixemos isso para lá — pediu Augusto, entrando em casa e depositando o cachorro no chão. — Tenho que apanhar as malas.

— Eu o ajudo — ofereceu-se Cláudio.

Os dois foram para o lado de fora. Rafaela sentou-se no sofá, batendo com as mãos nas coxas para chamar Spock. O cão deu um salto e se aninhou no colo dela, visivelmente feliz com a sua chegada. A cena deixou Nelma ainda mais irritada. Fora ela que sempre cuidara dos cães de padre Augusto, e agora Spock não lhe dava muita importância. Gostava dela, mas estava claro que Rafaela era sua preferida.

— Você andou aprontando das suas, não foi? — insinuou Nelma, maldosamente. — Aposto como se envolveu com algum malandro e apanhou dele.

A capacidade de percepção de Nelma era espantosa, deixando Rafaela, a princípio, intimidada.

— Eu, hein! — procurou objetar. — Você tem cada uma...

Nelma não disse mais nada, porque Augusto e Cláudio entraram carregando a bagagem.

— Será que tem alguma coisa para comermos? — questionou Augusto. — Estamos morrendo de fome. Não tivemos tempo de comer nada.

— Imagine se eu deixaria o senhor sem jantar — protestou Nelma. — Assim que o senhor ligou dizendo que vinha, tratei logo de preparar-lhe algo especial.

— Ótimo. Janta conosco, Cláudio?

— Sim, obrigado — respondeu o padre.

— Vou pôr a mesa — avisou Nelma. — Não demoro.

— Enquanto isso, acho que vou tomar um banho — falou Rafaela.

— Vá — concordou Augusto. — Vai lhe fazer bem. Depois, irei eu.

Quando se reuniram na sala novamente, Nelma exibia orgulhosa a mesa posta para o jantar com os pratos vegetarianos preferidos de Augusto. Rafaela acostumara o estômago às delícias da cozinha mineira do hotel, então, o cozido de legumes lhe pareceu insosso e sem graça. Contudo, não se queixou. As costas doíam imensamente, e ela nem conseguia comer direito. Tampouco queria dar a Nelma motivos para continuar com suas acusações.

Rafaela se recolheu logo após o jantar, com Spock em seu encalço. A posição incômoda da viagem agravava a dor das feridas, e tudo o que ela mais queria era uma cama macia para repousar. Nelma também foi para o quarto, deixando Augusto a sós com Cláudio.

Nenhum dos dois queria dizer a primeira palavra. Parecia que tinham medo do que poderiam dizer. Cláudio, porém, incomodado com o silêncio, iniciou uma conversa que procurou tornar direta e franca:

— Vocês cometeram alguma loucura?

— Não.

— O que houve realmente com Rafaela?

— Não posso dizer. Ela me pediu segredo em confissão.

— Você não viu o que lhe aconteceu? — ele não respondeu. — Você não tem nada a ver com isso, tem?

— Como assim? — indignou-se. — Por acaso está sugerindo que fui eu que bati nela?

— Não sei.

— Isso é um absurdo! Você me conhece, Cláudio. Sabe que sou totalmente avesso à violência. E jamais bateria numa mulher.

IMPULSOS DO CORAÇÃO

— Numa mulher comum, não.

— Rafaela não é uma mulher comum?

— Você está apaixonado por ela. Isso mexe com a cabeça de qualquer um. Que dirá de um padre.

— Essa é uma ofensa sem precedentes — queixou-se irritado. — Nada no mundo me faria levantar a mão para uma pessoa, muito menos uma mulher. E se algum dia bati em alguém, peço a Deus que me perdoe, mas tenho certeza de que foi em legítima defesa.

Havia uma angústia bastante significativa no timbre de voz de Augusto, algo que Cláudio, com sua experiência, não deixou de perceber.

— Sinto-o atormentado — revelou. — Não quer se abrir comigo?

— Não posso. Não tenho o direito de falar da vida de Rafaela.

— Nem em confissão?

— Só posso confessar os meus atos e pensamentos.

— Está bem. Não precisa falar, se não quiser. Mas não sou tolo. Essa história de que ela foi agredida não me convenceu. Se fosse realmente isso, você não faria tanto mistério.

Augusto encarou Cláudio com desgosto e procurou justificar:

— Rafaela é só uma menina... Não sabe bem o que faz.

— Uma menina que já experimentou o sexo não é mais tão menina. É uma mulher. E mais experiente do que você.

— Quem foi que disse que ela já experimentou o sexo?

— Não sou tolo, Augusto. Ninguém precisa me dizer.

— Por que a julga de forma tão implacável?

— Não a estou julgando. Preocupo-me apenas com a influência que uma moça liberada pode ter sobre você. Ainda mais agora, que ela está ferida e ainda mais fragilizada. Você se transformou no seu herói.

— Eu... — hesitou. — Não sei o que dizer...

213

— Você não pode negar que ela o está deixando confuso.

— Eu não nego — ele se agitou, passando as mãos nos cabelos. — Só não sei como proceder.

— No fundo, você sabe.

— Pensei em mandá-la para fora do país — revelou contrariado. — Talvez introduzi-la na *Esperança* novamente.

— A qualquer momento. Se quiser, eu mesmo cuidarei de tudo.

— Não! — objetou, veemente, para depois se acalmar. — Agora não. Não posso deixá-la nesse estado. É preciso primeiro que ela se recupere. Enquanto isso, vou preparando seu espírito.

— Se você esperar mais tempo, não conseguirá livrar-se dela.

— Não quero me livrar dela. Quero que ela fique bem e em segurança.

— Você tem que se preservar e sabe disso. Tanto que resolveu tirá-la daqui. Ainda bem. Mas ouça o que lhe estou dizendo: se esperar mais, pode esquecer. Ela vai envolvê-lo de tal forma que será difícil, senão impossível, mandá-la embora. Este é o momento.

— Mas ela está ferida! Como vai se virar aí fora, toda machucada?

— Ela só tem hematomas no rosto.

— E nas costelas também. Ela não lhe mostrou nem disse nada, mas o desgraçado quase lhe quebrou as costelas.

— Isso não importa, Augusto! — exasperou-se. — Você está arranjando desculpas para deixá-la ficar.

— Não estou. Ela precisa de mim.

— Ela precisa de qualquer um! Qualquer homem que a faça sentir-se segura! Será que não percebe isso? Por que acha que ela se envolveu com outro nessa viagem?

— Quem foi que lhe disse isso? — Augusto deu um salto, irritado.

IMPULSOS DO CORAÇÃO

— Ninguém precisa me dizer. Não nasci ontem, já vi muitas moças assim. Ela apanhou de algum vagabundo com quem se envolveu lá em Uberlândia, não foi? — silêncio. — Há quanto tempo ela está aqui, sem ninguém para dividir o leito? Na primeira oportunidade que teve, correu para os braços de um homem. E deu nisso. Estou certo ou errado?

Augusto pôs-se a caminhar de um lado a outro na sala, onde se desenrolava a conversa. De vez em quando, olhava para o corredor que levava ao porão, totalmente às escuras. Parecia que, a qualquer momento, Rafaela o surpreenderia naquela situação embaraçosa.

Não era mais possível, porém, negar a realidade. Cláudio era um homem esperto e vivido, não se deixaria enganar por uma desculpa esfarrapada como aquela. No fundo, tinha razão. Tudo que ele fazia não passava de justificativas para manter Rafaela ao seu lado.

— Eu a amo... — soluçou. — E sei que ela me ama também.

— Se eu achasse que vocês dois têm alguma chance juntos, dar-lhe-ia apoio. Até o incentivaria a deixar o sacerdócio. Só que não acredito na sinceridade dela. Rafaela só vai fazê-lo sofrer. Ela não é uma moça que se preste para o casamento. Tem o espírito indócil, é amante da vida fácil, vive a liberação sexual.

— Você a está chamando de prostituta?

— É claro que não! Não se trata disso. Ela é uma boa menina, só que muito avançada para você. Se fosse uma mulher mais velha e convencional, até poderia dar certo. Mas Rafaela vive em outro tempo. Essa modernidade que está aí leva os jovens pelo caminho do sexo e da droga.

— Rafaela não se droga.

— Por sorte. Mas quantos você conhece que o fazem?

— Isso não importa. Nada tem a ver com ela.

— Augusto, Augusto, abra os olhos. Que futuro você tem ao lado dessa moça? Então ela já não lhe provou que não o ama? Se o amasse de verdade, não teria ido correndo para a cama de outro.

— Ela estava se sentindo sozinha — justificou novamente. — Eu a deixei só.

— Não tem solidão que faça trair-se um amor. Você é o homem mais velho que lhe dá segurança e, com um pouco de sorte, poderá lhe dar prazer também. Mas ela não é mulher de se prender a ninguém. Imagine se você largar a batina por causa dela. Se ela não o trocar por outro, estará sempre traindo-o. É isso que você quer?

Augusto continuava sua caminhada solitária pela sala, derramando desespero por onde passava. Sem olhar para Cláudio, sussurrou vencido:

— Não.

— Pois então, não hesite. Mande-a embora enquanto ainda é tempo. As feridas dela não são empecilhos. Já demos fuga a gente em piores condições.

De tudo o que Cláudio dizia, apenas com uma coisa Augusto concordava: a precipitação dela em se deitar com outro homem. Mal se vira sozinha, correra para os braços de Gérson. Esse era um argumento poderoso, porque mexia com algo que Augusto recentemente descobrira em seu íntimo e contra o qual lutava com todas as forças: o ciúme.

Fora preciso conhecer uma mulher e se apaixonar para perceber o quanto era ciumento. Até então, não tinha motivos para sentir ciúmes de ninguém. Nem da mãe, nem dos amigos. Ao contrário, ficava feliz quando todos aqueles de quem gostava se davam bem.

Agora, o que sentia por Rafaela lhe trazia aquele sentimento novo e daninho, que corroía sua alma e confundia sua mente. Por mais que lhe fosse difícil, era obrigado a dar razão a Cláudio, principalmente porque lhe faltava a experiência necessária para lidar com as relações afetivas. Falava muito bem para os penitentes, mas quando a coisa se voltava para ele, tudo se revelava diferente.

IMPULSOS DO CORAÇÃO

— Você tem razão — desabafou, já sentindo a proximidade das lágrimas. — Mas é tão difícil!

— Ninguém disse que é fácil. Mas tem que ser feito.

— Como lhe direi isso? Ela vai ficar arrasada.

— Encontre um jeito. E deixe o resto por minha conta. Eu mesmo a levarei ao ponto de encontro.

Augusto assentiu, vivenciando uma derrota que só sentira uma vez, quando o pai o mandara para o seminário. Era a mesma sensação de perda, o mesmo vazio, a mesma impotência diante de uma fatalidade contra a qual não podia lutar. Com uma diferença: havia agora um elemento de incalculável importância, que antes não existia, isto é, uma pessoa, um ser humano que, mesmo diante de todas as controvérsias, ele não podia evitar de amar.

CAPÍTULO 27

Rafaela acordou tarde na manhã seguinte e deu de cara com o rosto carrancudo de Nelma. Padre Augusto, como era de se esperar, não estava mais em casa. Ela sentou-se à mesa com cuidado, evitando encostar as costas no encosto da cadeira.

— Está tudo bem? — quis saber Nelma, servindo-lhe o café da manhã.

— Minhas costas estão doendo.

— O que tem nas costas?

— Levei uma pancada.

— Foi o tal malandro?

Rafaela largou a colher com que mexia o leite e olhou-a com irritação. Tinha fome, mas a dor nas costas não lhe permitia ingerir muita coisa, e a conversa desagradável de Nelma embrulhara-lhe o estômago. Empurrando a xícara para o lado, levantou-se aborrecida.

Passou o dia lendo e brincando com Spock no quintal, esperando ansiosa pela chegada do padre. Quando ele voltou no fim do dia, correu ao seu encontro. Augusto, contudo, dispensou-lhe fria atenção.

IMPULSOS DO CORAÇÃO

— Como passou o seu dia? — perguntou solícito, porém, distante.

— Bem.

— Sente muita dor ainda?

— Mais ou menos.

— Vamos rezar para que fique boa logo.

Ele pediu licença e se trancou no quarto. Só saiu para tomar banho e na hora do jantar. Conversou amenidades, evitando ao máximo assuntos mais íntimos.

No dia seguinte, procedeu da mesma forma, limitando-se a fazer perguntas sobre o estado de saúde dela.

— Como está hoje?

— Estou bem. A dor está diminuindo bastante, a pele está clareando.

— E o inchaço?

— Também diminuiu. Veja.

Ele a examinou com olhar clínico, assentiu e continuou a comer. De vez em quando, Rafaela encarava-o com expressão interrogativa, que ele fingia não perceber. Quando terminou a refeição, limpou os lábios no guardanapo e, finalmente, olhou para ela.

— Acabe seu jantar e venha comigo até lá fora — falou com uma certa aspereza. — Precisamos conversar.

A atitude dele lhe causou medo. Por certo uma notícia desagradável estava por vir. Ela acabou de comer em silêncio e aguardou. Sem dizer nada, Augusto se levantou e fez sinal para que ela o seguisse, sentando-se de frente a ela à mesa do quintal.

— Vou tirá-la daqui — revelou de súbito, modulando a voz para não sair trêmula. — Nossos amigos da *Esperança* estão preparando sua fuga para o exterior. Em breve, você estará em segurança.

O choque foi tão grande que ela não conseguiu falar. Foi como se um espinho se houvesse atravessado em sua garganta, bloqueando as palavras. Só seus olhos conseguiram responder. Uma enxurrada de lágrimas rolou pelo seu rosto lívido e indignado. Vendo-a naquele estado, tão frágil e assustada, Augusto teve vontade de tomá-la nos braços, estreitá-la contra o peito, sussurrar em seus ouvidos que a presença dela o estava levando à loucura. Mas se conteve. Congelou os braços e a voz, com medo de fazer qualquer movimento que pusesse tudo a perder.

— Por quê? — finalmente ela indagou, a voz embargada pela dor. — Por que está fazendo isso comigo?

— É o melhor. Você não pode mais ficar aqui.

— Por quê? O que foi que eu fiz?

— Você está chamando a atenção. As pessoas já estão perguntando.

— Mentira. Ninguém sabe que estou aqui. O senhor não é de mentir. Por que não me diz a verdade?

— A verdade nem sempre deve ser dita. Por vezes a dor é mais forte do que a mentira.

— Isso é ideia de padre Cláudio, não é? Ele está fazendo a sua cabeça, colocando-o contra mim.

— Ninguém faz a minha cabeça! — objetou num ímpeto. — E certamente, não há quem possa me colocar contra você.

— Então por quê? Sei que o senhor gosta de mim. Não faça isso, não me mande embora.

— Já está tudo arranjado. Tenho amigos de confiança que irão cuidar bem de você.

— Eu não quero. Não posso viver longe de você! Por favor, deixe-me aqui. Prometo que vou ficar quietinha no meu canto. O senhor nem vai saber que eu existo.

— Isso é impossível — murmurou ele.

— Por piedade, não me abandone agora — desesperou-se ela, sem perceber a agonia que ia na alma dele. — O senhor sabe o que sinto e está tentando me punir.

— Puni-la? Jamais! Estou punindo a mim mesmo.

— Por quê? Por que não pode aceitar o fato de que nós nos amamos?

IMPULSOS DO CORAÇÃO

— Nunca mais diga isso! — exasperou-se ele, afastando de seus braços os dedos com os quais ela procurava tocá-lo.

— Eu o amo, padre, o senhor sabe disso. Não tenho culpa de ter me apaixonado. Não sei se é pecado ou não, mas não posso mentir para o meu coração.

— Você não sabe o que diz.

— Sei, sim. Por quantas noites sonhei com o senhor!

— Sonhou mesmo? — ele agora assumia um ar de desdém que, por mais que quisesse, não conseguiu disfarçar. — Tanto quanto sonhou com Gérson?

— Gérson não representou nada. Nem sei por que transei com ele.

— Não fale assim na minha frente! — esbravejou, levantando-se e dando-lhe as costas. — Não venha agora dizer que se deitou com ele pensando em mim.

— Mas é verdade. Quando estive nos braços de Gérson, era o seu rosto que eu via, o seu corpo que eu imaginava sobre o meu e dentro de mim.

— Cale-se, imunda! — rosnou, entre a ira e o tormento. — Não ouse mais conspurcar o meu lar com a sua devassidão!

Ela se assustou com a aspereza e a energia de raiva das palavras dele, só agora se dando conta do juízo que ele fazia dela.

— Por que me trata assim? — rebateu, misturando lágrimas de revolta e decepção. — Qual a necessidade de me ofender e me julgar? Não é você que vive dizendo que o julgamento pertence a Deus? Nem parece aquele padre compreensivo e cheio de ideias avançadas que conheci. Será que toda a sua doutrina é só da boca para fora?

— Não... — balbuciou confuso e arrependido. — Rafaela, perdoe-me. Excedi-me... não devia... Você tem razão. Não tenho o direito de julgá-la.

— Não consigo compreender o porquê dessa mudança. É ciúmes do que houve com Gérson? É isso?

Era, principalmente, isso, mas ele não podia lhe dizer.

— Estou me perdendo de mim mesmo — afirmou transtornado. — Distanciando-me de minha fé. Sou um sacerdote...

— E daí? O senhor é homem, antes de mais nada. E eu sou uma mulher que o ama desesperadamente. Amo-o tanto que, pelo senhor, sou capaz de relevar todas as ofensas que me tem dito. *Perdoai as nossas ofensas, assim como perdoamos a quem nos tem ofendido.* Não é assim?

— *Não nos deixeis cair em tentação* — completou, de forma dolorida. — E a única forma de resistir a ela é afastando-me de você.

— Pelo amor de Deus — suplicou ela, abraçando-o por trás. — Está me dizendo que vai me mandar embora porque quer transar comigo?

— Deixe-me em paz! — ele se desvencilhou, prosseguindo atormentado: — Você é só uma menina. Tão jovem e tão perdida...

— Não sou menina. Muito menos perdida. Eu o amo, não é possível que isso não signifique nada para você.

— O demônio age por muitas formas. Deus me dê forças para resistir a ele.

— Está me chamando de demônio? — ele não respondeu. — É isso o que sou para você?

— Faça você o seu próprio julgamento.

— Basta! — exasperou-se ela, cansada de tanta humilhação. — Não precisa dizer mais nada! Minha gratidão e meu amor pelo senhor não ultrapassam o limite da minha dignidade. Está muito errado no julgamento que, tão precipitadamente, faz de mim. Posso ser jovem e livre, mas sou uma mulher, não um demônio. Agradeço tudo o que fez por mim e espero um dia poder lhe retribuir. Mas não posso mais aceitar sua caridade e suas ofensas. Está na hora de me virar sozinha.

Augusto engoliu em seco e, sem encará-la, comunicou:

IMPULSOS DO CORAÇÃO

— Muito em breve, padre Cláudio irá levá-la ao galpão da *Esperança*.

— Não precisa — cortou ela rispidamente. — Não quero mais a sua piedade nem a sua ajuda. E pode ficar com a sua organização de intolerâncias. Vou embora agora mesmo. Não fico nessa casa nem mais um minuto. Chega de humilhação. Toda caridade do mundo não vale isso.

— Não posso permitir que saia sozinha.

— O senhor não pode me impedir. Se não posso cuidar de mim mesma, então não devia ter me metido nessa encrenca. Quer saber? Vou é me entregar. Não vai fazer diferença ser torturada pela polícia, os militares, ou quem quer que seja. Suas palavras, por si sós, já me torturam o suficiente.

Deu as costas a ele e entrou em casa furiosa. Nunca sentira tanta raiva em toda a sua vida. Augusto podia não gostar dela, mas não tinha o direito de humilhá-la nem ofendê-la. Aquilo não era atitude de um padre. Alguém que agia daquela forma tão mesquinha e cruel, com certeza, não merecia o seu amor.

Rafaela desceu ao porão feito uma bala, sem saber se devia arrumar suas coisas ou não. Afinal, nada do que possuía saíra do seu bolso. Tudo fora comprado por padre Augusto. Mesmo assim, achou melhor levar algumas peças de roupa. Não tinha intenção de se entregar, não ainda. Talvez procurasse Silmara e lhe pedisse ajuda. Com certeza, o tal coronel poderia indicá-la a algum amigo. Ser prostituta não era o sonho de ninguém, contudo, naquele momento, lhe parecia uma opção melhor do que a morte.

Colocou o que podia dentro da pequena mala que Augusto lhe cedera para a viagem a Uberlândia. Talvez a maleta não lhe fizesse falta, talvez ele não se importasse, como parecia não se importar com nada. Ela é que fora tola em apaixonar-se por ele. Mas quem pode impedir o coração de sentir?

No quintal, Augusto permanecia estático, sem coragem de se mexer. Fora longe demais, duro demais nas palavras que não traduziam o que ele sentia. Só o que queria era preservar seus votos sem se descuidar de Rafaela. Por isso, falara coisas que não expressavam seus sentimentos. E agora, ele a magoara de tal forma que parecia irreversível.

Talvez fosse melhor deixá-la partir. Rafaela, contudo, ameaçava entregar-se aos militares. Será que se atreveria a tanto? Ele achava que não. Contudo, mesmo que não o fizesse, era o que acabaria acontecendo. Sem ter para onde ir, não demoraria muito para cair nas mãos deles.

Com esse pensamento a atormentá-lo, tomou o caminho do porão. Passou pela cozinha sem fazer barulho, para não chamar a atenção de Nelma, que assistia televisão na sala. Em silêncio, virou a maçaneta da porta do porão. Não estava trancada, de forma que ele tomou as escadas sem emitir qualquer ruído.

Rafaela estava de costas, atirando roupas numa maleta. Não viu nem ouviu quando ele se aproximou.

— Rafaela — chamou ele gentilmente.

— O que quer? — perguntou com raiva, virando-se abruptamente. — Veio me humilhar mais um pouco?

— Não, eu... Perdoe-me. Não devia ter dito aquelas coisas.

— Não devia, mas disse. E doeu.

— Eu não falei sério.

— Falou. E se isso é tudo que pensa de mim, então o melhor mesmo é eu partir. Não tenho mais o que fazer aqui.

— Você não compreende.

— Não quero mais compreender nada. Não quero nem ter que continuar falando com o senhor. Será que dá para sair e me deixar terminar de arrumar minhas coisas?

— Você não pode ir embora. Não tem para onde ir, e a polícia vai prender você.

— Não estou ligando. Já disse que vou me entregar.

— Não faça isso. Eles vão torturá-la.

— Se tem medo de que eu denuncie a sua operação, pode ficar tranquilo. Não sou traidora. Morro antes de revelar o que sei a seu respeito.

IMPULSOS DO CORAÇÃO

— Não estou preocupado com isso. O que me preocupa é você.

— Sei que se preocupa, mas não precisa. Não sou tão menina quanto pensa. E agora, se me der licença, gostaria de terminar de arrumar minha mala em paz. Já está perdoado pelas palavras duras, se é com a sua consciência de padre que está preocupado. Pode sair, por favor.

Como Augusto não se movia, Rafaela olhou-o com irritação.

— Será que pode sair, por favor? — repetiu, aproximando-se e indicando-lhe a escada atrás dele.

Havia ódio em seus olhos, um ódio que era fruto do amor e da decepção. Ela estava impaciente, as narinas fremindo com a raiva, as mãos se agitando, rebeldes. Quando ela passou em frente a ele, Augusto não conseguiu mais resistir. Naquele momento, toda a limitação do sacerdócio não foi suficiente para sufocar o amor e o desejo que sentia por ela e que o arrependimento fizera revelar.

De forma inesperada, Augusto enlaçou-a pela cintura e trouxe-a para junto de si, beijando-a com ardor. Rafaela se debateu em seus braços, lutando para se soltar, mas Augusto segurou-a firme, empurrando-a às cegas pelo porão. Suas pernas encontraram a cama, ela tombou sobre a mala, a dor nas costelas impedindo-a de respirar.

— Eu a amo — sussurrou ele, numa fúria incontida. — Amo, amo, amo...

Enquanto falava, ia beijando-a, até que ela se entregou, alheia à dor física. Pela primeira vez, Augusto experimentou o sexo e o amor de uma mulher. Foi um momento de alegria e medo, de culpa e paixão. Ao final, a exaustão dominou seus músculos. Augusto desabou ao lado dela, chorando feito uma criança. Diante do desespero dele, achando que se arrependera, Rafaela tentou se levantar, empurrando para o lado o braço que ele estendia sobre seu corpo.

— Não precisa se preocupar com isso também — gaguejou ela, chorando junto com ele. —Será mais um segredo seu que levarei para o túmulo.

Augusto não permitiu que ela se levantasse. Agarrou-se a ela e deixou que o pranto saciasse o desespero.

— Não vá embora, Rafaela — rogou de forma sentida. — Perdoe-me por tudo o que lhe disse. Eu estava com medo. Nunca antes havia sentido nada semelhante por pessoa alguma. Quis afugentá-la da minha vida por covardia. Agredi você, ofendi-a com palavras que estão longe de revelar o que sinto. Menti. Senti-me um canalha, um espectro perdido entre as sombras do homem e do padre, sem saber como definir a que lado pertencia. Você é a mulher que eu adoro. Não é uma menina, muito menos imunda ou demônio. É a mulher que meu coração escolheu para amar...

Apesar de magoada, a sinceridade dele era tanta que Rafaela não hesitou em acreditar. Mais do que as palavras, ouvia seu coração.

— Você foi muito duro — choramingou ela. — Logo comigo, que o amo tanto!

— Eu sei, perdoe-me mais uma vez — suplicou ele, beijando a ponta de seus dedos.

— Não precisava ter me humilhado tanto. Talvez seja melhor mesmo partir. Agora você é um, mas depois que o impacto desse momento passar, tenho medo de que me trate mal novamente.

Ele deu um salto por cima dela e se jogou ao chão. De joelhos, implorou:

— Fique comigo, por favor. Juro pela minha vida que nunca mais vou tratá-la dessa forma. O que fiz foi por medo e covardia. Mas agora aceito o que sinto. Amo-a de forma tão intensa e verdadeira que preferiria a morte em lugar de deixá-la.

— Você diz isso agora, no calor da paixão. Mas como será depois, quando vier o arrependimento, e a culpa o atormentar?

IMPULSOS DO CORAÇÃO

— Se preciso for, deixo a batina.

— Não acredito. Por mais que diga que me ama, sei que seu senso de dever para com a Igreja é muito grande.

— Digo que a amo porque é verdade. Nunca antes experimentei sentimento semelhante.

— Não está confundindo as coisas? Tentando me proteger?

— Quero protegê-la, sobretudo, porque a amo.

Ele a tomou nos braços novamente, e o beijo que se seguiu transmitiu a ela todo seu amor. Rafaela não tinha como duvidar da veracidade dos sentimentos dele. Agora compreendia o porquê de sua reação tão dura. Ela o amava também. Os dois tinham tudo para ser felizes juntos, não fosse o fato de que ele era um padre, e ela, uma fugitiva.

— O que vamos fazer? — tornou ela, demonstrando todo o seu medo.

— Esperar. Enquanto eu estiver sob a proteção da Igreja, nada irá nos acontecer.

Ela o abraçou emocionada, já esquecida da dor, e prosseguiu:

— Nelma vai me detestar ainda mais do que detesta.

— Nelma é uma boa pessoa, fiel a mim em todos os sentidos. Mas não acho que seja prudente deixar que ela perceba. Por enquanto, temos que manter segredo de todos.

— De padre Cláudio também?

— Principalmente dele, embora ache difícil. Padre Cláudio tem um jeito desconcertante de adivinhar as coisas.

— Faremos o possível.

Augusto a abraçou novamente, dessa vez com cuidado para não lhe causar mais dor. Nunca se sentira tão feliz em sua vida. Nada valia mais a pena do que a descoberta do amor e estar ao lado de Rafaela.

Percebeu então que por ela seria capaz de qualquer coisa.

CAPÍTULO 28

Adormecida no leito, Rafaela pairava em corpo astral poucos centímetros acima do físico, embalada pela leveza proporcionada pelo ato sexual pleno. Não demorou muito para que os olhos etéreos se abrissem lentamente, fixando-se na figura esguia que a fitava ao lado. O susto levou seu corpo astral a se empertigar, pondo-a de pé em frente a Carlos Augusto.

— Olá, minha querida — cumprimentou ele.

— Augusto! — exclamou Rafaela, envergonhada por se encontrar com ele logo após o ato sexual. — Você aqui?

— Vim ver como está.

— Veio só?

— Dessa vez, vim. Paulina está ocupada com outros assuntos.

Ela abaixou os olhos e cobriu o corpo diáfano, puxando a camisola transparente para cima do colo.

— Não é o que você está pensando... — desculpou-se constrangida.

IMPULSOS DO CORAÇÃO

— Não estou pensando nada — contrapôs ele, natural-mente. — Por que você se culpa tanto?

— Não está aborrecido por eu ter dormido com padre Augusto?

— É claro que não. Já disse que o amor que nos une é fraterno. Só o que me preocupa é o seu bem-estar. Por isso, vim aqui para tentar orientar seus pensamentos por um ca-minho de transformação sem dor.

— Eu vou ser presa? — ele assentiu. — Como você sabe disso?

— De onde estou, posso ver muitas coisas.

— Você tem premonições ou previsões do futuro?

— O tempo é apenas uma ilusão criada pela mente hu-mana para compreender a vida. No cosmo, contudo, passado, presente e futuro são simultâneos, acontecem ao mesmo tempo.

— Não compreendo.

— Há duas maneiras de se transitar pelo tempo. Podemos acessá-lo mentalmente ou ultrapassar a barreira das di-mensões e levar o corpo físico a um mundo paralelo a este em que estamos.

— Como assim? — espantou-se.

— As dimensões que existem no universo são infinitas, e cada uma delas vive em um tempo da história mundial ou pessoal de cada ser humano. É como várias fotografias ti-radas em sequência, sendo que cada uma revela um mo-mento de vida.

— Não sei se estou entendendo. Você quer dizer que há várias de mim vivendo em dimensões diferentes?

— Isso mesmo. E cada uma numa etapa diferente da sua vida.

— Se eu saltar para uma dessas dimensões, vou ver a mim mesma? — ele assentiu. — Posso interagir comigo?

— Depende. Em corpo astral ou mental, você será apenas observadora. Em corpo físico, poderá interagir com seu outro eu.

— É assim que se prevê o futuro?

— Quando se abre uma janela para outro tempo, é possível apenas espiar para ele. É o mais comum, pessoas fazem isso a todo instante. É por isso que o futuro pode acontecer de várias maneiras, porque há muitas dimensões vivendo coisas distintas. E o que se realizará nesta dimensão vai depender das crenças pessoais ou da humanidade, já que o futuro será atraído pela modulação de pensamentos do ser humano, individual ou coletivamente considerado.

— Você quer dizer que há chance de modificarmos o futuro?

— De modificarmos, não. De realizá-lo de outra maneira, tal qual ele está materializado em outra dimensão.

— Como?

— O futuro não é uma coisa imposta à humanidade, mas uma formação individual ou coletiva, decorrente das crenças de cada pessoa ou povo. Daí porque, potencialmente, existem vários futuros possíveis, que podem ser diferentes em dimensões diferentes, já que nada impede que as pessoas de outros planos tenham outras ideias e outros sentimentos. Mas existe uma tendência de que as coisas se repitam numa dimensão tal qual acontece em outra, porém, isso não é absoluto. É por isso que muitas previsões e premonições não se realizam, dando a impressão de que o futuro pode ser alterado. Mas ele não é alterado. É realizado segundo um outro parâmetro, uma outra possibilidade. Do contrário, tudo seria predeterminado e não teríamos vontade própria.

— Mas não podemos modificar o passado.

— Nessa dimensão, não. Apenas em outra. Se você altera o passado de uma dimensão paralela, estará modificando

IMPULSOS DO CORAÇÃO

o futuro daquela outra dimensão, na qual você até poderá viver, já que, muito provavelmente, seu outro eu escolheu o mesmo caminho.

— Parece coisa de ficção científica.

— A ficção científica, muitas vezes, é feita por homens que, em algum momento, vislumbraram as coisas do futuro ou do passado sem nem se dar conta disso. Pensam que tudo saiu da sua mente, não sabem que espiaram por uma dessas janelas e retrataram a realidade de outras dimensões e até de outros planetas. Você vai ver que várias invenções tecnológicas que hoje aparecem apenas nos filmes de ficção científica, daqui a alguns anos, existirão realmente.

— Isso tudo é muito complicado.

— Mais ou menos. Usando a inteligência sem preconceitos nem racionalismo extremo, ficará mais fácil. É preciso ter a mente aberta para se compreender os mistérios da vida.

— Por que está me dizendo tudo isso? Para me explicar que me viu presa, mas em outra dimensão, e que eu posso mudar meu destino?

— Exatamente. Tudo vai depender do seu poder interior, daquilo em que acredita, da liberação das culpas. Se você se mantiver atormentada pelas escolhas do passado, não vai conseguir evitar o sofrimento.

— O que posso fazer? — choramingou ela, sentindo o pânico se aproximar. — Não quero sofrer.

— Conscientemente, ninguém quer. Mas você está atraindo essa situação porque não consegue se perdoar.

— Você se perdoou?

— Só depois de sofrer, lamentavelmente. Atraí a tortura e a morte por causa de minhas atitudes pretéritas, pois em outra vida fui um soberano cruel, que mandava torturar e matar meus inimigos. Até aquele momento, não consegui me perdoar e escolhi a experiência para, através do sofrimento, eliminar de uma vez por todas o sentimento de culpa.

— E conseguiu?

— Consegui. Infelizmente, não pude fazer de outra forma, pois não estava pronto nem maduro. Hoje consigo enxergar assim, mas lamento que você ainda esteja presa a essa necessidade de dor.

— Por quê? Por que tenho que passar por isso?

— Não tem. É por isso que estou aqui para alertá-la. Você pode mudar, se quiser.

— Como? Libertando-me de culpas do passado que eu nem conheço?

— Você conhece. Pode não se lembrar delas, mas a sua alma retém todas as experiências pretéritas. E suas culpas funcionarão como magnetismo e atrairão alguém que a delatará aos militares.

— O quê? — assustou-se, levando a mão ao coração. — Quem é? Quem fará isso comigo?

— Não posso lhe dizer, não importa. Não estou autorizado a retirar de você a oportunidade de reverter os pensamentos para uma escolha mais saudável e feliz. Se você ainda mantiver a crença de que a dor é o melhor caminho, nada do que eu fizer irá afastá-la desse destino. Se você evitar aquele que supostamente lhe trará o mal, outros tomarão o seu lugar para que se cumpra a sua programação de vida. Não adianta lhe dizer o nome da pessoa. O que você precisa é modificar o seu interior, acreditar que esse sofrimento não é inevitável. Tenha em mente que você poderá sofrer não pela palavra do delator, mas pelo poder que dá a ele, como instrumento de purificação de suas culpas — ele fez uma pausa e arrematou: — Tenho que ir agora. Estou sendo chamado.

— Não! Augusto, por favor, não me deixe assim. Diga-me quem é esse inimigo, para que possa me defender.

IMPULSOS DO CORAÇÃO

De forma suave, Carlos Augusto reconduziu-a de volta ao leito. Juntou as mãos dela nas suas e beijou-as gentilmente.

— Estarei orando por você e enviando-lhe pensamentos de luz. Confie em Deus, sobretudo, e em si mesma. Você não precisa sofrer.

— Tenho medo...

Aos pouquinhos, o espírito desvaneceu-se no ar, deixando em seu rastro um halo branco e brilhante.

— Augusto, não vá — chamou ela, tentando alcançá-lo com os dedos. — Augusto! Augusto!

Rafaela acordou com o padre segurando no ar suas mãos que se agitavam.

— Estou aqui, Rafaela — disse ele com ternura. — O que foi que houve? Teve algum pesadelo?

Ela se assustou ao vê-lo, tentando encaixar a mente, ainda impressionada pelo sonho, na realidade física. Aos poucos percebeu que o Augusto que a fitava não era o mesmo por quem chamara.

— Estranho — divagou ela. — Estava sonhando com Carlos Augusto.

— O seu namorado? — retrucou ele, mordido pelo ciúme, seu velho conhecido. — Era por ele que chamava?

— Não sei exatamente.

De forma muito rápida, Augusto conseguiu conter o ciúme e abraçou-a com paixão, sentindo o corpo dela tremular em seus braços.

— Preciso voltar para o meu quarto — anunciou ele. — Já é tarde e, embora quisesse muito, não posso dormir com você.

— Que bom que ainda está aqui — desabafou ela, esquecendo-se do sonho e voltando para ele toda sua atenção. — Tive medo de dormir e você desaparecer.

— Isso nunca irá acontecer. De agora em diante, darei um jeito de estarmos sempre juntos.

De volta ao seu quarto, Augusto atirou-se na cama, todo o seu corpo impregnado pelo perfume de Rafaela. Estava apaixonado, não pretendia mais esconder esse fato de si mesmo. Não tinha como negar ou evitar. Sentia remorso e culpa por estar violando seus votos, mas o amor carnal era algo poderoso, muito mais do que qualquer dogma religioso.

Era um conflito extremo aquele em que se envolvera. Gostaria de continuar a exercer o sacerdócio quase tanto quanto queria ficar com Rafaela. Augusto passou o resto da noite refletindo, pesando os prós e os contras, fazendo um balanço de sua vida. Não podia, naquele momento, abandonar a Igreja. Era através dela que a *Esperança* agia sem levantar suspeitas, salvando muitas vidas. Em nome desse movimento, Rafaela teria que esperar.

CAPÍTULO 29

Todas as noites, depois que Nelma se recolhia, Augusto descia as escadas do porão e entregava-se a um amor desesperado, consumido pela paixão. Era um sentimento confuso, mas verdadeiro e pleno, que preenchia cada partícula dos corpos de ambos. Estavam apaixonados, e o desejo nada mais era do que o fruto dessa paixão.

As noites maldormidas não passaram despercebidas por Nelma. Por mais que Augusto não descuidasse de suas tarefas, a criada o conhecia muito bem. As finas olheiras que começavam a se formar não deixavam dúvidas do cansaço.

— O senhor precisa se cuidar — disse ela ao almoço. — Está ficando pálido e magro.

— Estou bem, Nelma — respondeu ele, evitando olhar para Rafaela. — Um pouco cansado, é só.

— Isso não está certo. O senhor é um ser humano. Tem que ter tempo para o repouso também. Não é só trabalho, trabalho, trabalho...

— Concordo com você, Nelma — acrescentou Rafaela. — Padre Augusto tem trabalhado demais.

235

Havia um tom jocoso na voz dela que Nelma não percebeu. Como nem de longe passava pela sua cabeça que o padre estivesse envolvido com uma mulher, Nelma não notava os sorrisos abafados, as trocas de olhares disfarçados nem os casuais esbarrões que, constantemente, um dava no outro. Augusto era um padre acima de qualquer suspeita. Por mais que Nelma não confiasse em Rafaela, tinha certeza de que ele estava muito além dos prazeres da carne.

Mesmo assim, quando as olheiras começaram a surgir, Nelma resolveu tomar uma atitude. Sem que ele soubesse, procurou padre Cláudio e participou-lhe suas preocupações.

— O senhor sabe como padre Augusto é responsável — disse ela. — Mas não está direito fazer como ele faz. Não sei por que fica acordado até tão tarde. Penso que só pode ser por causa da escola... Agora veja, se ele ficar doente, quem vai dar aula no lugar dele? E as missas? Padre Augusto devia pensar nisso.

— Pode deixar comigo — tranquilizou Cláudio. — Falarei com ele.

Depois que Nelma saiu, o padre quedou-se pensativo. Realmente, a atitude de Augusto era muito estranha. Há muitos anos exercendo o sacerdócio e o magistério, nunca tivera uma estafa. Conhecedor das necessidades do corpo, sempre se cuidara e dedicara o tempo necessário ao repouso. A *Esperança* atravessava um período calmo, com poucos casos para resolver. O que havia então que consumia suas horas de descanso? A resposta era uma só e bastante clara.

Não devia ser por outro motivo que Augusto, inexplicavelmente, adiara a partida de Rafaela. Viera com uma história de que ela não estava pronta, de que era muito jovem e insegura para viver sozinha no exterior. Pedira-lhe tempo para prepará-la, mas o tempo só servira para permitir que acontecesse o que ele mais queria evitar.

IMPULSOS DO CORAÇÃO

No outro dia, quando Augusto terminou de dar a última aula, encontrou Cláudio esperando-o no corredor. Cumprimentou-o com um leve aceno de cabeça, seguindo em sua companhia até a sala dos professores.

— Preciso falar com você — anunciou Cláudio.

— Algum problema?

— Não sei. Você é quem irá me dizer.

Augusto guardou o material didático no armário e encarou Cláudio, nitidamente percebendo uma leve reprovação em suas palavras.

— Não tenho nada a lhe dizer — objetou, forçando um tom natural.

— Soube que você não tem dormido direito.

— Soube? Quem lhe disse isso? Nelma? — ele não respondeu. — Só pode ter sido ela. Há dias, vem se preocupando desnecessariamente.

— Será?

— Eu estou bem. Não quero que ninguém perca tempo se preocupando comigo.

— Se está bem, então, por que essas olheiras? — Silêncio. — É por causa dela, não é?

— Dela quem?

— Não se faça de desentendido. Você sabe muito bem de quem estamos falando.

— E se for? — irritou-se.

— Você cedeu à tentação da carne?

Augusto tentou desviar o olhar e sentou-se a uma mesa na cantina, para onde haviam se dirigido sem perceber. A seu lado, Cláudio esperava uma resposta.

— Eu a amo — confessou Augusto inesperadamente.

Cláudio cerrou os olhos e jogou a cabeça para trás, ciente do dilema que deveria enfrentar.

— Nós dois sabíamos que isso ia acontecer — disse desanimado. — Era só uma questão de tempo.

237

— Sei que isso vai contra todos os meus votos, mas não pude evitar. Amo-a como nunca amei ninguém em minha vida.

— Você nunca amou realmente. Acho que nem sabe o que é isso.

— Como não sei? O que sinto por Rafaela é real.

— Será mesmo? E o que pretende fazer?

— Não sei ainda. Nesse momento, não posso deixar a Igreja. Pessoas dependem de mim.

— Não acredito que você esteja pensando em abandonar o sacerdócio por causa de uma aventura!

— Rafaela não é uma aventura! Será que você não entendeu que eu a amo?

— Você sabe que esse amor é impossível. E o seu voto de castidade?

— E o seu? Você também cedeu à mesma tentação.

— Mas não cometi o erro de me apaixonar. Mulher nenhuma vale a minha vocação.

— Não estou mais seguro de minha vocação.

— Augusto, pense bem. O que essa moça está fazendo com você?

— Nada. Nos apaixonamos, já disse.

— Acabe com isso enquanto ainda é tempo. Vamos providenciar a fuga dela, como planejamos antes.

— Não. Não posso mais permitir que ela se vá.

— Por quê? Para continuar fornicando às escondidas?

— Você faz parecer que nosso amor é uma coisa suja.

— E não é? Você é padre, fez voto de castidade. Não pode manter uma amante escondida em casa para atender seus prazeres pessoais.

— Não se trata disso! — protestou com raiva.

— Você já teve o que queria. Dormiu com ela, experimentou o sexo. Não acha que agora já chega?

— Você não entende. Rafaela e eu nos amamos. É de verdade, é para sempre.

IMPULSOS DO CORAÇÃO

— Não é de verdade, muito menos para sempre.

— Você não está dentro de mim para saber.

— Acredite-me, eu sei. Já vi isso muitas vezes antes.

— Está errado.

— Será mesmo? Volto a dizer que você está se iludindo. Rafaela o ama porque você é o herói da vida dela. Depois que tudo isso acabar, ela vai embora e nem vai se lembrar de que você existiu. Ou talvez comente com as amigas como foi divertido seduzir e se deitar com um padre. Não são todas as mulheres que têm esse privilégio.

— Agora está sendo sarcástico e cruel. Rafaela não é assim. Tenho certeza de que me ama.

— Gostaria muito que você estivesse certo. E mesmo que esteja, mesmo que ela o ame como você diz, ainda assim, você não pode tê-la e à Igreja ao mesmo tempo. Tem que escolher. Ou fica com Rafaela, ou com o sacerdócio. Não posso compactuar com um desrespeito aos votos que você fez diante de Deus. Você sabia que era assim quando entrou e aceitou porque quis.

— Pensa que não sei disso? Acha que não me culpo, dia e noite, por estar nos braços de uma mulher? Mas é mais forte do que eu. Não posso evitar. Um amor assim não pode ser pecado.

— Não é pecado entre pessoas normais. Mas você não é normal. Escolheu consagrar sua vida a Deus. Tem que assumir a responsabilidade perante os juramentos que fez de livre e espontânea vontade.

— Você está sendo intransigente.

— Sou seu amigo — afirmou ele, mudando o tom de voz e apertando o ombro do outro. — Antes de mais nada, sou seu amigo. Contudo, não posso me dissociar do sacerdócio que exerço há tantos anos. O que falo é para o seu bem.

— Só eu sei o que é para o meu bem.

— Tenho minhas dúvidas.

— Por favor, Cláudio, não me vire as costas num momento como esse. Você é meu único amigo.

— Não vou lhe virar as costas. Não concordo com o que você faz, mas não vou me colocar contra você. Rezo apenas para que você enxergue a verdade e ponha logo um fim nessa loucura. Ainda podemos mandá-la em segurança para a Europa.

— Não vai contar nada a ninguém?

— É claro que não! Estou silenciado pelo sigilo da confissão e pela lealdade a um amigo.

— Não lhe contei essas coisas em confissão.

— Mas é como se fosse. E, como disse, sou seu amigo, acima de tudo. Nada me faria trair nossa amizade.

Augusto fitou Cláudio com emoção e arrematou comovido:

— Obrigado. É muito bom poder contar com você.

— Não conte comigo para acobertar essa loucura. Conte comigo para aconselhá-lo e ouvi-lo. Nada mais.

— Farei isso. Obrigado novamente.

Trocaram um abraço fraterno e se separaram. As palavras de Cláudio pareciam sinceras, e Augusto respirou mais aliviado. No fundo, aquela conversa lhe fizera bem. Desafogara a angústia do peito, embora não amenizasse o conflito. O dilema persistia: ou Rafaela, ou a Igreja. As duas coisas, sabia que não podia ter.

CAPÍTULO 30

Reinaldo deu um trago no cigarro e soltou a fumaça espiralada no ar, observando os anéis esbranquiçados penetrarem uns pelos outros. Deitado no escuro, divertia-se com a sombra produzida pela luminosidade escassa que penetrava pela janela e incidia sobre a fumaça, lembrando fantasmas disformes desvanecendo no ar. A seu lado, o rapazinho de dezoito anos dormia placidamente. Reinaldo fitou-o com repulsa. Era assim depois que terminava o ato sexual. Fazia o que queria com os rapazes e depois os repelia, enojado com a sua presença.

Sempre fora cauteloso em suas escolhas. Gostava muito de jovenzinhos, mas tomava o cuidado para não se envolver com nenhum menor de idade. Fazia questão de ver a identidade dos garotos, a fim de não se meter em encrencas. Era um policial militar, tinha que dar o exemplo, e um escândalo de pedofilia deixaria uma nódoa indelével em sua ficha funcional, valendo-lhe até, quem sabe, a exoneração do cargo.

Enquanto o menino dormia, Reinaldo se levantou sem fazer barulho e vestiu-se rapidamente. Acostumado àquelas saídas furtivas, não teve problemas em deixar o apartamento do rapaz sem ser notado. Desceu pelo elevador e entrou no carro estacionado em frente. O dia agora começava a nascer, deixando um imenso vazio no peito de Reinaldo. Tivera tantos amantes e por nenhum se apaixonara.

A caminho de casa, pensava no jornalista, sem saber que sombras espessas o acompanhavam durante todo o percurso, saciadas com a carga densa e escura que emanava da aura dele. Sugado por espíritos vampirizadores, sentiu o incômodo do cansaço e aborreceu-se. Reinaldo não gostava de dormir.

Quando entrou em seu apartamento, foi direto à cozinha preparar um café, para afugentar o sono. As poucas horas que dormira ao lado do rapaz tinham que ser suficientes. A campainha soou, e Reinaldo olhou pelo olho mágico. Do lado de fora, Paulão aguardava com impaciência.

— O que foi que houve? — indagou, assim que a porta se abriu.

— Onde você esteve a noite toda? — questionou Paulão, pisando forte ao entrar. — Procurei-o por toda parte.

— Não dormi em casa.

— Ah! Seu malandro, quem é a gata?

Por que todos tinham que pensar que um homem só podia dormir fora se fosse com uma mulher? Reinaldo mordeu os lábios com força e virou as costas a Paulão.

— Não é ninguém importante — respondeu com frieza.

Na cozinha, a água ferveu. Reinaldo coou o café, ofereceu uma xícara a Paulão e esperou.

— Vim aqui para lhe trazer um comunicado — iniciou Paulão. — Sei que hoje é seu dia de folga, mas tinha que vir avisá-lo.

— De quê?

IMPULSOS DO CORAÇÃO

— Prendemos o motorista do general Odílio.

A notícia despertou-o mais do que o café. Reinaldo endireitou as costas e retrucou interessado:

— O que ele fez?

— Seu carro foi detido numa batida policial. E adivinhe!

— O quê?

— Ele estava transportando passaportes falsos, alguns milhares de dólares e passagens aéreas para a Inglaterra.

— Não me diga! — impressionou-se.

— Sabia que você ia gostar de saber.

— Ele já foi interrogado? — Paulão assentiu. — Disse alguma coisa?

— Afirma que fez tudo sozinho. Quer nos convencer de que o general não tem nada a ver com isso.

— Essa é boa. Como ele conseguiria passaportes falsos e dinheiro?

Paulão deu de ombros e acrescentou:

— O homem é corajoso. Está levando a culpa sozinho.

— Ele vai falar. É tudo uma questão de tempo, você vai ver.

— Estamos trabalhando nisso.

— Qual o nome dele?

— Alfredo.

— O general já sabe que ele foi preso?

— Ainda não. Mas vai saber. Quando a ficha dele cair em suas mãos, vai bater direitinho em nossa sala.

— Temos que evitar isso. Por enquanto, não fiche o homem. Deixe-o comigo, e o general na ignorância. Vai ser bom.

Reinaldo terminou o café, tomou banho e saiu com Paulão, sentindo-se revigorado. Com ele, as sombras também vibravam ante a iminência de se beneficiarem com a energia pesada das salas de tortura. Reinaldo esqueceu que era sua folga, pois não queria perder a oportunidade de interrogar Alfredo pessoalmente. Aquela operação lhe pertencia. Fora ele quem montara todo o esquema de vigilância de Odílio. Tinha o direito de aproveitar cada momento de sua prisão e tortura.

Quando entrou na sala de interrogatórios, o homem estava desmaiado no chão, o rosto, uma massa disforme de carne e sangue. Reinaldo puxou o sujeito pela gola da camisa manchada, sem que ele reagisse. Fora bastante machucado, e Reinaldo teve medo de que talvez não resistisse.

— É preciso pegar leve com ele — alertou irritado. — Não queremos que ele morra antes de entregar o verdadeiro traidor.

Alfredo foi deixado sozinho em sua cela e até recebeu tratamento em suas feridas, tudo para que se recuperasse e estivesse em condições de fornecer as valiosas informações sobre o general. Sem provas robustas, Reinaldo não se atreveria a colocar as mãos nele. Odílio era um general poderoso, muito influente, cuja prisão somente seria autorizada mediante provas irrefutáveis de sua participação no movimento contrarrevolucionário.

Pena que o tal Alfredo não fora preso dirigindo o carro do patrão, mas o seu próprio. Tudo teria sido mais fácil e seguro se o automóvel flagrado fosse o do general. Mesmo assim, fora um grande avanço. Reinaldo estava certo de que, mais cedo ou mais tarde, arrancaria a informação que tanto desejava.

Dois dias depois, seu superior recebeu um telefonema do general Odílio, buscando informações sobre o paradeiro de seu motorista. Para evitar um possível reconhecimento de Reinaldo, que poderia ter sido visto na igreja de padre Augusto, Paulão foi mandado para falar com ele, numa sala com escutas.

No gabinete contíguo, Reinaldo e outros agentes escutavam toda a conversa.

— Muito bem, general, em que posso ser-lhe útil? — começou Paulão.

IMPULSOS DO CORAÇÃO

— Não sei se você poderia me ajudar. Estou procurando meu motorista, que desapareceu faz dois dias.

— Sei. Como é o nome dele?

— Chama-se Alfredo de Souza Coelho.

— Nunca ouvi falar. E não entendo, general. Por que procurá-lo aqui? Por acaso ele é subversivo?

— É claro que não! — o rosto do general se avermelhou imediatamente. — Mas ele pode ter sido induzido a erro por alguém.

— Induzido a erro?

— Alfredo é muito ingênuo. Faz tudo para todo mundo sem nem perguntar. Imagine você que, certa vez, aceitou levar um pacote para um conhecido quando viajava a São Paulo. E sabe o que tinha no pacote? — Paulão meneou a cabeça. — Maconha. Foi um transtorno, é óbvio, mas conseguiram prender o verdadeiro traficante, e ele foi solto.

— Desculpe, general, mas esse Alfredo me parece um tanto idiota.

— Ele é. Coitado.

— E o senhor acha que ele pode ter sido induzido a que, exatamente?

— Não sei. Mas assim como levou a maconha, pode ter sido usado para transportar materiais ilícitos.

— Do tipo...

— Não sei. Estou apenas supondo.

— Bem, general, lamento, mas ele não está aqui.

— Tem certeza?

Por mais que Paulão tivesse vontade de gritar com o general, tinha que manter o respeito à patente dele e respondeu com forçada educação:

— Certeza absoluta. Para cá somente são trazidos os inimigos da pátria. Se esse não é o caso do seu motorista, devia procurá-lo em outro lugar. Aconselho-o a acionar a polícia e pedir uma investigação formal. Ele pode ter sido vítima de meliantes.

245

— Farei isso — arrematou o general, que não se convencera com as informações de Paulão. — A mulher está transtornada.

— Imagino.

— Bem. Obrigado, capitão, pela sua ajuda. — Odílio se levantou, e Paulão, junto com ele. — Passar bem.

Com uma continência respeitosa, Paulão abriu a porta para ele. Quando voltou para dentro, a porta lateral se abriu, e Reinaldo entrou.

— O que achou? — indagou, sentando-se na cadeira que antes fora ocupada pelo general.

— Ele está com medo.

— Também senti isso pelo tom de sua voz. O homem está apavorado.

— É claro que ele sabe que Alfredo foi preso.

— Lógico! E toda aquela conversa de motorista ingênuo. A quem ele pensa que engana?

— Ele está desesperado. Será que vai fugir?

— A casa dele está sendo vigiada. Enquanto isso, vou retomar minha conversinha com Alfredo.

Em breve Reinaldo voltou a interrogar Alfredo, utilizando-se de métodos violentos para obter as respostas que desejava. Alfredo, contudo, não abria a boca. Quanto mais apanhava, mais silenciava. Sua lealdade ao general era extraordinária.

Aquilo, porém, não era obstáculo para Reinaldo. Ele até gostava dos mais renitentes. Podia assim descarregar sua fúria sem maiores indagações. Quando deixou o homem inconsciente no chão e voltou para sua sala, com a ficha dele nas mãos, tinha certeza de que saberia o que fazer para convencê-lo a falar.

CAPÍTULO 31

Havia um carro parado do outro lado da rua, em frente à igreja de Augusto. No lado do motorista, Reinaldo tamborilava no volante ao ritmo da música que saía do rádio, consultando o relógio sem esboçar qualquer emoção. Finalmente, depois de cerca de meia hora, o general Odílio surgiu na esquina, peito estufado, de braços dados com a mulher.

Reinaldo saltou do carro assim que o casal entrou na igreja. Agindo o mais naturalmente que lhe foi possível, entrou também e sentou-se no último banco. O general foi imediatamente para o confessionário, ajoelhando-se do lado do penitente e puxando a cortina, que lhe encobria somente o flanco. Do lado de fora, a mulher esperava, a única naquela igreja vazia.

O que Reinaldo mais desejava, naquele momento, era ouvir a conversa do general com o padre, do traidor com seu salvador. Não havia nenhuma suspeita pairando sobre Augusto, cuja organização *Esperança*, de tão bem esquematizada, era desconhecida e sequer imaginada.

Ninguém nunca ouvira falar na *Esperança*, diante do sucesso absoluto de suas atividades. Dos perseguidos políticos levados à fuga, apenas Rafaela não conseguira escapar. E ela, onde estava, não representava nenhuma ameaça ao movimento.

A confissão foi prolongada, e Reinaldo aguardou pacientemente. Há muito aprendera, em sua profissão, que a paciência era uma qualidade essencial ao sucesso de suas operações. Quando o general saiu, a mulher entrou. Vendo-o sentado no banco, Reinaldo teve que conter o desejo de atirar-se sobre ele e esmurrá-lo até a morte. Estava difícil fazer o motorista falar e ainda não fora possível pôr a mão em seu trunfo. Mas não iria tardar.

A mulher levou bem menos tempo do que o marido, e os dois saíram de braços dados, caminhando pela nave da igreja como dois inocentes pombinhos. Reinaldo não os encarou, tampouco eles o fitaram. Seguiram em frente e saíram.

De onde estava, Reinaldo viu a cortina do lado do padre se abrir, e Augusto surgiu como uma visão radiosa. Seu coração saiu do ritmo, a respiração falhou por momentos. Como podia um homem tão lindo ocultar-se debaixo da batina? Foi preciso muito esforço para centrar-se em sua missão e deixar de lado a paixão platônica pelo padre.

Augusto já havia cerrado a cortina dos dois lados e iniciara o caminho para fora da igreja, quando a voz de Reinaldo soou atrás dele:

— Augusto.

Ele se virou espantado, para ver quem o chamava apenas pelo nome, imediatamente reconhecendo o interlocutor.

— Reinaldo! Só podia ser você. Não o vi chegar.

— Eu estava sentado ali no fundo — com o dedo, apontou para o banco onde estivera. — Não queria atrapalhá-lo em suas confissões.

IMPULSOS DO CORAÇÃO

— Tomara que não tenha esperado muito.

— Um pouco. Seu penitente tomou bastante do seu tempo, não foi? É comum um general demorar-se tanto assim?

A pergunta não agradou a Augusto, que retrucou desconfiado:

— Quem foi que lhe disse que atendi um general?

— Ele é uma pessoa conhecida — disfarçou.

— Você o conhece?

— No meu ramo, conhece-se muita gente.

— Pensei que você fosse advogado civilista.

— E sou.

— Achei que não se envolvia com militares.

— Não me envolvo, mas conheci alguns por intermédio de amigos que militam nessa área. E esse aí, já vi algumas vezes, embora nunca tenhamos sido apresentados. Quando o vi entrar em seu confessionário, estranhei, pois pensei que essa gente nem tivesse religião.

— Você se apressa em seus julgamentos. Há gente religiosa em qualquer lugar.

— Ser religioso não significa ser uma pessoa de bem. Muitos pensam que a religião os absolverá da falta de caráter para com os homens.

— Por que diz isso? — estranhou Augusto.

— Não sei. Não simpatizei muito com esse general Odílio. Nas poucas vezes em que o vi, me pareceu uma pessoa pouco confiável.

— Não entendo o seu interesse no general. Ele é uma pessoa de bem.

— Será? — Augusto não respondeu. — Ouvi dizer que o motorista dele sumiu.

As duas sobrancelhas de Augusto se ergueram ao mesmo tempo, e uma desconfiança atroz fez estremecer suas palavras:

— Quem lhe contou isso?

— Como disse, conheço muita gente. Pessoas ligadas ao governo, que comentam certos detalhes à mesa de um bar, depois de uma dose ou outra.

Augusto silenciou, mortificado pelo alerta dos sentidos. Havia algo de muito errado na conversa de Reinaldo. Se ninguém sabia do desaparecimento de Alfredo, como o fato podia estar sendo comentado nas rodinhas de bares, entre amigos?

— Não compreendo... — balbuciou Augusto, cuidando para não falar além do necessário. — Como é que essas pessoas sabem desses detalhes?

— Ora, há gente muito bem informada no governo, sabia?

— E você se dá com essa gente?

— *Me* dou com todo mundo. Faz parte da minha profissão.

— Sei. E o que mais esses seus amigos tão bem informados do governo lhe falaram do general?

Agora foi a vez de Reinaldo se surpreender com a astúcia do padre. Augusto estava invertendo as coisas, tentando utilizá-lo para descobrir o quanto o governo sabia do general.

— Nada — respondeu em tom neutro. — Afinal, o general também é do governo, e seus pares não iam revelar todos os seus segredos. Só o que soube foi isso: que o motorista do general desapareceu inexplicavelmente. Disseram que ele esteve no quartel à procura do rapaz — ele fez uma pausa e acrescentou com curiosidade: — Por que será que ele foi procurá-lo justo no quartel?

— Não sei.

— Será que o rapaz está envolvido em alguma atividade subversiva? — Augusto não respondeu, cada vez mais assustado com Reinaldo. — Só pode ser isso. Esse general deve ter culpa no cartório. O que você acha?

— Não acho nada.

— Ele não lhe contou?

IMPULSOS DO CORAÇÃO

— O que ele me contou está protegido pelo sigilo da minha profissão. Não posso revelar-lhe nada.

— É claro que não. Nem eu queria isso. Falei por falar.

— Entendo.

Pela reação de Augusto, estava claro que Reinaldo fora longe demais. Empolgara-se com a investigação e quase deixara escapar o que não devia. Resolveu mudar de assunto:

— E você? Como vão as coisas?

— Estou bem.

— Eu sempre tive uma curiosidade, Augusto.

— Qual é?

— É verdade mesmo que os padres não fazem sexo com ninguém?

Era a segunda vez que Reinaldo vinha com aquele assunto, para desagrado de Augusto. Ele suspirou rapidamente e, fazendo um muxoxo, respondeu:

— Não devem. Se fazem ou não, é problema de cada um.

— E você? Já fez?

— Com todo respeito, Reinaldo, não vejo em que isso possa lhe interessar.

— Desculpe-me pela indiscrição. Foi apenas curiosidade.

— Não faz mal.

— Eu... conheci uma pessoa — segredou. — Acho que estou apaixonado.

— É mesmo? — retrucou Augusto, feliz por mudarem de assunto. — Isso é muito bom.

— Não sei. Não sei se essa pessoa sente o mesmo por mim.

— Por que não lhe pergunta?

— Não posso.

— Você devia se declarar. É melhor saber logo o que ela sente por você. Assim não alimentará ilusões inúteis ou, do contrário, poderá ser feliz mais depressa.

— Tenho medo de que ela me rejeite. Acho que tem um outro amor.

Sem deixar transparecer, Reinaldo referia-se a Augusto, considerando outro amor sua paixão pelo sacerdócio.

— Penso que a pior coisa é a dúvida. Eu, no seu lugar, não perderia tempo. A sinceridade conduz o homem por bons caminhos.

— Nem sempre. Às vezes a gente se dá mal.

— Isso é uma ilusão. Só se dá mal quem ainda não compreende o que é verdadeiro no mundo. São aquelas pessoas que pensam apenas em si, nos seus prazeres e interesses. O ouvinte pode distorcer as verdades que ouve, mas o que é sincero em sua fala está protegido pela natureza, que não conhece mentiras.

— Suas palavras são muito bonitas e sábias, padre, mas não são para mim. Ainda sou um homem do mundo, ao contrário de você, que vê na purificação da alma o caminho para Deus.

— O caminho para Deus pertence a todos, embora os que invistam na iluminação da alma mais rápido se libertem e mais rápido cheguem até Ele. É uma escolha pessoal. Mas todos, sem exceção, estão nessa jornada pela libertação.

— Ouvi-lo é uma tentação para a alma do pecador. Gostaria de acreditar que as coisas são assim, mas não consigo. Não creio no que não posso ver nem ouvir.

— Não sente a presença de Deus?

— Não. Deus é apenas uma abstração criada pela mente de pessoas que não conseguem aceitar a inevitabilidade da injustiça e buscam confortar sua dor. Só os tolos se deixam envolver por essa mentira que é Deus.

Se Augusto pudesse enxergar além do mundo físico, veria que as sombras que acompanhavam Reinaldo davam gargalhadas na porta da igreja. O ambiente imantado do templo bloqueou-lhes a entrada, não impedindo, contudo, que vissem e ouvissem o que se passava lá dentro. Reinaldo fazia exatamente o que elas queriam: afastava-se cada vez mais de Deus, mergulhando fundo num abismo de treva e prepotência.

Augusto achou melhor não enveredar por aquele caminho. Insistir na ideia de Deus causaria irritação em Reinaldo, levando-o, consequentemente, a refutar sua existência.

— Cada discípulo tem o seu mestre — arrematou Augusto friamente. — E muitos são aqueles que se propõem a dar lições de ignorância, fazendo da verdade um privilégio da arrogância. Segue-os quem tem os olhos fechados e prefere mantê-los assim, para não ter que se defrontar com suas próprias atitudes nem delas prestar contas à vida.

Reinaldo olhou-o admirado, sem saber ao certo o que ele queria dizer com aquilo.

— Está me chamando de ignorante? — atacou.

— Não — foi a resposta seca. — E agora, Reinaldo, se me der licença, tenho que ir. Preciso preparar minhas aulas da tarde.

Augusto despediu-se de Reinaldo com um frio aperto de mão. Não sabia o que o incomodara mais: se as perguntas sobre o general Odílio ou o ataque gratuito a Deus. De qualquer modo, tinha que respeitar a crença ou a falta de crença dos outros e não lhe cabia julgar. Rezar por ele seria a melhor solução.

Quanto a Reinaldo, a conversa com o padre o deixara ainda mais irritado. Não conseguira apurar nada do general, mas ficara com a impressão de que Augusto o desvendara.

Efetivamente, Augusto saíra da igreja com a desconfiança abrigada em seu peito. O general fora procurá-lo para avisar do desaparecimento do motorista, pedindo a ele que alertasse sua organização para uma possível fuga, assim que ele descobrisse o paradeiro do rapaz. Estranhamente, Reinaldo aparecera justo naquele momento, fazendo indagações comprometedoras sobre Odílio e Alfredo.

Um medo pulsante agitou suas células, levando Augusto a tremer. E se Reinaldo fosse um espião a serviço dos militares? Poderia descobrir não só a verdade sobre Odílio, mas o esconderijo de Rafaela. Tinha que avisar o general, contudo, não quis ligar de sua casa. Se os militares estivessem atrás de Odílio, sabendo que ele era seu confessor, podiam muito bem ter grampeado seu telefone.

Seguiu até a paróquia de Cláudio, que rezava uma missa de sétimo dia, e foi para a sacristia, onde havia um telefone. Retirou o fone do gancho e, rapidamente, ligou para Odílio. A mulher dele atendeu, logo depois, ele ouviu a voz do general:

— Pois não, padre?

— Preciso avisá-lo de que hoje um homem veio indagar sobre o senhor na igreja.

— Que homem?

— Reinaldo Gomes. Conhece?

— Nunca ouvi falar.

— Ele foi meu amigo em Uberlândia, é advogado. Apareceu em minha igreja outro dia e hoje fez várias perguntas a seu respeito. Sabe, inclusive, do desaparecimento de Alfredo.

Mesmo sem vê-lo, Augusto podia sentir a tensão do homem do outro lado da linha. Após uma breve pausa, Odílio prosseguiu:

— Ele está blefando. Não sabe de nada a meu respeito.

— Eu não teria tanta certeza. Está ficando arriscado. Acho melhor o senhor sumir por uns tempos.

— Se fizer isso, estarei assinando minha confissão. Não. Tenho que me manter firme. Contudo, vou mandar minha mulher e minha filha para a Europa, junto com a esposa e os filhos de Alfredo.

— Acho mais seguro.

— Preciso encontrá-lo. Não posso abandoná-lo à própria sorte, depois de tudo o que ele fez por mim.

— Compreendo, general.

— Depois que o libertar, seguiremos juntos ao encontro de nossas famílias. Mais do que nunca, precisarei da *Esperança*.

IMPULSOS DO CORAÇÃO

— Sabe que pode contar conosco. Faremos de tudo para tirá-los do país.

— Obrigado.

Desligaram, e Augusto enxugou o suor da testa. Esperou até que Cláudio terminasse a missa para colocá-lo a par da situação. Quando Alfredo fosse libertado, estaria tudo pronto para a partida deles para a Inglaterra. Augusto rezava para que tivessem tempo de salvá-los.

CAPÍTULO 32

O aroma do assado impregnava toda a casa. Nelma remexia na panela sem ocultar a contrariedade, dando empurrões de leve em Spock, que saltava em suas pernas, seduzido pelo cheiro da carne. De uns dias para cá, o padre mandava fazer carne quase todos os dias, só para satisfazer os caprichos de Rafaela. Não parecia correto para alguém que era vegetariano ter que dividir a mesa com pratos de carne.

Desde que fora trabalhar para padre Augusto, Nelma abolira a carne de sua dieta. Há muito tempo não experimentava um pedacinho de assado. Nem sentia vontade. Não sentia porque não cozinhava nada além de verduras, ovos, legumes e massas. O padre adorava sua macarronada. Aos poucos, fora se acostumando. E agora vinha aquela menina bagunçar toda a sua dieta, tentando-a com os suculentos pratos que ela era obrigada a lhe preparar e que não se permitia comer.

— Hum... O cheirinho está bom — anunciou Rafaela, entrando na cozinha.

IMPULSOS DO CORAÇÃO

— É carne assada — esclareceu ela. — Ainda não está pronta.

— Deve estar uma delícia.

— Modéstia à parte, sempre fui boa cozinheira. Sou capaz de cozinhar qualquer prato. Só que, de uns tempos para cá, me acostumei aos pratos vegetarianos de padre Augusto. Nunca uma carne havia entrado nessa cozinha. Até você aparecer.

— Vai me culpar por gostar de carne? Padre Augusto não se incomoda.

— Padre Augusto é uma alma nobre que compreende as fraquezas humanas. Você é que deveria se envergonhar de obrigá-lo a presenciar sua carnificina.

— Nossa, Nelma, que exagero!

— O que é exagero? — indagou Augusto, que acabara de entrar na cozinha.

— Não é exagero — contrapôs Nelma aborrecida. — É um assassinato.

— O que é isso? — espantou-se o padre. — Do que é que vocês estão falando?

— Nelma está me recriminando por gostar de carne — anunciou Rafaela.

— Não estou recriminando. Mas é um pecado. Não é, padre?

— Olhe, Nelma, já disse Jesus que pecado não é o que entra pela boca do homem, mas o que sai. De nada adianta não comer carne e ficar por aí falando mal da vida dos outros, criticando, mentindo, enganando e outras coisas mais.

— O senhor nunca me disse isso — rebateu Nelma.

— Porque você nunca me perguntou. Não como carne porque não gosto e estou afetivamente envolvido com os animais, mas não ouso julgar os que o fazem nem os que os abatem. Cada um é que sabe das suas necessidades. E ninguém é melhor ou pior por comer ou não comer carne. Mais vale um coração puro do que um estômago leve.

— O senhor tem cada coisa, padre. Pois eu vou continuar não comendo. Não adianta que não como. Pode cheirar bem, mas não como!

— Penso que, na verdade, Nelma, você só não come carne por influência minha. Não é algo que vem de dentro, da sua alma. Acho que você não deveria se impor essa restrição. Se tem vontade, coma.

— Mas padre, depois de tanto tempo sem comer...

— Você se privou, não foi uma coisa natural.

— Coitadinhos dos animais, padre. O senhor mesmo fala que tem pena.

— Eu tenho pena e, talvez por isso, não sinta vontade de comer carne. É diferente de ter pena e, por causa dela, se impor a abstinência. A vontade existe, mas por uma questão racional, porque você acha que não deve comer, não come.

— É uma diferença bem sutil — acrescentou Rafaela. — Acho que a compreendo. Por sentir pena, o senhor não tem vontade de comer. Nelma sente pena e se obriga a não comer.

— Eu não me obrigo a nada! — protestou Nelma. — Não como porque não quero.

— E não quer porque sua mente diz que não deve querer — acrescentou Augusto. — Compreende?

— Não. Para mim, dá no mesmo. Tenho pena e pronto. Acho um crime sacrificar os animais.

— Não é bem assim. Podemos optar por não comer carne, mas não podemos julgar os que o fazem nem os que abatem os animais, como já disse. Só o que podemos é comer ou não. É íntimo, pessoal de cada um e não deve ter relação com a atitude do próximo. Veja meu pai, por exemplo. Sempre gostou de caçar, eu sempre detestei. Para ele, os animais não têm valor. Para mim, têm. Eu achava que ele não tinha o direito de me levar com ele nas caçadas, mas ele insistia. Isso foi motivo de grande sofrimento para mim,

IMPULSOS DO CORAÇÃO

não porque ele gostasse de caçar, mas porque me obrigava a ir. Eu não queria. Hoje compreendo bem isso e aprendi a respeitá-lo. É assim que tem que ser. Quando uma coisa não nos serve, simplesmente não a utilizamos ou nos afastamos dela. Mas não temos o direito de criticar nem julgar aquele que o faz, muito menos de nos sentirmos superiores ou melhores.

— Que seja — disse Nelma. — Mas não vou comer e pronto. Pode ficar com o assado todo para você.

Disse isso apontando para Rafaela, que riu e, a um sinal do padre, saiu atrás dele. Os dois deixaram Nelma com seu assado e foram para o quintal.

— Não vejo a hora de chegarem as férias escolares — comentou Rafaela, roçando os dedos na mão dele. — Assim terá mais tempo para mim.

Ele deu um sorriso entristecido e apertou a mão dela rapidamente:

— Não podemos nos descuidar. Temos nos visto muito.

— Ninguém sabe de nada, e Nelma nunca vai ao porão.

— Estou apaixonado, Rafaela. Não posso mais viver sem você.

— Sinto o mesmo por você. Amo-o e quero ficar com você para sempre.

— Sabe que isso é impossível.

— Não é impossível. Basta você querer.

— Você é muito jovem. O que farei quando enjoar de mim?

— Isso nunca vai acontecer.

Ela o olhava com a paixão estampada no olhar, e todo o seu corpo estremeceu de desejo.

— Não sei o que fazer — lamentou ele. — Pela primeira vez, sinto-me perdido. O que estamos fazendo é errado, mas não posso evitar.

— Você disse que largava a batina.

— É complicado.

259

— E para mim, não é? Como pensa que me sinto, longe de casa e da minha família? Acha que não tenho saudade de meus pais, de meu irmão? Mas por você, tudo vale a pena.

Ele a fitou penalizado. Por vezes se esquecia de que ela fora a que mais perdera com tudo aquilo.

— Sinto pelos seus pais — tornou ele, com sinceridade.

— Por você, estou disposta a largar tudo. Mesmo eles. Não é possível que eu sofra mais do que já estou sofrendo.

— Sei disso, mas não posso colocá-la em risco.

— Podemos fugir para outro país. Com você, não terei medo.

— Não sei. Tem a *Esperança*. Não posso me afastar do movimento agora. Há pessoas que dependem de mim.

— Você não é o único. Há outros padres que podem assumir suas atividades.

— Você não compreende. Tenho responsabilidades aqui.

— Não será isso desculpa para não sair da Igreja? Será que, no fundo, não é o que você quer?

— Não diga isso! Você sabe o quanto a amo.

— Então qual é o problema?

— Já disse que não é tão fácil. E você é tão menina!

— Você não acredita no meu amor, não é mesmo? Pensa que eu sou muito criança para saber o que quero. Pois está enganado. Sou uma mulher e tenho certeza de que o amo. Por você, faria qualquer coisa. Largaria meu país, minha família, amigos, tudo. Você, contudo, não faria o mesmo por mim.

— Você é apenas uma criança. Não sabe o que quer.

— Não sou criança! — aborreceu-se. — Sou uma mulher e bem mais experiente do que você.

Ele a fitou magoado, humilhado pelas palavras dela.

— Experiência sexual não é o mesmo que experiência de vida — rebateu com raiva. — Você é uma criança que aprendeu a fazer sexo. Só isso.

IMPULSOS DO CORAÇÃO

— Lá vem você com a sua rispidez. Será que nunca vai aprender a ser gentil?

— Foi você que provocou.

— Não tive essa intenção. Pelo amor de Deus, perdoe-me! — ela puxou a mão dele e beijou-a, apertando-a de encontro aos lábios. — Não me faça sofrer ainda mais.

Augusto puxou a mão rapidamente, olhando ao redor para ver se Nelma não os estava observando.

— Ficou louca? Não faça mais isso. Quer que Nelma nos veja? — ela não respondeu, limitando-se a olhá-lo com ar apaixonado, até que ele suplicou: — Não vamos brigar. Não suportaria ficar brigado com você. Eu a amo tanto!

Assim que Augusto se desvencilhou de Rafaela, Nelma apareceu na porta da cozinha, chamando-os para o almoço. De tão entretidos um com o outro, não a ouviram, obrigando-a a descer até o quintal para chamá-los. De onde estava, Nelma podia ver o olhar de Rafaela, mas não o do padre, que se encontrava de costas para ela.

Essa menina não tem jeito — pensou. *Fica amolando padre Augusto com suas bobagens. Então não vê que é um desrespeito tratá-lo com tanta intimidade?*

Ela se aproximou por trás, chamando a atenção de Rafaela, que levantou a cabeça para ela, e de Augusto, que se virou bruscamente.

— O que foi, Nelma? — perguntou.

— O almoço está na mesa — foi a resposta irritada. — Não me ouviram chamar?

— Desculpe-me. Estávamos distraídos com a conversa e não ouvimos.

— Sobre o que falavam de tão importante?

— Padre Augusto estava ouvindo minha confissão — disse Rafaela. — Acho que você não vai querer saber o que é.

— Ora essa!

Nelma afastou-se aborrecida. Aquilo não era lugar de se fazer confissão. Rafaela devia mesmo era estar aborrecendo padre Augusto. Os dois seguiram atrás dela, sentando-se à mesa para comer. Enquanto Nelma os servia, notou o jeito estranho como Rafaela olhava para ele, embora não conseguisse perceber o mesmo brilho no olhar de Augusto.

Para Nelma, tudo não passava de fantasias de uma mocinha assanhada que não encontravam eco no coração do padre. Tinha certeza de que ele via em Rafaela apenas uma ovelha desgarrada de seu rebanho. Preocupava-se com ela como um pai com sua filha. Nada mais.

CAPÍTULO 33

O romance entre Augusto e Rafaela intensificava-se a cada dia. Não havia uma noite sequer em que ele, logo após Nelma se recolher, não passasse à cama de Rafaela. Pusera até uma tranca na porta do porão, para evitar que fossem surpreendidos. Envolviam-se de tal forma que, mesmo sem perceberem, começavam a dar sinais de sua afeição, fosse pela troca de olhares, fosse pelos toques estudadamente descuidados, fosse pelo tom suave das palavras que diziam.

No mês de junho, era costume de Augusto realizar uma festa para comemorar o dia de São João, e a movimentação na igreja já se iniciara. Os fiéis montavam barraquinhas, preparavam bebidas e quitutes típicos. Outros providenciavam prendas para as crianças, enfeitavam o terreiro com bandeirinhas e lanternas.

— Você vai me deixar ir, não vai? — Rafaela quase implorou. — Adoro festas juninas.

— Não sei, Rafaela, é perigoso.

— Ah! Por favor, não faça isso comigo! Não acredito que vai me deixar trancada aqui dentro ouvindo a animação do outro lado desse muro. Você tem que me deixar ir.

— Vou pensar.

— Pare com isso. Você está fazendo guerra de nervos comigo. Posso muito bem colocar uma caipira e me disfarçar. Ponho um chapéu, faço tranças, pinto sardas no rosto, vou de óculos escuros, o que você quiser. Ninguém vai me reconhecer.

Augusto pensou por alguns minutos, até que considerou:

— É. Pensando bem, faz tanto tempo que você sumiu, que as coisas devem ter-se acalmado um pouco. Não creio que a polícia resolva vir procurá-la justo no dia da festa junina de uma igrejinha do subúrbio.

— Quer dizer então que poderei ir? — ele assentiu. — Não acredito! Oh! Meu Deus, tenho que preparar a caipira. Será que Nelma me ajuda?

— Acho difícil, mas você pode tentar.

— Se você pedir, ela faz.

— Tem razão. Vou falar com ela.

Nelma achou um absurdo Rafaela sair de casa vestida à caipira. Principalmente porque o padre a incumbira de providenciar o vestido e os acessórios da fantasia. Como sabia costurar, era ela quem consertava as batinas e roupas de padre Augusto, além de confeccionar seus próprios vestidos. Mas uma caipira, e logo para aquela malcriada, era um desaforo. Enfim, como era para agradar padre Augusto, ia fazer como ele queria.

Comprou tecido, rendas e fitas. Rapidamente a fantasia surgiu, lindamente engomada, toda em cor-de-rosa e azul. No primeiro dia da festa, Rafaela mal conseguia conter a euforia. Poderia sair, finalmente, dançar, brincar, comer churrasquinho e tudo o mais que quisesse.

— Procure não se misturar muito às pessoas — aconselhou Augusto. — Fique perto de Nelma ou de mim. Cuidado, não vá se exceder.

— Pode deixar. Vou ficar quietinha. Menos na hora da quadrilha. Vou poder dançar com você?

IMPULSOS DO CORAÇÃO

— Comigo? Mas eu nem danço!

— Então, com quem vou dançar?

— Com ninguém. Vai apenas assistir. E depois, você nem ensaiou.

— Não precisa. Conheço os passos. Já dancei muito na escola.

— Você é mesmo terrível — gracejou ele. — Vou sair agora, porque preciso chegar primeiro. Você e Nelma podem ir mais tarde, e cuidado para que não a vejam sair de minha casa.

— Pode deixar comigo.

— Passem pelo portão que liga à igreja — recomendou a Nelma, minutos depois. — Você sai primeiro e, se tudo estiver bem, chama Rafaela.

— Isso não está certo, padre Augusto — queixou-se ela. — Essa menina ainda vai nos trazer problemas.

— Sossegue, Nelma. Ela só quer se divertir. Tem ideia do tempo em que está presa aqui?

— Mas ela viajou com o senhor faz pouco tempo! Será que não foi o suficiente?

— Coloque-se no lugar dela. Ficar aqui dentro, ouvindo a algazarra, é demais.

— Ninguém mandou ela se colocar do outro lado da lei.

— Não diga isso! — censurou ele, veemente. — Ela é só uma menina. E não há lei ou justiça que justifiquem a tortura.

— Tem razão, padre, perdoe-me — tornou ela envergonhada. — Falei sem pensar. É lógico que nenhum pecado justifica a tortura.

— Tudo bem, não precisa se desculpar. Apenas cuide para que ela não faça nenhuma bobagem própria das meninas da idade dela.

— Olhe, padre, sei que o senhor é muito bom e não vê maldade em nada. Mas essa menina não é tão menina assim. Duvido até que ainda seja moça.

— Isso não tem importância — rebateu ele, evitando encará-la. — Não nos cabe julgar as atitudes dela. Estamos fazendo uma caridade.

Aquilo não era verdade, e ele sabia. Nelma, contudo, aceitou as justificativas e retrucou decidida:

— Pode deixar, padre. Não se preocupe com nada. Vou cuidar dela direitinho.

— Obrigado. Sabia que podia contar com você.

— É claro que pode. Um homem santo feito o senhor terá sempre a minha ajuda.

— Não sou santo — protestou acabrunhado. — Sou um homem cheio de pecados e defeitos.

— O senhor? De jeito nenhum! Isso é modéstia sua. Só se gostar de comer doces for pecado.

Ele não sabia o que dizer. As observações de Nelma deixaram-no desconcertado. Se ela soubesse o que ele e Rafaela faziam naquele porão, talvez nunca mais tornasse a lhe dirigir a palavra. A decepção seria tão grande que ela bem seria capaz de abandonar a religião, traída pelo padre a quem venerava.

— Cuide de tudo — pediu ele, ainda sem olhar para ela. — Tenho que ver como estão os preparativos.

Durante o resto da tarde, Augusto distraiu-se com a organização da festa, dando opiniões aqui e ali sobre os últimos retoques. Às cinco horas em ponto, os portões da igreja se abriram, os fiéis começaram a chegar. Não demorou muito, todo o pátio se encheu com a alegria e o riso das crianças.

Seguindo as ordens de Augusto, Nelma e Rafaela só saíram às sete horas, quando o número de presentes era suficientemente grande para que ninguém notasse a presença de mais uma moça bonita na festa. Quando ele a viu, não conseguiu conter a admiração. A fantasia, feita sob medida, realçava seu corpo curvilíneo. O tom suave do xadrez azul e rosa avivava a tez morena de sua pele. Os cabelos presos em tranças e as pequeninas sardas espalhadas em sua face davam-lhe um ar de menina inocente e sapeca, acentuado por um sorriso encantadoramente cativante.

Não havia nada demais em Rafaela. Nada que a distinguisse das outras mocinhas vestidas a caráter. Apenas os olhos de Augusto viam além de sua aparência física. Ela era bonita, contudo, a beleza maior estava no amor que os unia e que Augusto não conseguia mais ocultar.

— Você está linda — comentou embevecido, mas, dando-se conta do olhar atento de Nelma, corrigiu-se: — As duas estão.

— Eu, linda? — zombou Nelma. — Ora, padre, só o senhor mesmo. Rafaela até que está. Também, é tão novinha... Quando eu era jovem, também era muito bonita, sabia? Era sempre chamada para fazer o papel de noiva nas festas juninas. Foi numa festa assim que conheci meu marido...

Nelma não parava de tagarelar, presa às lembranças que toda festa junina lhe trazia do marido. Augusto e Rafaela, contudo, pareciam não ouvir, hipnotizados pelo olhar um do outro. Ele inspirou o perfume que emanava dela, louco para afagar seus cabelos. Conhecia bem aquela fragrância. Era de um perfume francês com que presenteara Nelma em seu último aniversário e que ela nunca usara.

Estava tão absorvido pela presença marcante de Rafaela que lhe estendeu a mão, na intenção de conduzi-la em um passeio, quando um pigarreio forçado por cima do ombro desviou sua atenção.

— Cláudio! — surpreendeu-se ele, envergonhado por ter sido surpreendido em atitude tão inapropriada para um padre.

— Como estão?

— Sua bênção, padre Cláudio — falou Nelma, beijando-lhe a mão.

— Deus a abençoe, minha filha — respondeu ele, olhando de soslaio para Rafaela. — E então, menina? Aproveitando a festa?

— Acabei de chegar.

— Ia passear com padre Augusto?

— Eu ia mostrar-lhe as barraquinhas — justificou-se ele.

— Se quiser, eu mesmo posso fazer isso — tornou Cláudio, estendendo-lhe o braço. — Será um prazer ter a companhia de uma jovenzinha tão formosa.

— Está bem — concordou ela, desanimada ante o olhar significativo de Augusto.

Ela tomou o braço dele, e os dois saíram por entre as barraquinhas.

— Espero que ela não se descuide com padre Cláudio — falou Nelma. — Ele não está acostumado a andar por aí com uma fugitiva.

— Não se preocupe. Cláudio não é nenhum tolo.

Durante alguns minutos, Rafaela limitou-se a seguir os passos de Cláudio, observando a movimentação da festa. Ele parou em frente a uma barraquinha e comprou dois sal-sichões, entregando um a ela:

— Espero que goste.

— Gosto, sim, obrigada.

— Ainda bem que padre Augusto não a contaminou com sua mania de não comer carne.

— Não.

— Você e ele têm se dado muito bem, não é? — ela não respondeu. — Bem até demais, para um padre e uma fiel.

— Não sou uma fiel.

— Não acredita em Deus?

— Acredito.

— Então não é católica.

— Não sou praticante.

— Que pena. Mas agora posso entender certos com-portamentos seus — ela não disse nada, e ele prosseguiu: — Sabe que o está prejudicando, não sabe? — Silêncio. — Não estou aqui para recriminá-la, mas gostaria que refletisse sobre o que está fazendo. Será que está ajudando padre Augusto assim? Você é uma moça jovem, moderna, liberal. Tem a vida toda pela frente. Depois que todo esse horror acabar, poderá voltar à sua vida, casar-se, ter filhos. E o que será de padre Augusto quando você se for? Já pensou nisso? Ele vai ficar sozinho, amargurado, corroendo-se de remorso por ter quebrado seus votos.

— Não vou deixá-lo — respondeu ela, finalmente. — Eu o amo.

— Você diz isso agora, porque está presa na casa dele, sem a família ou os amigos. Mas e depois?

— Depois vou me casar com ele.

— Ele é padre.

— Ser padre não é uma prisão. Ele pode sair, se quiser.

— Concordo. Ele terá que escolher entre você e o sacerdócio. Mas será que fará uma escolha consciente?

— Não vejo por que não.

— Porque ele está apaixonado pela primeira mulher com quem já se relacionou na vida. Padre Augusto não tem experiência com mulheres. Você foi a primeira.

— Sei disso.

— Não se sente uma privilegiada?

— Sinto-me privilegiada por merecer o amor dele.

Eles pararam perto do portão. Cláudio a olhou fixamente nos olhos.

— Vou lhe fazer um pedido. Um pedido, não, uma súplica: não brinque com Augusto. Ele é um padre decente e muito bom no que faz. Seria um desperdício para a Igreja perdê-lo por uma aventura.

— O que nós vivemos não é nenhuma aventura — protestou ela, com irritação. — Pode parecer assim para o senhor, mas nós nos amamos de verdade. E vou provar a todos que o meu amor por ele não é infantil nem passageiro. Ninguém sabe o que sinto.

— Não precisa se aborrecer, menina. Não vim aqui para recriminá-la.

— Pois é justamente o que está fazendo. O senhor não sabe o que nós sentimos um pelo outro. Está falando do que desconhece. Se tivesse sentido algo assim por uma mulher antes, saberia compreender.

— É justamente por ter vivido situação semelhante que sei o que digo. Tive uma mulher certa vez... Graças a Deus, acordei a tempo de evitar fazer uma besteira. Ela acabou se apaixonando por outro, e eu teria ficado só.

— Vai ver ela se apaixonou por outro porque percebeu a sua frieza e a sua rejeição. Se o senhor tivesse sido mais sincero com ela e com seus próprios sentimentos, talvez estivessem juntos até hoje.

— Não fale do que não sabe — zangou-se. — Não é de mim que estamos falando. É da vida de padre Augusto.

— Na qual o senhor não deveria se meter. Se ele comentou algo, é porque confia no senhor. Não tem aquela história de segredo de confissão?

Cláudio sentiu o sangue ferver, um rubor de fogo subiu-lhe até as orelhas. Estava sendo recriminado por uma criança! Não podia permitir que aquela garotinha lhe chamasse a atenção como se ele fosse um seminarista novato surpreendido em algum deslize.

— Tenha mais respeito comigo, menina! — repreendeu. — Além de sacerdote, tenho quase idade para ser seu avô.

— Desculpe-me — balbuciou ela, já arrependida. — Não queria faltar-lhe com o respeito. Mas é que o senhor falou coisas que não são verdades.

— Não estou violando nenhum sigilo de confissão. Quero apenas ajudar um amigo, mas... Você tem razão. Fui longe demais. Não devia ter dito nada. Eu é que devo lhe pedir perdão. Peço que esqueça essa nossa conversa.

— Já esqueci.

IMPULSOS DO CORAÇÃO

— Não diga nada a Augusto, por favor. Pode ser que ele me compreenda mal, assim como você.

— Não direi nada se o senhor parar de me pressionar.

— Está fazendo chantagem comigo? — indignou-se.

— Não. Estou apenas me defendendo.

— Você não é tão tola, afinal.

— O senhor fala como se eu fosse alguma espertalhona aproveitadora. Não é nada disso. Minha única intenção é preservar meu relacionamento com Augusto. Não quero nada em troca além de paz.

— Quer que eu os deixe em paz para continuarem com essa indignidade?

— Só é indignidade para aqueles que não conhecem o significado do amor. Contudo, se é assim que vê, eu não me oponho, desde que não interfira.

— Você está sendo muito atrevida, sabia?

— Sou uma mulher apaixonada. Não quero prejudicar ninguém. Desejo apenas viver e amar sem interferências.

— Minha intenção não é interferir, mas ajudar. Se você o ama como homem, eu o amo como amigo. Não é tão diferente assim.

— Compreendo as suas intenções, mas não acho que ele precise disso no momento. Já é difícil para ele sem as suas recriminações. Por favor, não torne tudo pior do que já é.

— Augusto terá que escolher entre você e a Igreja. Não pode ter as duas coisas.

— A escolha cabe a ele. Deixe-o agir livremente.

— Se eu o deixar, e ele escolher a Igreja, promete que irá embora?

— O senhor se esquece de que sou uma fugitiva política. Quer que a polícia me prenda?

— É claro que não. Nossa organização poderá providenciar sua fuga para a Europa. Aceitaria partir, se ele se decidir pelo sacerdócio?

Ela sentiu a tensão da pergunta, e um medo indizível se apoderou dela. Não tinha intenção de partir, contudo, padre Cláudio conduzira a conversa habilmente para aquele desfecho.

— Se ele não me quiser mais, irei embora — concordou, entre contrariada e vencida. — Aceitarei sua oferta de fuga. Mas por favor, não o pressione.

— Você o pressiona. Por que não quer que eu o faça?

— Está enganado. Não faço qualquer pressão que não seja a do amor.

— Realmente, o poder do sexo é superior ao da razão.

— Pensa que o que nos une é apenas sexo, não é mesmo? Está enganado. Amo Augusto, e nada fará mudar esse sentimento. Nada.

Cláudio inspirou profundamente, cansado de toda aquela história.

— Muito bem — arrematou ele. — Ficamos acertados então. Deixemos Augusto livre para decidir se quer ficar com você ou com a Igreja. Seja qual for a decisão dele, nós dois iremos acatar.

— Feito.

Com um aperto de mãos, selaram aquele compromisso.

CAPÍTULO 34

A noite avançava, a animação tomava conta da festa. Mesmo concordando que não deviam se aproximar muito, Augusto e Rafaela não viam a hora de ficar a sós. Por isso, foi um alívio quando Cláudio, depois de levar a menina, demorou-se apenas mais alguns minutos antes de os deixar. Em breve, uma beata surgiu pedindo ajuda na barraca de doces, ótima oportunidade para despachar Nelma também.

Sozinhos, Augusto e Rafaela puseram-se a caminhar lado a lado, mantendo uma distância respeitosa. Ninguém que os visse diria que eram namorados. Sentaram-se nos degraus da igreja, onde os jovens iam para namorar. Ao verem o padre, endireitaram-se encabulados e, aos poucos, todos se levantaram para procurar outro lugar.

— Você os espantou — gracejou ela. — Seu malvado.

Ele riu e retrucou com jovialidade:

— Não me oponho ao namoro. Eles é que têm vergonha de mim.

— Por que será?

— Você não tem vergonha de mim — brincou. — Faz as maiores barbaridades comigo e nem se importa.

— Eu faço barbaridades com você? Deixe o bispo saber do que você gosta.

A referência ao bispo fez dissipar sua alegria, e uma sombra de remorso anuviou seus pensamentos.

— Não diga isso — objetou acabrunhado. — Não gosto de brincadeiras com as coisas da Igreja.

— Desculpe-me. Falei sem pensar. Por favor, não deixe que essa tolice estrague a nossa noite.

— É claro que não — ele se esforçou para afastar o bispo da mente e indagou: — E Cláudio? O que queria com você?

— Nada de mais. Veio jogar conversa fora.

— Falou algo sobre nós?

— Não.

Por sorte uma voz estridente soou nos alto-falantes espalhados pelo pátio, e Augusto parou para prestar atenção, esquecendo-se de Cláudio.

— Acho que vão chamar para a quadrilha — disse ele, apurando os ouvidos.

Era isso mesmo. Uma mulher convocava os participantes para se reunirem atrás da igreja, pois a dança ia começar. Uma movimentação tomou conta do terreiro. Pares animados, com vestes coloridas, passavam por Rafaela e Augusto, a caminho dos fundos da igreja.

— Vamos também? — chamou ela. — Por favor, vamos!

— De jeito nenhum! Não sei dançar quadrilha nem fica bem para um padre se meter na dança, principalmente com uma garota bonita feito você.

— Ah! Deixe de ser chato.

Na hora em que a quadrilha começou a entrar, Rafaela disparou pela lateral, puxando Augusto pela mão, na tentativa de alcançá-la e se colocar em último lugar na fila. Na certa, ninguém perceberia a presença de mais um casal.

IMPULSOS DO CORAÇÃO

— Ficou louca? — censurou Augusto, parando na curva da parede da igreja e espiando para os fundos, onde casais de braços dados se balançavam com alegria. — Quer chamar a atenção e pôr tudo a perder?

Ele a puxou de volta, ocultando-se com ela nas sombras da parede, em um lado onde não havia ninguém. Sem muito pensar, Rafaela aproximou-se, roçando nos dele seus lábios macios. Augusto não resistiu. Há horas queria beijá-la. Não pensou nas consequências. Estreitou-a com ardor, beijando-a com impaciência.

— Por que faz isso comigo? — sussurrou ele. — Sabe que não resisto a você...

O beijo deu lugar a carícias mais sérias, e os dois teriam cometido uma loucura ali mesmo, não fosse a chegada repentina de Nelma, procurando-os.

— Padre Augusto? — chamou ela, tentando ver na escuridão. — É o senhor?

A voz dela os apavorou. Num ato instintivo, Augusto desvencilhou-se de Rafaela e fez a curva da parede. Correu para um lado, enquanto Rafaela recuava na direção de Nelma, fazendo-se visível sob o feixe da única lâmpada que mal iluminava aquele lado.

— Rafaela! — exclamou Nelma surpresa. — O que está fazendo? Onde está padre Augusto?

— Ele não está aqui. Não sei onde está.

— Quem está com você?

— Ninguém. Estou sozinha.

— Mas eu vi outra pessoa com você. Quem era?

— Ninguém.

— Tive a impressão de que era um padre.

— Que padre coisa nenhuma. Ficou maluca?

— Você não me engana, menina. Havia um padre aqui com você. O que os dois estavam fazendo no cantinho da parede?

Rafaela sentiu o desespero tomar conta dela. Tinha que pensar e agir rapidamente. Aproximou-se e, num cochicho, falou:

— Por favor, Nelma, prometa não contar a ninguém, muito menos a padre Augusto.

— Não contar o quê?

— Eu... estava aqui com um rapaz — mentiu, olhando para o chão. — Um rapaz fantasiado de padre.

— Você o quê?

— Não aconteceu nada, eu juro. Foi só um beijo inocente.

— Quem está ficando maluca é você. Arriscar-se dessa forma, com um desconhecido, é, no mínimo, uma falta de consideração para com padre Augusto. Onde já se viu? Não consegue conter esse fogo? É no que dá entregar-se a homem antes do casamento.

— Por favor, não faça nada. Foi uma loucura, eu sei, mas o rapaz não me conhece. Nem cheguei a lhe dizer o meu nome nem onde moro.

— Ainda bem, não é, sua doidivanas? Ah, mas isso não vai ficar assim. Vou contar tudo a padre Augusto, e vai ser agora.

Em seu íntimo, Nelma regozijava-se por ter o que dizer de Rafaela. Sentia-se vitoriosa por ter surpreendido a menina em falta tão grave. Tinha certeza de que o padre tomaria providências enérgicas contra ela, e bem merecidas.

De tão empolgada com a descoberta, não percebeu o ar de indiferença de Rafaela, que lhe deu as costas e voltou correndo para a festa. Mal recomposto do susto e da emoção, Augusto conseguira alcançar seu lugar e acompanhava a quadrilha, fingindo-se entretido com a dança. Quando Nelma chegou, ele sentiu as pernas tremerem, dando graças a Deus por estar sentado e não correr o risco de cair.

— Padre Augusto, preciso falar-lhe — declarou ela, com urgência na voz.

— O que foi, Nelma?

— É sobre a Rafaela.

— Não pode esperar? Estou vendo a quadrilha, e você está na minha frente.

Ela deu a volta e postou-se atrás dele, onde não atrapalharia ninguém.

— Acabei de surpreender Rafaela lá atrás, com um rapaz.

— Um rapaz? — tornou ele, fingindo surpresa. — Que rapaz?

— Quem é que vai saber? Nem ela mesma sabe.

— Tem certeza?

— Absoluta — ela se curvou para falar baixinho em seu ouvido: — E os dois estavam se agarrando no escuro. Eu vi! Estavam se beijando...

Assim que ela inspirou para tomar fôlego, susteve as palavras no ar. Um aroma suave e familiar envolveu-lhe as narinas, fazendo-a recuar aterrada.

— Que perfume é esse? — indagou atônita.

— Perfume? Você sabe que não uso perfume.

— Mas está cheirando a perfume de mulher.

— Deve ser de alguma senhora que me abraçou.

— Não vi o senhor abraçando senhora alguma.

— Ora, Nelma, tem sempre uma velhinha querendo um abraço. Deve ser isso.

Era preciso muito esforço para que o coração de Augusto não escapulisse do peito e saísse rolando pelo chão aos pulos. Não contava estar impregnado da fragrância de Rafaela.

— Parece o perfume de Rafaela — observou desconfiada.

— Conheço-o porque era meu. Emprestei-o a ela. Foi o senhor que me deu. Não se lembra?

— Muita gente deve ter o mesmo perfume.

— Ela se encharcou com ele. Foi um exagero.

Nesse momento, Rafaela surgiu do outro lado, apertando a saia como se quisesse evitar que o corpo inteiro a delatasse. Viu Nelma atrás de Augusto e olhou para ele, demorando-se longamente nesse olhar. A expressão no rosto dela era inconfundível. Mesmo não vendo os olhos do padre, Nelma sabia que ele lhe correspondia. Sentia na aura dele, na vibração que emanava de seu corpo, no balançar imperceptível da cabeça acompanhando os passos de Rafaela.

E tinha a visão de há pouco. Não havia dúvidas de que Rafaela estava se agarrando com alguém vestido de padre. A desculpa de que era um rapaz, e que no princípio a convencera, não a enganava mais. Para completar, tinha o inconfundível perfume.

O horror foi tão grande que Nelma não conseguiu mais falar. Talvez aquela desconfiança não passasse de uma tolice, uma coincidência. Não podia crer que padre Augusto caísse na tentação da carne tão facilmente, ainda mais com uma menina sem graça e desavergonhada. Se isso acontecesse, a culpa era dela. O padre não estava acostumado às mulheres, podia muito bem estar sendo enganado pelo demônio. Jesus não foi tentado por ele? Por que o padre não podia ser?

Mais do que qualquer coisa, Nelma pensou que era preciso tirar Rafaela daquela casa. Afastando o mal, padre Augusto estaria em condições de retomar sua vida santa de sempre. Uma confissão poderia limpá-lo daquele pecado, se é que ele cometera realmente algum.

— O que foi que houve, Nelma? — a voz do padre tirou-a de suas preocupações. — Por que ficou tão quieta?

— Nada.

— Algum problema?

— Nenhum.

De onde estava, assistiu ao jogo de sedução de Rafaela, que deu a volta no pátio, circundando a área da quadrilha, e passou em frente a eles, a barra da saia roçando a ponta da batina do padre. Augusto fingiu que não lhe prestava atenção, mas Nelma percebeu nitidamente uma pequena alteração no ritmo de sua respiração.

Rafaela parou ao lado de Nelma, batendo palmas no ritmo da quadrilha. Sentado em sua cadeira, Augusto sentia a presença dela atrás, quando um leve tremor fez arrepiar sua pele. Seu perfume o envolvia de tal forma que ele quase largou tudo e correu com ela para o quarto. O medo, contudo, o paralisava. Assim como ele, Nelma aspirava o mesmo e conhecido aroma.

Pelo resto da noite, Nelma não falou mais, limitando-se a responder com monossílabos às perguntas que lhe faziam. A graça da festa havia acabado, bem como a alegria da vida que levava na casa do padre.

Quando a festa acabou, Augusto foi o último a ir para casa. Nelma e Rafaela seguiram primeiro, enquanto ele ajudava a guardar o que não podia ficar exposto. Chegou a casa depois das duas da manhã. Nelma parecia adormecida, embora, na verdade, não conseguisse conciliar o sono. Sem saber disso, sentindo-se seguro, Augusto desceu ao porão e trancou a porta, atirando-se nos braços de Rafaela tão logo a viu.

Em seu quarto, Nelma seguiu a marcha dele. Ouviu a porta da frente se fechar e identificou os passos que seguiram pelo corredor. Em seguida, não ouviu mais nada. Se o padre descera ao porão, fizera-o em absoluto silêncio.

Sem conseguir se conter, Nelma deu um salto da cama. Agarrou o terço que guarnecia a cabeceira, fez o sinal da cruz e levantou-se com cuidado, o mesmo cuidado que ele tivera para não fazer barulho. Atravessou a cozinha descalça e virou no corredor, colando o ouvido à porta do porão. Não escutou nada. Tudo estava em absoluto silêncio. Pensou em experimentar a maçaneta, mas teve medo de que estivesse trancada e, do lado de dentro, alguém percebesse sua presença. Não fez nada. Continuou perscrutando a porta, até que ouviu, indistintamente, o som de gemidos abafados e contidos.

Seguiram-se rangidos quase inaudíveis. Nelma recuou aterrada, sabendo o que significavam. Os dois estavam fornicando! Não podia ser. Era impossível. Não ele. Não padre Augusto. Era uma indignidade, uma infâmia. Uma ofensa às leis da Igreja, uma desonra para a santidade de um padre. Ficou petrificada, sem conseguir se mexer, testemunha silenciosa da ignomínia que se desenrolava bem ali, no lar de um homem que ela sempre considerara um santo.

Tão logo os ruídos cessaram, foi a vez dos risinhos contidos se espalharem no ar, indo até os ouvidos de Nelma. Ela sentiu nojo e repulsa, lutando contra a vontade de vomitar. Uma tonteira a fez cambalear, e o ranger da escada deu sinal de que padre Augusto vinha subindo. Desesperada, temendo ser surpreendida, sem tempo de voltar a seu quarto, entrou na cozinha escura e grudou-se à parede, com medo até de respirar.

O padre saiu do porão e passou furtivamente pela porta da cozinha, sem entrar ou se virar. De onde estava, ela não podia vê-lo, mas ouviu o farfalhar de suas vestes. Espiou pela abertura da porta, porém, só o que viu foi a sombra de uma batina esgueirando-se pelo corredor, até sumir na escuridão.

Com a visão turva pelas lágrimas, Nelma saiu de seu esconderijo e entrou no quarto, encostando-se na porta para chorar. Beijou o terço ainda preso em suas mãos e desejou nunca haver feito aquela descoberta.

CAPÍTULO 35

O último dia da festa não foi tão divertido. Nelma estava acabrunhada, de mau humor, evitando conversas até mesmo com Augusto. Foi à missa de manhã, dessa vez sentando-se num banco mais atrás. Quando o culto terminou, apanhou o livro de orações, enrolou o terço na mão e foi embora sem falar com ele.

Na hora do almoço, seu mau humor havia aumentado, deixando-a entregue a um mutismo desconcertante. Comeram sem dizer nada, mas ao final da refeição, Augusto tentou romper o gelo:

— Animada para a festa hoje, Nelma?

O olhar dela foi de indignação e raiva. Mordendo os lábios, tirou a mesa e rebateu com irritação:

— Devia tirar o domingo de folga. Há anos que não tenho uma folga.

— Você não tira folga porque não quer — observou Augusto, preocupado. — Sempre lhe disse que não precisava trabalhar aos domingos.

Nelma não respondeu. Deu as costas a eles e levou a louça para a cozinha. Rafaela e Augusto foram para o quintal, seguidos por Spock. À sombra da mangueira, Rafaela colocou o cachorro no colo e, enquanto alisava sua cabeça, indagou:

— O que será que deu nela?

— Acho que está desconfiada. Ela sentiu o seu perfume quando falou comigo ontem.

— Então é isso. Mas que olfato apurado!

— Precisamos tomar mais cuidado.

— Você acha que ela o viu entrar no porão?

— Não sei.

— E agora?

Ele deu de ombros e retrucou:

— Se Nelma descobrir sobre nós, nem quero imaginar o que pode acontecer.

— Acha que ela vai contar?

— É possível.

— Será que não é chegada a hora de você assumir o nosso romance e pedir demissão da Igreja?

— Você se esquece de que não sou apenas seu amante. Sou também seu protetor. O que será de você sem a cobertura que lhe dou?

— Vamos fugir.

— As coisas não são assim tão fáceis. Não devemos nos precipitar.

Ela o olhou com decepção, mas não o pressionou nem insistiu.

— O que pretende fazer?

— Não sei. Temos que desviar a atenção de Nelma, fazer com que ela se convença de que não há nada entre nós.

— Quer enganá-la?

— Não se trata de enganá-la. Trata-se, acima de tudo, de proteger você.

IMPULSOS DO CORAÇÃO

Rafaela deu um longo suspiro e afagou a mão dele, retirando-a rapidamente.

— Está bem — arrematou. — Deixe comigo. Já sei o que fazer.

Mais tarde, Augusto saiu antes para a festa, fazendo as mesmas recomendações da véspera.

— Eu não vou — afirmou Nelma, de má vontade.

— Por quê? — tornou Augusto. — É o último dia.

— Prefiro ficar em casa.

Augusto não insistiu. Assim que ele as deixou, Rafaela entrou no banho. Quando saiu do banheiro, Nelma não estava por perto. Com a toalha enrolada na cabeça e o vestido aberto nas costas, bateu à porta de seu quarto. Nelma abriu e, impaciente, indagou:

— O que você quer?

— Será que pode puxar o fecho ecler para mim, por favor?

Nelma olhou para ela com raiva. Tinha nas mãos uma bíblia e pensou em atirá-la na cabeça da moça. Contudo, conseguiu se conter e respondeu entredentes:

— Feche-o você.

— Não precisa ficar mal-humorada, Nelma. Se tem alguém aqui que devia estar zangada, esse alguém sou eu.

— Você? — indignou-se. — Posso saber por quê?

— Se você não tivesse contado a padre Augusto que eu estava com um rapaz, ele não teria me dado a bronca que deu.

Nelma olhou-a incrédula e objetou:

— Não vi você levar bronca alguma.

— Porque você estava dormindo.

— Como assim?

— Foi ontem de madrugada. Eu também já estava dormindo quando acordei com padre Augusto ao lado da minha cama. Nunca o havia visto daquele jeito, tão aborrecido.

— O que ele lhe disse?

— Fez um sermão daqueles. Que aquilo era um absurdo, uma pouca vergonha, um risco e coisas do gênero.

— Você está mentindo — afirmou Nelma, fuzilando-a com olhos brilhantes de ira. — Ouvi-os ontem à noite, e padre Augusto não estava lhe dando nenhum sermão.

— Como assim, você nos ouviu?

— Ouvi com os ouvidos, ora essa! E ouvi muito bem. Os gemidos, gritinhos e... — calou-se, persignando-se três vezes.

— E...?

Ela hesitou por um momento, envergonhada com a situação, mas acabou revelando, coberta de pavor e repulsa:

— Ouvi os rangidos da cama... como um vaivém... como duas pessoas... fornicando!

— Jesus Cristo!

— Não devia falar o nome dele! Não você, sua impudica, rameira, filha de Satã! Por que veio para esta casa? Para tentar padre Augusto? Seu demônio! Devia ir-se embora daqui para sempre, voltar para o inferno de onde fugiu!

— Não... Nelma, por favor, acalme-se. Não é nada disso. Você entendeu tudo errado.

— Não entendi nada errado! Pensa que sou burra? Já fui casada, conheço muito bem os ruídos do sexo. E o cheiro do seu perfume? Impregnado no pescoço de padre Augusto!

— Se você se acalmar, poderei explicar tudo.

— Que explicação pode dar para a sua sem-vergonhice? Padre Augusto sempre foi um homem santo, e você apareceu aqui para tentá-lo.

— Pelo amor de Deus, Nelma, acalme-se! Deixe-me explicar.

— Não quero ouvir suas mentiras! — explodiu ela, cada vez mais vermelha. — O diabo é esperto, sabe enganar e seduzir.

— Parece que você gosta do diabo bem mais do que eu — falou Rafaela fria e calmamente.

— O quê? — surpreendeu-se Nelma. — Como se atreve?

IMPULSOS DO CORAÇÃO

— Você não quer me ouvir, mas não tira o nome dele dos lábios. Eu, ao contrário, em nenhum momento fiz tal evocação.

— Não o estou evocando... — balbuciou, confusa. — Digo isso porque você age em nome dele.

— Como é que você sabe? Por acaso é Deus, ou freira, ou algo parecido?

— Não sou nada. Eu apenas digo o que vejo.

— Sua pressa em me julgar a conduz pelo caminho do pecado. Não acha que a maledicência é um pecado tão grave quanto a fornicação?

— Maledicência? O que quer dizer com isso? Não falei mal de ninguém.

— Isso não é falar mal?

— Maledicência é fazer fofoca. E não fiz fofoca alguma.

— Não? Não está falando mal de nós, inventando algo que não aconteceu e que logo vai virar fofoca? Você fez acusações gravíssimas não apenas a mim, mas, principalmente, a padre Augusto.

— Falei apenas o que ouvi e vi... Vi-o saindo do porão, de madrugada... quando cessaram os ruídos...

— Pois certamente! Então não lhe disse que ele foi me dar um sermão? E àquela hora? Nem se importou com o fato de eu já estar dormindo. Ficou tão aborrecido que teve que me repreender ontem mesmo, com medo de que eu repetisse a imprudência na festa de hoje.

— Não foi isso que me pareceu.

— Porque você estava do lado de fora bisbilhotando e tirou suas próprias conclusões. Não foi?

— Não... Ouvi os gemidos, os risinhos.

— Primeiro: os gemidos foram do choro sentido que eu derramei. Gostaria de saber como você reagiria se levasse a bronca que eu levei. Conhecendo padre Augusto como conhece, sabe que ele pode ser bastante duro quando quer.

— É verdade... — divagou.

— Segundo: os risinhos aconteceram mesmo, mas depois da bronca, porque padre Augusto, com pena das minhas lágrimas, ou talvez reconhecendo que havia se excedido, tentou me confortar com palavras doces e engraçadas. Chamou-me até de macaquinha matreira. Quem é que fala uma coisa dessas hoje em dia?

Nelma continuava desconfiada e questionou em dúvida:

— E os rangidos da cama?

— Não foram rangidos.

Era preciso pensar depressa, porque a imaginação de Rafaela já estava chegando ao fim.

— Se não eram rangidos, o que eram então? — rebateu Nelma em tom de desafio.

— Quer dizer, devem ter sido rangidos. Provavelmente na hora em que eu me atirei na cama, chorando sem parar e socando o travesseiro.

— Hum... — tornou desconfiada. — E o cheiro? Senti o seu perfume no pescoço dele.

— E daí? O que é que tem? Nós estávamos conversando. Posso ter tocado nele, como fazemos quando nos empolgamos com a conversa. Isso não quer dizer nada. — Nelma ainda parecia cética, e Rafaela insistiu: — Pode acreditar, é a verdade. Padre Augusto jamais cometeria uma indignidade dessas. Você devia se envergonhar de pensar algo assim a respeito dele.

Confusa com a história de Rafaela, Nelma não sabia mais o que pensar. Se, por um lado, tinha algo de absurdo, por outro, não era nada impossível.

— Será que me enganei? — aventou ela, remoendo a dúvida, querendo acreditar.

— É claro que se enganou. Ora, Nelma, francamente! Pensei que você conhecesse melhor padre Augusto.

— Não culpo o padre. Mas você vive se atirando para ele.

IMPULSOS DO CORAÇÃO

— Eu?! Ficou louca? Você está imaginando coisas. Olhe a maledicência, hein!

Nelma calou-se, aturdida. Não queria falar mal de ninguém, muito menos fazer um julgamento precipitado e leviano. A história de Rafaela podia ser verdade ou não. Confiara em seus ouvidos e no olfato para tirar conclusões precipitadas. Realmente, padre Augusto não era homem dado a sem-vergonhices. Até então, tivera uma vida irrepreensível, uma conduta impecável, abnegada, voltada para a caridade e o amor ao próximo.

— Pensando bem, você pode estar certa.

— É claro que estou certa! Sei o que aconteceu. E padre Augusto também. Se tivesse logo nos perguntado, teria evitado todo esse aborrecimento.

— Eu jamais falaria algo desse tipo com um padre.

— De uma certa forma, você tem razão. Ele ia ficar com vergonha da sua atitude e altamente decepcionado. Mas podia ter falado comigo. E agora chega dessa história. Acho que já está tudo esclarecido. Não está?

— Está...

— Então vamos nos aprontar. Não quero me atrasar para a festa.

Rafaela deu o assunto por encerrado e voltou ao porão. Corroía-se de remorso pela imensa mentira, queria afastar-se de Nelma o mais rapidamente possível, para não ter que mentir ainda mais. Nunca tivera que inventar uma história absurda daquelas nem sabia se se lembraria dela caso tivesse que repeti-la. Tinha vergonha de si mesma, achava que jamais conseguiria se perdoar.

Nelma, por sua vez, não sabia o que pensar. A história parecia fantástica, mas não era impossível. E padre Augusto, realmente, sabia oscilar entre a rispidez e a gaiatice quando lhe convinha. Sem contar que a infâmia não era própria dele.

Mais do que tudo, Nelma queria acreditar.

CAPÍTULO 36

A operação aconteceu de forma rápida e eficiente. Enquanto a família de Alfredo, motorista do general Odílio, permanecia às escuras sobre seu paradeiro, Reinaldo tramava sua vitória. O filho de Alfredo era apenas um jovem de dezoito anos, cursando o último ano do científico graças à bondade do general.

A mulher e a filha de Odílio haviam partido para a Europa. Mais alguns dias, a esposa e os filhos de Alfredo seguiriam ao seu encontro, apesar da relutância da mulher e de Márcio, o filho mais velho. Mesmo com as desconfianças que pairavam sobre Odílio, a família dele conseguira fugir sem que ninguém soubesse, o que não deixava de ser um mistério para Reinaldo. É claro que eles tiveram ajuda, só não sabia de quem.

Nem de longe Reinaldo desconfiava de que a ajuda partira de seu amigo padre. O general conseguira ainda os últimos passaportes das mãos do falsificador, que, logo em seguida, fugira do país. Depois disso, os membros da *Esperança* organizaram tudo.

IMPULSOS DO CORAÇÃO

O menino estudava em um colégio particular não muito próximo de sua casa. Para não levantar suspeitas, continuou indo às aulas de ônibus, como sempre fazia. Naquele dia em particular, uma batida policial fora montada para prender o rapaz. Logo que ele subiu no ônibus, uma viatura da polícia parou o veículo, e dois policiais militares entraram. Reinaldo era um deles. Sem qualquer explicação ou motivo aparente, iniciaram a revista dos passageiros.

Assim que subiu ao coletivo, Reinaldo avistou Márcio. O rapaz tinha no colo a bolsa de lona em que levava o material escolar, ótima para o que pretendia. Rapidamente, Reinaldo terminou com os passageiros que não lhe interessavam e aproximou-se de Márcio.

— Sua bolsa, por favor — mandou em tom arrogante.

Márcio olhou para ele com raiva e estendeu-lhe a bolsa, na certeza de que nada escondia. Sem que ninguém percebesse, muito menos o rapaz, Reinaldo deixou cair lá dentro uma trouxinha de maconha.

— O que significa isto? — indagou de forma intimidativa, exibindo-lhe a droga.

Só o olhar de espanto de Márcio já serviria para provar sua inocência. Em sua ingenuidade juvenil, o rapaz nem de longe imaginou uma coisa daquelas.

— Não sei — respondeu atônito.

— Não sabe? Não sabe o que é isso?

Reinaldo quase esfregava a maconha no nariz de Márcio, que chegou a cabeça para trás, apavorado. O outro policial havia encerrado a revista, postando-se mais atrás. Embora assustado, o menino ainda teve coragem suficiente para enfrentar o olhar do policial e rebateu com firmeza:

— Não, senhor. Não tenho a menor ideia do que seja isso.

O olhar firme de Márcio só fez aumentar o ódio de Reinaldo, que o ergueu do banco pela gola da camisa.

— Leve-o — ordenou para o outro policial.

— Espere! — protestou Márcio, enquanto era arrastado do ônibus. — Eu não fiz nada. Isso não é meu!

Ele levou uma coronhada na cabeça e foi colocado à força num camburão. Meio desfalecido, seguiu sem opor resistência.

Agora Reinaldo o tinha ali, no quartel, sentado diante dele com as mãos algemadas, ainda ileso, apenas com um pequeno galo na cabeça. Não tinha hematomas nem escoriações. Estava intacto. O rapaz olhava para ele com ódio e medo ao mesmo tempo.

— Sabe por que está aqui? — indagou Reinaldo.

— Não.

— Você foi preso com uma trouxinha de maconha.

— Não é minha. Não fumo maconha.

— Que droga usa?

— Nenhuma.

— Mentiroso. Vai me dizer que no seu grupinho ninguém fuma um baseado?

— Não ando com gente desse tipo.

— Sei. E onde está sua mãe?

Ele estremeceu, temendo pela vida dela, mas conseguiu responder com aparente frieza:

— Em casa.

— E os seus irmãos?

— Devem estar na escola.

— E o seu pai?

Uma enorme sensação de mal-estar o acometeu. Márcio começou a suar frio, sentindo o pânico se insinuar em seus pensamentos.

— Desapareceu — respondeu, hesitante.

— Sabe onde está?

— Não.

— O que você diria se eu lhe dissesse que sei onde ele está?

— Onde?

A ansiedade de Márcio era visível. Reinaldo aproveitava ao máximo aquele momento de superioridade e demonstração de poder.

— Vá com calma. Você vai ter a oportunidade de falar com ele.

— Ele está aqui?

— Está.

— Deixe-me vê-lo. Por favor...

— Na verdade, Márcio, é exatamente isso que pretendo fazer. Só que do meu jeito.

Inesperadamente, Reinaldo se levantou, dando início a uma série de espancamentos que deixou o rapaz aturdido, sem chance de se defender. As mãos algemadas para trás impediam que se movimentasse. Ficou ali parado, apanhando, até que seu corpo, de tão exausto, tombou no chão, quase inerte.

Abaixando-se ao lado dele, Reinaldo levantou-lhe o rosto inchado e sangrando.

— Está ótimo — comentou. — Era isso mesmo que eu queria.

Sem dizer nada, ergueu Márcio com brutalidade, pondo-o de pé diante dele, todo trêmulo, agora ciente da situação difícil e perigosa em que se encontrava.

— Por favor — choramingou, temendo nova agressão. — Não fiz nada. Nem sei de onde veio aquela maconha.

— Idiota! — menosprezou Reinaldo. — Acha mesmo que estou preocupado com isso?

Márcio sabia que não e meneou a cabeça.

— Por favor, não me bata mais — suplicou.

— Não vou bater. Preciso de você assim como está. Vamos.

Com várias cutucadas, Reinaldo saiu empurrando Márcio pelo corredor. O menino mal enxergava onde ia, pois o inchaço dos olhos tornara turva sua visão. Meio aos tropeços, seguiu por vários corredores, desceu algumas escadas, até chegar a uma sala feia e sombria, como um tipo de masmorra. Dentro, um homem vendado fora amarrado em uma cadeira.

Mesmo com a vista embaciada, Márcio reconheceu o pai. A um sinal de Reinaldo, o menino se retraiu, fazendo morrer nos lábios a palavra com que iria chamá-lo.

— Bom dia, Alfredo — cumprimentou Reinaldo sarcasticamente. — Como tem passado? — Silêncio. — Trouxe uma visita para você.

— Visita? — repetiu Alfredo, assustado.

— Alguém que você vai gostar de ver.

O pânico dominou Alfredo de tal modo que ele começou a chorar. Reinaldo virou a cadeira em que ele estava de frente para a porta, onde Márcio era mantido algemado. Aproveitando ao máximo cada momento da tortura emocional, olhou para o menino com um sorriso mordaz e desatou o nó da venda de Alfredo.

Pai e filho se encararam por alguns instantes. As lágrimas de Alfredo redobraram ao ver o rosto machucado do rapaz. Acontecera o que mais temia.

— Por favor, deixe-o em paz — implorou, mortificado. — Ele não fez nada.

— Ele foi preso em flagrante carregando maconha.

— Meu filho não fuma maconha. Ele é um bom menino.

— Foi o que ele me disse. Mas se é um bom menino ou não, é o que vamos ver agora.

Sem que ninguém esperasse, Reinaldo desferiu um soco na boca do estômago do rapaz, que se curvou e vomitou, só não desabando no chão porque Reinaldo o segurou.

— Por favor, por favor! — gritava Alfredo desesperado. — Não faça nada com ele. Mate-me, mas solte-o!

Márcio não conseguia nem falar, tamanha a dor que o afligia. Os pulsos lhe doíam horrivelmente, mas a visão do pai, ferido e humilhado, foi o que mais lhe trouxe angústia.

IMPULSOS DO CORAÇÃO

— Podemos acabar com esse sofrimento — afirmou Reinaldo. — Basta você me dizer o que quero saber, e o menino será libertado.

— Não sei de nada... — balbuciou, ainda hesitando em entregar o general.

— Pelo visto, você não é um bom menino — desdenhou Reinaldo, dirigindo-se a Márcio. — Nem conseguiu convencer seu pai a me dizer o que quero ouvir.

Novos golpes se seguiram, e dessa vez Márcio foi ao chão, coberto pelos pontapés de seu agressor.

— Por favor, pare, pare! — gritou Alfredo, chorando aterrorizado. — Está bem. Falo o que você quiser, mas por favor, não o maltrate mais! Não bata mais nele!

Os chutes cessaram, e Reinaldo olhou para Alfredo com ar vitorioso.

— Bom — escarneceu. — Ele é um bom menino, afinal.

Reinaldo apertou um botão na mesa, e logo um policial apareceu. Levantou Márcio, que mal se sustinha em pé, e conduziu-o para fora.

— Pai... — gaguejou ele. — Pai...

Não teve tempo de ouvir nenhuma resposta. Arrancado dali, foi conduzido de volta à sua cela. Reinaldo esperou com paciência até que o choro angustiado de Alfredo diminuísse. Puxou outra cadeira e sentou-se defronte a ele.

— Muito bem. Agora somos só nós dois.

— E o meu filho? O que vão fazer com ele?

— Se conseguirmos o que queremos com a informação que você fornecer, ele será libertado.

— Como posso ter certeza de que cumprirá sua promessa?

— Você não tem escolha. Ou fala, ou eu mando trazê-lo de volta e dou um tiro nele na sua frente.

— Você é um homem frio e cruel — soluçou. — Por que faz isso?

— Sou um homem que respeita as leis do meu país, ao contrário de você, que não passa de um traidorzinho barato, uma marionete nas mãos de um traidor graúdo. E é atrás desse peixe grande que nós estamos. Você sabe disso. Agora, vamos ao que interessa. Conte-me tudo o que sabe sobre o general Odílio.

Não havia mais para onde fugir. Premido pelas ameaças de Reinaldo, Alfredo contou tudo o que sabia sobre o envolvimento do general com o movimento subversivo. Sobre Augusto e a *Esperança*, nada disse. Suas funções limitavam-se a buscar passaportes, passagens, dinheiro e demais documentos, que eram entregues diretamente ao general. Forneceu, contudo, o nome do falsificador, único com quem mantinha contato.

Ao final do interrogatório, Reinaldo deu-se por satisfeito. Reunira provas suficientes para prender o general e o falsificador. Se havia mais gente envolvida, eram eles que lhe diriam. Alfredo não sairia mais dali. Comprometido com o nefasto movimento, permaneceria na prisão, aguardando sua sentença.

Quanto ao filho, podia matá-lo ou mantê-lo preso. Mas as experiências escolhidas por Márcio não envolviam esse destino, de forma que Reinaldo decidiu soltá-lo. Não precisava mais dele. Tinha em mãos o falsificador e o general. Não sabia que já não encontraria mais o primeiro, longe do país àquela altura. Mas o general estava ao seu alcance, preso à cidade por um dever moral para com Alfredo. Não tardaria a prendê-lo.

Reinaldo riu de satisfação, antegozando cada momento da prisão de Odílio. Seria seu momento de glória, motivo de júbilo e, quem sabe, de uma condecoração. Com esse sorriso maléfico, iniciou os planos para a captura do general.

CAPÍTULO 37

Depois da festa de domingo, Augusto não desceu ao porão. Nelma estava desconfiada, olhando-os de um jeito esquisito. No dia seguinte, não foi preciso esperar até que ela pegasse no sono. Cansada da agitação do fim de semana, Nelma logo adormeceu.

— Não via a hora de conversar com você — desabafou ele, nos braços de Rafaela. — O que disse a Nelma?

— Contei-lhe a maior mentira. Inventei uma história absurda, nem sei se ela acreditou.

O enredo pareceu inverossímil a Augusto, que balançou a cabeça, consternado.

— Realmente, foi uma história fantástica — comentou. — Duvido muito que ela tenha acreditado.

— O que você queria? Tive que ser criativa, inventar qualquer coisa que justificasse o que ela ouviu.

— Não a estou recriminando. Acho que você fez o que pôde. É com Nelma que me preocupo.

— Você não sabe como estou me sentindo — desabafou ela. — Não estou acostumada a mentir.

— Sei que não, mas foi necessário. Pense que sua mentira pode ter salvado nossa relação.

— Ah! Augusto, tenho medo de que você me deixe.

— Isso nunca vai acontecer.

— Você não me ama o suficiente para deixar a Igreja.

— Não é isso. Gosto de ser padre, mas o meu amor por você é maior. Eu só acho que temos que agir com cautela e paciência. De nada adianta a precipitação.

— Você não vai me deixar?

— É claro que não, já disse.

— Jura?

— Preciso jurar?

Rafaela suspirou desanimada. A mentira ainda fazia-a sentir-se mal, contudo, ficar sem Augusto lhe traria um sofrimento sem igual. Com medo de perdê-lo, ela abraçou-se fortemente a ele, chorando de mansinho em seu ouvido.

— Hei! — surpreendeu-se ele. — O que é isso?

— Tenho medo. Você vai me deixar.

— Nunca. Não seja tola. Amo você.

Amaram-se novamente, e quando Augusto retornou a seu quarto, a madrugada já corria alta. Rapidamente, adormeceu. Somente os ruídos próprios da noite ecoavam pela casa escura e silenciosa.

Não demorou muito para que fossem despertados por um ruído infernal, como se um batalhão inteiro houvesse iniciado uma guerra do lado de fora da casa. Spock começou a latir, correndo de um lado a outro, assustado. De um salto, Nelma levantou-se da cama, lívida feito uma boneca de cera. Um tiroteio se iniciara, tão alto e próximo que parecia acontecer no meio da sala. Apavorada, vestiu o penhoar e correu ao quarto de Augusto, estacando ainda mais pálida. A cama estava vazia.

No mesmo instante, deu meia-volta e correu pelo corredor até o porão. Um barulho de passos apressados veio subindo as escadas, a porta se abriu bruscamente. As duas mulheres gritaram ao mesmo tempo, tomadas pelo espanto e a surpresa.

— Meu Deus, Nelma! — exclamou Rafaela. — Você quase me mata de susto.

— Onde está padre Augusto?

— E eu é que sei? Que barulheira é essa?

Nesse momento, Augusto entrou correndo, vindo da cozinha.

— Padre Augusto! — apavorou-se Nelma. — O que é isso?

— Não sei. Parece que está tendo uma guerra lá fora.

Os ruídos se intensificaram, estampidos secos espocando por todo lado, cada vez mais próximos. Parecia que um exército furioso cercara a casa. Em breve, batidas bruscas sacudiram a porta da frente, deixando os três aterrorizados. Spock investiu contra a porta, dando mordidas no ar.

— O que é isso, meu Deus? — assustou-se Nelma.

— Polícia! — veio o grito lá de fora. — Abram!

A palavra polícia amedrontou-os mais do que o tiroteio. Augusto olhou para Rafaela, as pernas bambas de medo e desespero.

— Para o porão, depressa! — sussurrou ele, com urgência na voz. — E tranque a porta.

— Eles vão me encontrar — murmurou Rafaela, trêmula de pavor.

— Não vão, não.

Havia tanta certeza na voz dele, que Rafaela se acalmou. Augusto empurrou a moça de volta para o porão e ouviu-a passar a chave pelo lado de dentro.

— Venha, Nelma — chamou ele. — E não diga nada.

Calmamente, Augusto se dirigiu para a porta. Apanhou Spock no colo e destrancou-a, dando de cara com um policial armado, extremamente hostil.

— Desculpe-me, padre — ele forçou o cumprimento educado. — Mas temos sérias desconfianças de que um criminoso se ocultou aqui.

— Aqui?! — indignou-se Augusto, tentando conter o cão, que se remexia para se soltar. — Em minha casa? Impossível!

Por cima do ombro do policial, ele viu os demais homens armados e o portão da frente arrebentado. Na ânsia de prender o tal criminoso, o haviam arrombado.

— Vamos precisar entrar — continuou o policial. — Para sua própria segurança, precisamos ter certeza de que ele não se ocultou aqui.

— De jeito nenhum! — objetou Augusto com veemência, passando Spock para o colo de Nelma. — Não vou tolerar violência em minha casa.

— Não crie dificuldades, padre.

— Que eu saiba, vocês não podem entrar na casa dos outros à noite, sem consentimento do morador.

— A não ser que um crime esteja em andamento, e é o que achamos. Se encontrarmos o meliante, podemos ainda dar-lhe o flagrante.

— Mas o que esse sujeito fez, afinal?

— Pode deixar, Paulão — uma voz familiar soou atrás do outro, deixando Augusto ainda mais aturdido. — Deixe o padre comigo. Ele é meu amigo.

— Reinaldo! — surpreendeu-se Augusto. — Mas o que é isso? O que está acontecendo? Por que invadem assim a minha casa? O fugitivo é algum cliente seu?

Reinaldo ficou confuso. Em sua ânsia de prender o criminoso político, nem se dera conta da mentira que antes havia contado a Augusto.

— É o seguinte — falou ele com uma ginga que o padre não conhecia. — Na verdade, não sou advogado. Sinto ter mentido para você, mas não podia revelar minha verdadeira identidade de agente da polícia militar.

IMPULSOS DO CORAÇÃO

— Polícia militar? — repetiu aturdido. — Não compreendo. Você é policial?

— Sou um agente especial.

— Por que mentiu para mim?

— Fui obrigado, pelas circunstâncias.

— Que circunstâncias?

— Isso não vem ao caso. Depois conversaremos e esclarecerei tudo. O que importa agora é prender o criminoso.

— Mas de que criminosos estão falando, meu Deus?

— Você conhece o general Darci Odílio, não conhece? — Augusto ergueu as sobrancelhas, visivelmente espantado. — É claro que sim. Não precisa protestar, sei que você não pode revelar o que ouviu em confissão, nem eu lhe pedirei isso. Mas há muito o estávamos investigando e conseguimos reunir provas de que ele é um criminoso subversivo.

— Do que você está falando?

— Fomos à sua casa prendê-lo, mas o danado conseguiu escapar. Apesar de velho, é um militar treinado e experiente. Nós o perseguimos, ele fugiu para cá. Está armado. Não ouviu os tiros?

Augusto assentiu embasbacado, tentando pensar rápido. Tinha agora duas pessoas para tentar proteger. Não sabia onde estava o general Odílio, mas não tinha a menor intenção de colaborar com a polícia para a sua prisão. E precisava ainda pensar em Rafaela.

— Poupe-se o trabalho de revistar minha casa — contrapôs Augusto com frieza. — Ele não está aqui.

— Isso é o que vamos ver.

A um gesto de Reinaldo, os policiais irromperam pela casa de Augusto. Agarrada a Spock, Nelma encolheu-se atrás do padre. Os homens revistavam tudo, deixando Augusto apavorado com a iminência de descobrirem o porão.

— Capitão! — chamou um dos soldados. — Essa porta está trancada.

— Capitão!? — indignou-se Augusto, olhando para Reinaldo com surpresa e revolta.

— Depois — cortou ele, aproximando-se da porta. — O que tem aí?

— É o porão.

— Isso, deu para perceber. Quero saber o que tem aí dentro.

— Nada. É um depósito de coisas velhas.

— Abra.

— Não o abrimos há algum tempo. Nelma, onde está a chave?

— Eu... não sei... — balbuciou aterrada.

— Teremos que procurar — esclareceu Augusto, tentando ganhar tempo. — Como disse, há muito não abrimos o porão. Por isso, posso assegurar-lhe que o coronel não está aí.

— Quero ver. Arrombem, vamos.

Logo que o policial deu o primeiro pontapé na porta, um outro soldado veio do quintal, segurando pela gola da camisa o general fugitivo. Sem pensar, Augusto deu um passo à frente, para proteger o amigo, que fez um gesto imperceptível com a cabeça, recomendando que não se aproximasse.

— Capitão! — gritou eufórico. — Nós o encontramos escondido em cima de uma árvore. Acabou sua munição.

Reinaldo apanhou a arma sem balas e, olhando-o com desprezo, desdenhou:

— Em cima de uma árvore? Mas que falta de imaginação. Levem-no!

— Espere — interrompeu Augusto. — Conheço o general. É uma pessoa de bem, nunca fez mal a ninguém.

— Pode não ter feito mal aos traidores iguais a ele, mas causou imenso mal a este país — objetou Reinaldo. — Aposto que você, mais do que ninguém, sabe disso, não é mesmo?

IMPULSOS DO CORAÇÃO

— Por favor, não faça isso — suplicou Augusto. — Está cometendo um terrível engano.

— Não há engano algum. Temos provas robustas da traição desse canalha. — Virando-se para o policial, esbravejou: — Vamos! O que está esperando! Prendam esse traidor!

Havia tanto ódio nas palavras de Reinaldo que Augusto estacou, mudo de espanto. Aquele homem frio e implacável, decididamente, não era o mesmo que o procurara meses atrás.

— Reinaldo — disse em tom de decepção. — O que houve com você? Não o reconheço mais.

— Você nunca me conheceu — rebateu com fúria. — E fique longe do meu caminho, se não quiser ser preso por acobertar um fugitivo traidor.

— Padre Augusto não fez nada — afirmou firmemente o general.

Não conseguiu concluir a frase, silenciado por um golpe violento no estômago. Odílio dobrou o corpo sobre si mesmo e só não foi ao chão porque o policial que o segurava não o soltou.

— Levem-no logo daqui — ordenou Reinaldo, e o policial obedeceu. — Lamento muito por essa intromissão, Augusto, mas tínhamos que prender o fugitivo. Outro dia voltarei para termos uma conversa.

— Não se incomode. Creio que você não precisa dizer mais nada.

— Como quiser.

Reinaldo deu-lhe as costas e saiu, deixando Augusto arrasado, sem conseguir se mover. Arriado numa cadeira, rosto oculto entre as mãos, chorou de revolta e frustração. De tão envolto na dor, não percebeu que Nelma, sorrateiramente, saíra atrás de Reinaldo. Alcançou-o no portão e chamou-o discretamente.

— Capitão.

Reinaldo se virou e estranhou a presença da mulher, mas a experiência o fez parar.

— Sim? O que deseja?

— O senhor é um policial, não é mesmo? — ele assentiu. — Bem, digamos que eu precise do senhor algum dia... como poderei encontrá-lo?

Ele a encarou fixamente, lendo em seus olhos algum segredo oculto e temido. Puxou a carteira, deixando à mostra o revólver que escondia embaixo do paletó, e sacou um cartão de visitas.

— É só me telefonar — afirmou ele, pondo nas mãos dela o cartãozinho.

Nelma apertou o cartão e sorriu enigmaticamente. Reinaldo saiu atrás de seus homens, e ela encostou o portão, já que não conseguiu trancar a fechadura quebrada. Ao falar com o capitão, nem sabia o que pretendia. Mas o presente que ele lhe dera deixou-a confiante e assustada ao mesmo tempo. Quem sabe, um dia, ele não lhe seria útil?

CAPÍTULO 38

Padre Augusto passou o dia preocupado com general Odílio, quase sem dar atenção a Rafaela. Tentou seus contatos, mas ninguém pôde lhe dar nenhuma informação, já que seu contato maior era o próprio general. Mandou consertar o portão e passou o resto do dia fora, em reunião com padre Cláudio e outros membros da organização, imaginando o que deveriam fazer. Se Odílio desse com a língua nos dentes, todos estariam em grande perigo.

As notícias do general não tardaram a chegar. Dois dias depois, um bilhete anônimo endereçado a Augusto informava que ele havia morrido na prisão, após ingerir uma cápsula de cianureto escondida na dobra do casaco.

Foi um episódio lamentável. Desde o sumiço do motorista, Odílio passara a andar com a cápsula de cianureto escondida na roupa, prevendo que Alfredo o delatasse. Não culpava o motorista. Sabia como os métodos de tortura podiam ser persuasivos. Por isso mesmo, não podia arriscar todos aqueles que, como ele, lutavam contra o regime militar. De seu silêncio dependia a sobrevivência da organização.

Embora o suicídio seja considerado pecado mortal pela Igreja, Augusto rezou uma missa por Odílio. Conhecedor das obras espiritualistas, não acreditava na condenação eterna e considerava o suicídio do general um ato de bravura e renúncia, pois tinha certeza de que ele só se matara para proteger a Esperança e seus membros. Graças a ele, a organização ainda se mantinha na clandestinidade.

Na semana seguinte à notícia do suicídio de Odílio, Augusto recebeu a visita de Reinaldo. A campainha do portão soou duas vezes antes que Nelma fosse atender. Como era muito cedo, Reinaldo encontrou o padre sentado à mesa do café.

— Bom dia, Augusto — cumprimentou Reinaldo, sentando-se de frente a ele.

— Bom dia — respondeu friamente.

— Você tem todo o direito de estar aborrecido comigo, mas gostaria de me explicar.

— Você não me deve explicação alguma. Tudo já está mais do que explicado para mim. Você é um agente do governo e quis me usar para prender o general Odílio.

— Não leve as coisas para esse lado. Queria ter-lhe contado, mas não podia pôr em risco minha operação.

— E agora que o prendeu, resolveu se revelar.

— Não fique tão chateado. Afinal, eu só estava cumprindo o meu dever. Ou você é daqueles padres que defendem essa malta de traidores da pátria?

— Defendo o ser humano, e Deus não tem pátria.

— Tudo bem, não estou aqui para questionar sua conduta religiosa. Admiro o bem que você faz às pessoas, independentemente de quem sejam. Mas alguém tem que cuidar da segurança nacional. Se não são os padres, tem que ser os militares, você não acha?

— Se você diz...

— Faço parte do DOI-CODI, você já deve ter ouvido falar. — Augusto permanecia impassível. — Mas minha profissão não me impede de gostar de você. Não recebeu o meu bilhete?

— Falando do suicídio do general? — ele assentiu. — Imaginei que havia sido você.

— Fiz isso porque sou seu amigo e achei que você merecia saber.

— Muito obrigado pela consideração.

— Não precisa ser sarcástico. Não fosse por mim, você nunca saberia o que aconteceu a ele.

— Você acha que devo mesmo ficar grato, não acha? Grato pelo fato de o general ter sido induzido ao suicídio pela sua revolução?

— O general era um traidor, e vou pensar que você também é, falando desse jeito.

Augusto engoliu a raiva e revidou entredentes:

— A mim, pouco importa o que você pense. Não gosto da sua atitude e gostei menos ainda de saber que você me usou.

Reinaldo olhou para ele com uma certa raiva a insinuar-se no peito. Prestara-lhe um favor, mas Augusto ainda achava que podia lhe fazer acusações e cobranças.

— Tudo bem — disse Reinaldo em tom glacial. — Você tem o direito de pensar o que quiser. Ainda assim, fiz a minha parte.

Augusto permaneceu em silêncio. Reinaldo se levantou, empurrou gentilmente a cadeira de volta à mesa e arrematou friamente:

— Entenda, Augusto, que só fiz o que achava que era meu dever — como Augusto permanecesse mudo, concluiu: — Adeus.

Saiu sem fazer barulho, todo empertigado, com porte de oficial. Passou por Nelma sem lhe prestar atenção, já esquecido do cartãozinho que lhe dera. Depois que ele se foi, ela voltou à sala e encontrou Augusto com o rosto afundado entre as mãos.

— Padre. O senhor está bem?

Ele olhou para ela com desgosto e retrucou:

— Como posso estar bem com tudo o que aconteceu? O general Odílio foi preso em minha casa.

— O senhor não teve culpa.

— Devia tê-lo protegido melhor.

— Não havia nada que o senhor pudesse fazer.

— Reinaldo está desconfiado de mim. E se descobrir Rafaela aqui?

— Talvez seja melhor o senhor mandá-la embora.

— Para onde, Nelma? Se ela sair daqui, não vai demorar para ser presa.

— Aquela menina é o capeta encarnado — desabafou com raiva. — Onde já se viu...

Calou-se, ante o olhar de repreensão de Augusto, embora remoendo no íntimo o ódio que alimentava pela moça.

— Preciso sair — disse ele em tom cansado. — Estou atrasado para o confessionário. Preciso antes falar com Rafaela.

Ele se levantou e foi direto ao porão, com o cachorro em seu encalço.

— O que ele queria? — indagou ela, depois de beijá-lo.

— Explicar-se.

— E você?

— Para que ouvir explicações? Já está tudo muito claro. Aos olhos dele, o general era um traidor da pátria, como ele mesmo gosta de dizer. Para mim, ele é o traidor da humanidade. Um homem que conheci quando criança, que brincou comigo, dormiu na minha cama. E não passa de um boneco, um fantoche da revolução.

— Não pense mais nisso. Acabou.

— Não acabou. O general Odílio se suicidou por causa desse governo de demônios que aí está.

— Ele tinha medo da tortura. Ninguém pode culpá-lo.

IMPULSOS DO CORAÇÃO

— Engano seu. O general Odílio só tinha medo de uma coisa: de comprometer o nosso movimento, as ações da *Esperança*, de colocar em risco a segurança dos padres envolvidos. Por diversas vezes ele me disse isso, que preferia morrer a nos delatar.

— Mas então ele foi um herói! Pense nele assim.

— Ele foi um herói, sem dúvida. Como poucos... — calou-se, consumido pelas lágrimas. — Tenho que ir para a igreja. Cuidado. Acho que Reinaldo está desconfiado de mim e pode ter mandado vigiar a casa. Não se exponha.

— Não se preocupe comigo. Cuide-se, pois sei me cuidar.

Ele a estreitou com um quase desespero e confessou sentido:

— Eu não suportaria perder você.

— Você não vai me perder. Vou tomar cuidado, prometo. E tenho Spock para me proteger.

À menção de seu nome, o cãozinho abanou o rabo e aninhou-se aos pés de Rafaela. A situação estava mesmo ficando perigosa, deixando a moça cada vez mais assustada. Tinha pavor de tortura, não era resistente à dor. Passou o resto da manhã lendo e só saiu à hora do almoço porque o estômago começou a doer. A mesa fora posta somente para ela. Nelma parecia mais carrancuda do que sempre fora.

— Sente-se — ordenou a criada, quase quebrando a louça.

— Augusto não vem?

— Padre Augusto está ocupado — corrigiu ela, achando um desaforo aquela menina chamá-lo apenas pelo nome. — Mandou que você comesse sem ele.

Embora contrariada, Rafaela não disse nada. Sentou-se à mesa e esperou até que Nelma a servisse. Depois, comeu em silêncio, sozinha. Já estava na sobremesa quando Nelma parou de frente a ela e a encarou com ar zangado.

— Tudo bem, Nelma? — indagou Rafaela, entre incomodada e irritada com o olhar insistente da outra.

— Quer mesmo saber? — rebateu entredentes. — Não está nada bem, não. Pensa que não vejo o mal que você está fazendo a padre Augusto?

— Não sei do que você está falando — respondeu Rafaela com frieza, para ocultar a raiva.

— Você devia se envergonhar, isso sim. Fornicando com um padre...

Ela quase explodiu, mas conseguiu se conter e manter a aparente calma, como Augusto lhe recomendara:

— Não sei de onde você tirou essa ideia. Somos apenas amigos.

— Sei. Você pensa que sou idiota, não é? Pois não sou. Sei muito bem o que acontece nesta casa depois que as luzes se apagam.

— Quer saber, Nelma? Acho que nada disso é da sua conta. Você só trabalha aqui. Não é a mãe do Augusto.

— Até ao pronunciar o nome dele você comete pecado. Quem lhe deu essa liberdade de chamá-lo pelo nome?

— Ele — foi a resposta seca e direta.

Rafaela pensou que Nelma ia ter algum tipo de ataque, tamanha a vermelhidão que se alastrou pela sua face.

— Demônio — sussurrou com ira. — Devia ir para o inferno, que é o seu lugar.

— Sabe de uma coisa? — tornou Rafaela com desdém. — Acho que você devia pedir demissão. Se trabalhar aqui já não lhe agrada mais, por que não vai embora?

— E deixar o caminho livre para vocês fornicarem à vontade? Isso é que não.

— Não entendo você. Talvez goste de sofrer. Se a incomoda tanto achar, veja bem, eu disse achar, que nós fornicamos, ninguém a obriga a conviver com o pecado. Você é livre para ir aonde quiser, ao contrário de mim, que estou presa aqui.

— Padre Augusto precisa de mim. Eu sou fiel a ele, ao passo que você só está interessada em sexo com um homem

IMPULSOS DO CORAÇÃO

bonito. E nem se importa que esse homem, embora bonito, seja um padre!

— Engraçado. Será que não é você que está apaixonada por ele?

— Jamais repita uma infâmia dessas! — horrorizou-se, persignando-se várias vezes. — Padre Augusto é um santo, e todos os santos são bonitos. Meu amor por ele é puro, dedicado, imaculado!

— O meu também. Duvida que eu o ame?

— Amor... Você nem sabe o que é isso. Tudo para você é conveniente. Está presa aqui, com um homem atraente e tolo o bastante para se deixar seduzir. Mas você não o ama. Assim que se vir livre, não vai nem mais lembrar de que padre Augusto existe.

— Está enganada. Todos estão enganados.

— Todos?

— Sabe o que mais? — revidou ela, empurrando o pote de salada de frutas para o lado. — Já me cansei dessa conversa. Com licença.

Mal conseguindo conter a fúria, Rafaela se levantou e correu de volta ao porão. Não aguentava mais aquela pressão. Nelma e padre Claudio pensavam que ela não amava Augusto, mas estavam todos enganados. Ia provar.

Sonhava com o dia em que poderia sair daquele buraco. O porão era apertado e abafado, com uma janelinha minúscula e gradeada. E embora Augusto se esforçasse para torná-lo menos deprimente e mais agradável, não deixava de ser uma prisão.

CAPÍTULO 39

Terminado o confessionário, Augusto seguiu direto para a escola. Atrasado para a primeira aula, não teria tempo para almoçar. Logo ao portão do colégio, viu Claudio conversando com dois padres conhecidos e se aproximou. Estavam falando do recente episódio com o general Odílio e das implicações que lhes poderia trazer.

— Vamos nos encontrar mais tarde, depois da aula — anunciou um dos padres. — Você pode vir?

— Estarei lá, por certo — confirmou Augusto.

Despediram-se e foram, cada qual para sua turma. Augusto passou a tarde desligado, com dificuldade de se concentrar nas aulas, a todo instante esquecendo-se do que estava falando. Quando um aluno lhe fazia uma pergunta, ficava embaraçado e confuso. Foi assim até o fim do dia, até que soou o sinal do último tempo, e ele respirou aliviado.

Claudio o esperava à saída da sala, para que seguissem juntos.

IMPULSOS DO CORAÇÃO

— Quer tomar um café? — convidou Claudio. — Ainda temos tempo antes da reunião.

Compraram o café, sentaram-se a uma mesa da cantina e Augusto tomou a palavra:

— Reinaldo veio me procurar hoje.

Como Claudio já conhecia toda a história sobre Reinaldo, indagou preocupado:

— O que ele queria?

— Segundo ele, explicar-se. Mas temo que esteja desconfiado de mim.

— Por que pensa assim?

— Pelo modo como ele falou. Não se esqueça de que eu era o confessor do general Odílio.

— E daí? Ele não pode acusá-lo de nada nem obrigá-lo a revelar o que sabe.

— Ainda assim, acho que estamos correndo perigo. Todos nós. Temo pelo que poderá acontecer à Esperança.

— Acha que devemos dar um tempo com as nossas atividades?

— Preocupo-me com os fugitivos, mas não podemos nos arriscar a ser presos. Quem cuidaria deles?

Claudio pousou a xícara de café na mesa e encarou Augusto. Reconhecia, no tom de sua voz, uma preocupação que ia muito além do futuro da Esperança.

— Você me desculpe, Augusto, mas não creio que seja só por isso que quer parar. Acho que você está é com medo de que Rafaela seja descoberta.

— E se for? — revidou ele, sustentando o olhar de acusação do amigo. — Rafaela é uma perseguida política. Não quero que seja presa.

— Não quer porque está envolvido com ela.

— E daí? Qual o problema? Meu envolvimento com ela nada tem a ver com meu dever de protegê-la.

— Aí é que você se engana. Você se arrisca demais, não apenas a ser descoberto, mas a ser expulso da Igreja.

— Não vamos começar com essa conversa de novo — irritou-se.

— Só você não percebe que essa moça não o ama. Está envolvida com você, mas...

— Chega! — exasperou-se. — Não estou disposto a ouvir toda essa ladainha outra vez.

— Caia na realidade. Ela é uma garota moderna, enquanto você não passa de um padre conservador.

— Não sou conservador. E antes de ser padre, sou homem.

— Você fez os votos.

— Sei disso. Não preciso de você para me lembrar.

— Você tem que escolher. Não pode ter as duas coisas. Ou se assume como homem mundano, ou se arrepende e retoma o sacerdócio como tem que ser.

— Como é que tem que ser? Do jeito que os homens falaram? Jesus nunca recriminou o amor nem disse que os padres não podiam se casar. Aliás, Jesus sequer criou os padres. Isso é coisa dos papas antigos, pessoas que condenaram o amor para salvaguardar seus interesses mesquinhos e egoístas.

— Está blasfemando, Augusto! — repreendeu Claudio, elevando o tom de voz. — As bases da Igreja estão estabelecidas há séculos. Se não concorda com elas, não devia ter feito os votos. Agora que os fez, só lhe resta aceitá-los ou sair!

— Sabe de uma coisa, Claudio? Você tem razão. Não posso ter as duas coisas. Estava difícil escolher, mas você tornou tudo mais fácil para mim. Entre a opressão e a liberdade, escolho ser livre.

Levantou-se de um salto, derrubando a cadeira e a xícara de café. Não aguentava mais a pressão de Claudio, seus olhares de reprovação, seus conselhos. Era hora de assumir a vida que lhe pertencia e que ninguém tinha o direito de direcionar. Não era um prisioneiro dentro da Igreja.

IMPULSOS DO CORAÇÃO

O sacerdócio lhe fora imposto, era verdade, mas acolhera-o com amor e respeito. Agora, porém, queria ser livre para amar Rafaela e viver em paz. Finalmente havia se decidido e sentia-se aliviado com isso.

De tão surpreso, Claudio nem teve tempo de reagir. Simplesmente ficou parado, vendo Augusto se afastar com a velocidade de uma bala, atropelando os passantes com sua fúria incontida. Claudio suspirou desanimado e triste. Não era aquela a reação que pretendia provocar em Augusto. Queria apenas fazê-lo refletir sobre sua vida, levando-o a uma escolha racional e consciente. A Igreja era o seu lugar, mulher nenhuma tinha o direito de afastá-lo dela.

Claudio quis ir atrás dele, mas os companheiros chegaram, e ele teve que acompanhá-los até o lugar onde a reunião aconteceria.

— Onde está Augusto? — perguntou um colega.

— Augusto não vem. Teve um problema urgente em casa.

Seguiram, falando de assuntos eclesiásticos durante todo o percurso, para que ninguém os notasse. A seu lado, Claudio seguia em silêncio, preocupado com a saída intempestiva e tempestuosa do amigo. Não queria que ele fizesse nenhuma besteira nem que tomasse uma atitude precipitada.

Na reunião, ficou acertado que deveriam fazer uma pausa em suas atividades. A ligação de Augusto com Reinaldo era muito perigosa, principalmente porque todos sabiam das desconfianças do militar. Prosseguir com a *Esperança* colocaria todos em risco, principalmente Augusto, que podia estar sendo vigiado.

Era melhor deixar Augusto com suas ponderações por aquela noite. No dia seguinte conversariam com um pouco mais de calma. Logo pela manhã, Claudio recebeu um telefonema urgente de Nelma. Havia acabado de se levantar e mal se vestira quando fora chamado pelo padre assistente que dividia com ele a casa paroquial.

— Alô! — ele atendeu espantado.

— Pelo amor de Deus, padre, faça alguma coisa! Padre Augusto saiu no meio da noite com aquela moça e disse que não vai mais voltar. E os batizados? E os casamentos de hoje? Quem é que vai celebrar? Ah! Padre, ajude-o! Se o bispo souber, nem sei o que poderá lhe acontecer.

— Acalme-se, Nelma, não estou entendendo. Você disse que padre Augusto saiu? Para onde foi?

— Não sei, ele não me disse. Só sei que arrumou as malas e saiu com aquele demônio em forma de gente. Aquela menina ainda vai acabar colocando padre Augusto em maus lençóis.

— Tenha calma, Nelma, não faça nada. Logo estarei aí.

Claudio vestiu-se às pressas e partiu para a casa de Augusto, surpreso com a atitude dele. Cansado de ser pressionado, não podendo mais ocultar o amor que sentia por Rafaela, Augusto jogou tudo para o alto. Naquele momento, não seria um bom sacerdote para o batismo, muito menos para os casamentos. Que conselhos teria para dar, ele, um padre que se precipitara no torvelinho das paixões humanas ao se envolver com uma mulher?

Quando Claudio chegou, encontrou Nelma chorando.

— Não sei o que deu nele, padre — lamentou ela. — Foi aquela mulher. Ela é o demônio. Desde que entrou aqui, padre Augusto ficou de cabeça virada. E agora, o que vai ser dele?

— Por favor, Nelma, procure se acalmar. Você disse que eles saíram no meio da noite, de mala e tudo? — ela assentiu. — Para onde será que foram? E sem carro?

— Para o senhor ver como ele enlouqueceu. Tudo culpa daquela diaba.

— Pare de blasfemar, por favor. Isso não é agradável a Deus.

— Desculpe, padre Cláudio, mas é que estou abismada. Jamais poderia imaginar que padre Augusto fosse tomar uma atitude dessas.

IMPULSOS DO CORAÇÃO

— No momento, precisamos ter calma. O mais importante é que os compromissos dele sejam cumpridos. Você sabe o que ele tinha para hoje e amanhã?

— A agenda dele ficou em casa. Eu a peguei, está aqui no meu quarto. — Ela se levantou, e padre Claudio a seguiu até seus aposentos. — São três batismos e dois casamentos, veja. Além das missas de domingo, é claro.

Claudio sentou-se na cama dela e abriu a agenda na mesinha, para conferir os horários, pensando no que fazer.

— Deixe isso comigo — tranquilizou por fim. — Mandarei o padre, meu assistente, celebrar as cerimônias que tenho para hoje e virei pessoalmente fazer as de padre Augusto. Não quero que ninguém mais saiba o que aconteceu aqui.

— E se o seu assistente perguntar?

— Direi que um amigo está muito doente e precisa de mim. Não é mentira, já que a alma de Augusto está envenenada pela paixão.

Foi o que Claudio fez. O padre assistente não desconfiou de nada. Estava apenas inseguro em fazer tudo sozinho, mas Claudio procurou transmitir-lhe confiança. Acertou tudo com ele e foi, pessoalmente, celebrar os batismos e casamentos, rezando a Deus para que aquele episódio não chegasse aos ouvidos do bispo.

CAPÍTULO 40

Longe dali, Augusto vivia a liberdade de amar sem pressão, medo ou cobranças. Apesar do sentimento de culpa que ainda o incomodava, o amor sobrepujava todas as dificuldades. Estar com Rafaela era a realização máxima de tudo com o que poderia sonhar.

Ao deixar Claudio na cantina da escola, já sabia o que iria fazer. Chegou a casa tarde e seguiu direto ao porão, tentando não chamar a atenção de Nelma que, àquela hora, estaria dormindo. Rafaela estava lendo um livro e levou um susto com o olhar eufórico e quase insano com que ele a fitava.

— Levante-se daí — falou imperativo. — Vá arrumar sua mala. Vamos viajar.

— Viajar para onde? Ficou louco?

— Vamos fugir. Não aguento mais. Quero esse fim de semana só para nós.

— Está falando sério?

— Seriíssimo. Eu a amo, Rafaela, e quero, ao menos uma vez na vida, estar a sós com você sem me sentir um criminoso.

IMPULSOS DO CORAÇÃO

— Aonde vamos?

— Não sei. Aonde o vento nos levar.

— Como assim? Não é perigoso?

— Aluguei um carro para o fim de semana. Ninguém vai nos ver sair.

— E se a casa estiver sendo vigiada?

— Não está. Procurei bem e não vi ninguém. Vamos, apresse-se. Não vejo a hora de estarmos sozinhos, para fazermos o que bem quisermos.

Com um sorriso radiante, Rafaela arrumou suas coisas. Rapidamente, Augusto subiu ao seu quarto e atirou algumas peças de roupa comuns dentro da mala. Não tinha muitas, apenas umas duas ou três camisas de malha que costumava usar dentro de casa.

Não era sua intenção comunicar nada a ninguém. Simplesmente ia sumir e só voltaria no domingo à noite. Precisava daquele fim de semana com Rafaela antes de tomar a decisão definitiva. Queria sentir que Rafaela o amava tanto quanto ele a ela. Na volta, se tudo corresse conforme ele esperava, iria direto ao bispo apresentar seu pedido de demissão.

Por mais que Augusto fizesse tudo em silêncio, Rafaela não era assim tão cuidadosa, e a movimentação na saída do porão acabou despertando Nelma. Ainda sob o impacto da prisão do general Odílio, Nelma abriu os olhos e correu assustada para a cozinha. O que viu a deixou em choque. Pelo corredor, dois vultos passaram carregando malas.

— O que está acontecendo? — indagou surpresa, acendendo a luz. — Vão a algum lugar?

Os dois estacaram, surpreendidos. Augusto fez sinal para que Rafaela seguisse adiante. Virou-se para Nelma e, com voz tranquila, anunciou:

— Vamos viajar.

— Viajar? Para onde?

— Ainda não sei.

317

— Mas assim, de repente, no meio da noite?

— É.

— O senhor ficou louco?

— Fiquei.

— E os seus compromissos?

— De hoje em diante, não tenho mais compromissos.

— Mas padre, o senhor não pode...

— Posso o que quiser, porque sou um homem livre. Gosto muito de você, Nelma, aprecio sua lealdade, mas creio que está passando dos limites. O que faço da minha vida não lhe diz respeito.

— Essa menina o enfeitiçou, não é? — revidou com raiva. — O senhor está cego e não enxerga o demônio que ela é.

— Não existem demônios. Rafaela é uma mulher, e estou apaixonado por ela.

— Não pode ser! O senhor não vê que ela é o diabo? Ela o está destruindo.

— Chega dessa ignorância! De hoje em diante, faço o que bem entender da minha vida.

— Essa garota devia ir presa! — esbravejou, cega de ódio. — Não lamentaria nada se a polícia descobrisse seu paradeiro e a levasse para a prisão, que é o lugar de gente safada!

— Nunca mais diga uma coisa dessas — retrucou ele, com veemência e fúria. — Se não quiser que eu a odeie pelo resto da vida, jamais repita essa barbaridade!

Nelma levou um susto e mudou o tom de voz, assumindo uma postura súplice:

— Por favor, padre, não faça isso. Será que não percebe que ela está atirando sua alma no abismo do pecado? Ela fez com que o senhor quebrasse seu voto de castidade e agora o está condenando...

— Por Deus, Nelma, cale-se! Não aguento mais tanta estupidez!

IMPULSOS DO CORAÇÃO

— O senhor está iludido. O diabo é esperto, devia saber disso mais do que eu.

— Chega dessa bobagem. Estou saindo de viagem com Rafaela, e nada nem ninguém irá me impedir.

— O que digo às pessoas que marcaram casamento e batismo?

— Que o padre está ausente. Se quiserem, que procurem outra igreja.

Nelma abriu a boca, abismada. Nunca ouvira padre Augusto falar daquela maneira.

— O senhor nunca foi irresponsável.

— Esse foi o meu mal. Por toda minha vida, deixei que todo mundo mandasse na minha vontade. Hoje aprendi a pensar por mim mesmo. Lamento a decepção dos que marcaram cerimônias, mas nada posso fazer.

— O senhor está fora de si. Não sabe o que diz.

— Não se preocupe comigo. Volto no domingo à noite para dar uma decisão na minha vida.

Mais que depressa, Augusto rodou nos calcanhares e saiu apressado. Rafaela o aguardava no automóvel, ansiosa pela sua chegada. Augusto sentou-se ao volante, e logo o carro pôs-se em movimento. Ganharam a rua sem nenhuma testemunha de sua fuga além de Nelma.

— Para onde estamos indo? — perguntou Rafaela, mal contendo a excitação.

— Pensei em irmos a Teresópolis. É perto, de forma que não perderemos tempo na viagem, e ninguém nos conhece.

— E se houver alguma barreira policial na estrada?

— Não vai haver. Não se preocupe, nada irá lhe acontecer.

Chegaram a Teresópolis em plena madrugada. Augusto guiou o carro devagar, à procura de um hotel ou pousada. Hospedaram-se numa pousada simpática e aconchegante, como um casal de recém-casados.

Pela primeira vez sozinhos, longe da opressão, amaram-se como nunca. Nos braços de Rafaela, Augusto esqueceu-se da igreja, sem lamentar a perda dos compromissos. Dormiram abraçadinhos, acordaram tarde e pediram café na cama.

— Que acha de darmos uma volta? — sugeriu Augusto.

— Será que não é perigoso?

— Já disse para você não se preocupar com nada. Estamos longe do Rio, ninguém vai prestar atenção a você.

— Aonde vamos?

— Dar uma volta, almoçar num bom restaurante. O que acha?

— Acho uma excelente ideia!

Rafaela confiava nele mais do que em si mesma. Caminharam ao ar livre, visitando parques e cachoeiras, evitando o contato com outras pessoas. Almoçaram num restaurante ao ar livre, em meio ao verde e aos pássaros. Voltaram no final da tarde, cansados e felizes, mais apaixonados do que nunca.

No domingo, saíram menos. Apenas um passeio de mãos dadas pelas ruas da cidade. Queriam aproveitar ao máximo seus últimos momentos de liberdade. Ficaram abraçados, conversando sobre o futuro, até que as primeiras estrelas se tornaram visíveis da janela.

— Hora de irmos — anunciou ele, penalizado.

— Que pena — lamentou ela, abraçando-se a ele. — Foi o fim de semana mais maravilhoso que já tive.

Ele sorriu e levantou-se da cama.

— Esse foi só o primeiro. Teremos muitos outros. Agora, porém, precisamos voltar.

Com um suspiro, Rafaela se levantou também e pôs-se a atirar as roupas na maleta sem nenhum entusiasmo.

— Você se lembra de Uberlândia? — indagou Augusto.

— Lembro-me. Por quê?

— Estou pensando em voltar para lá.

— Está falando sério?

IMPULSOS DO CORAÇÃO

— Estou.

— E eu?

— Vai comigo.

Durante alguns segundos, ela não compreendeu o que ele queria dizer. Mas depois, juntando os últimos acontecimentos, percebeu que seu sonho, finalmente, iria se realizar.

— Está tentando me dizer que vai deixar a Igreja? Pedir demissão?

— Exatamente. Não posso conciliar o sacerdócio e você. Agora sei que a amo mais do que a qualquer outra coisa na vida. Resta-me apenas saber o que você sente por mim.

— Você sabe que o amo.

— Quanto?

— Não dá para mensurar o amor, mas é muito.

— Tem certeza?

— Absoluta.

— Padre Claudio acha que isso é fogo de palha, que vai passar tão logo você se vir livre.

— Padre Claudio não conhece o verdadeiro amor. Só eu sei o que sinto. Você também deveria saber, já que nunca lhe escondi o quanto o amo.

— Eu sei. É por isso que me arrisco a pedir-lhe que se case comigo.

— Casar-me com você? Como? Sou uma foragida, menor de 21 anos. Como poderemos nos casar?

— Espero você atingir a maioridade. Enquanto isso, podemos fingir que somos casados, se você não se importar.

— Eu não me importo! — exultou ela, atirando-se em seus braços. — O que mais quero é estar com você. Só tem um problema: eu ainda sou uma perseguida política.

— Vou esconder você em Uberlândia, assim como venho escondendo-a no meu porão. Podemos comprar um sítio e abrir uma floricultura.

— Por que floricultura?

— Gosto de plantas e animais. Meu sonho era ser veterinário, mas não consegui. Acha que uma floricultura não seria suficiente para nós?

— Qualquer coisa é boa ao seu lado. Mas e a sua mãe? O que lhe dirá?

— Minha mãe é muito apegada aos costumes, mas vai ter que entender.

— Ela vai me odiar.

— Não vai, não.

— Não vamos morar com ela, vamos?

— É claro que não! Ficou louca? Teremos nossa própria chácara, onde você poderá ficar escondida. Farei um bonito jardim para você, cercado de trepadeiras, nos fundos da casa, protegido de tudo e de todos. Um lugar onde você possa estar em paz, longe dos olhares curiosos, principalmente daquele namorado violento que você arranjou da outra vez.

Rafaela abaixou a cabeça e rebateu mal-humorada:

— Gérson não foi meu namorado. E não gosto de me lembrar do que houve.

— Sinto muito. Não queria provocar lembranças tristes. Só não gostaria de cruzar com ele novamente.

— Não quero falar sobre Gérson. Tenho coisas mais importantes em que pensar.

— Tem razão, perdoe-me.

— Quem dera ele fosse minha única preocupação.

Uma sombra de tristeza anuviou os olhos dela, e Augusto indagou preocupado:

— O que foi, meu amor? De que tem medo?

— Não estou com medo. Penso na minha família. Até hoje meus pais desconhecem o que me aconteceu.

— Você sabe que é impossível aproximar-se de sua casa. Ela está sendo vigiada até hoje.

IMPULSOS DO CORAÇÃO

— Eu sei. Mas sinto falta de minha mãe.

Vendo que ela chorava, Augusto a puxou e reconfortou-a com amor.

— Tenha calma. Esse governo que está aí, um dia, vai cair, e tudo voltará ao normal. Por ora, sei que é difícil, mas você precisa ser forte.

— Eu tenho sido forte, tenho mesmo. Contudo, não posso fingir que não sinto saudades.

— Não precisa fingir. Eu estou aqui e vou cuidar de você. Prometo que você ainda irá rever sua família.

O pranto de Rafaela tornou-se mais sentido. Durante aquele breve momento, em que toda sua vida se derramou em sua mente, a luz da felicidade lhe pareceu um sonho distante demais para desejar. Tantas coisas havia perdido! Pessoas que foram importantes e que agora não estavam mais com ela. Será que tinha o direito de parar de sofrer e ser feliz? Com esses pensamentos, agarrou-se ao pescoço dele e soluçou:

— Oh! Augusto, é tão difícil!

— Eu sei. Você é corajosa, vai superar.

— Você não entende. Às vezes penso que estou sendo egoísta, pensando apenas na minha felicidade. E Silmara? E os outros? E Carlos Augusto?

— Silmara está vivendo a vida dela, e os outros estão mortos. Carlos Augusto está morto.

— Por minha causa.

— Isso não é verdade. Não se atormente por uma culpa que não lhe pertence. Carlos Augusto foi um rapaz de muita bravura e merece todo o nosso respeito. Mas não está mais aqui. Onde estiver, sei que está bem.

— Você acha mesmo?

— Tenho certeza. Já conversamos sobre esse assunto. Não acredita na sobrevivência da alma?

— Acredito. Por isso mesmo é que, às vezes, me sinto tão mal.

— Você não tem motivos para sentir-se mal.

— Será que é certo estar aqui com você? Carlos Augusto morreu para me salvar. Não estarei sendo egoísta, realizando com outro o sonho que tive com ele?

— Então é isso que sou? — enciumou-se. — Agora sou o outro que veio roubar os sonhos de seu namorado?

— Não foi isso que eu quis dizer.

— Foi exatamente o que disse. Que está realizando com outro o sonho que teve com ele. E o outro sou eu. Pensei que fosse o único em sua vida.

— Você é!

— Serei também o único em seu coração?

— Isso não é justo. Você está distorcendo as minhas palavras.

— Foi o que você disse!

— Falei sem pensar.

— Às vezes, o que falamos sem pensar é o que está escrito em nosso coração.

— Não me venha com filosofia barata só para me confundir!

— Você ainda o ama — afirmou de repente, atônito.

Rafaela olhou-o em dúvida, sentindo um misto de culpa, compaixão e amor. Não sabia o que dizer.

— Passamos muita coisa juntos... — balbuciou assustada. — Como poderia não o amar? Mas não é como você...

O ciúme é como uma erva daninha que se alastra rapidamente, contaminado os bons sentimentos. E por mais que Augusto tentasse, naquele momento, não conseguiu conter o fluxo intenso e pernicioso que se espalhava dentro dele, envenenando sua capacidade de discernimento.

— Talvez eu tenha precipitado as coisas — disse, desvencilhando-se dela. — Pensei apenas em mim, mas acho que é você que não está pronta.

— Não diga uma coisa dessas! Você sabe o quanto o amo.

IMPULSOS DO CORAÇÃO

— Será que Cláudio não tem razão? Talvez você pense que me ama porque se sente só e desamparada.

— Isso não é verdade!

— Pergunto-me se todas as vezes em que nos amamos, e você pronunciou o meu nome, não era a ele que chamava.

Ela o fitou com lágrimas nos olhos e rebateu magoada:

— Está sendo injusto. Eu não poderia simplesmente apagar Carlos Augusto das minhas lembranças. É claro que muitas vezes pensei nele. Não posso mentir que nunca me senti culpada quando nos amamos. E, sim, posso ter pensado no nome dele quando pronunciava o seu. Isso aconteceu algumas vezes. Mas nunca os confundi na cama!

— Tem certeza?

— Por que está fazendo isso comigo? — soluçou ela.

— Quando o conheci, ainda estava apaixonada por Carlos Augusto. Amo você, mas não posso fingir que ele nunca existiu.

Ela tinha razão. Ele estava sendo egoísta, talvez porque ela fora a única mulher em sua vida. Ele, contudo, não fora o primeiro homem na dela. Antes, houvera outros, houvera Carlos Augusto. Não podia sentir ciúmes do ex-namorado dela. O rapaz perdera a vida numa câmara de tortura. Não podia esquecer que fora graças a esse infeliz incidente que Rafaela entrara em sua vida.

— Perdoe-me — afirmou ele, estreitando-a nos braços.

— Sei que você me ama. É só que me bate uma insegurança, um medo de que você me deixe.

— Isso não vai acontecer.

— Como é que você sabe?

— Sei porque o amo. Todo mundo pode dizer o contrário, mas eu sei o que sinto.

— Jura?

— Juro. Meu amor é para sempre.

— Não vai me deixar quando estiver em liberdade?

— Nem sei se isso vai acontecer...

— Vai. Um dia, seremos um país livre novamente. Quando esse dia chegar, promete que não irá me deixar nem me trocar por alguém mais jovem e mais interessante?

— Isso seria impossível. Não existe alguém mais interessante do que você.

— Tolinha...

Augusto a tomou nos braços, ainda lutando contra a insegurança. Pela primeira vez, o ciúme o dominara, porque nunca antes Rafaela lhe revelara o que ainda sentia por Carlos Augusto. Mas ele era um homem de fé, não podia se deixar impressionar por aquelas coisas. Não podia permitir que um sentimento mesquinho como o ciúme o levasse a sentir raiva de um rapaz que nem chegara a conhecer e que, muito provavelmente, fora um herói.

Tinha que acreditar no amor de Rafaela e aprender a conviver com a lembrança de Carlos Augusto, que jamais iria se apagar.

CAPÍTULO 41

Em seu gabinete particular, Reinaldo caminhava de um lado a outro, pensando em Augusto e na morte do general Odílio. Como padre, era bem provável que Augusto conhecesse as atividades do general. Quanto a isso, não havia nenhum problema, visto que Reinaldo poderia usar o dever de silêncio do sacerdote para não forçar uma investigação sobre ele. O que o deixava em dúvida era o limite da participação de Augusto. Será que ele só desempenhava o papel de confessor ou teria algum envolvimento em atividades subversivas?

O fato de o general ter procurado justo a casa do padre para se refugiar era muito estranho. Dentre tantos lugares para ir, aquele não lhe parecia o mais adequado. Ou será que, ao contrário, era ali que ele encontraria proteção? Se Augusto estivesse ligado ao movimento de fuga dos presos, tudo faria sentido. Ele o acolheria e trataria de ocultá-lo em um lugar seguro.

Reinaldo sabia que alguém ajudava a corja subversiva a fugir e se esconder. Mas quem? Pena que Odílio morrera antes que ele tivesse tempo de interrogá-lo. Se soubesse que o homem seria capaz de se matar, teria procedido ao interrogatório naquele mesmo dia. Ele fora revistado, e nenhuma arma encontrada com ele. Ninguém havia pensado em cápsulas de cianureto ocultas na bainha do casaco.

A intuição lhe dizia que Augusto estava envolvido em alguma atividade subversiva. O senso de dever o mandava investigar. Contudo, como colocar de lado a paixão que ainda sentia pelo padre? Se havia alguém que Reinaldo prezava e a quem não permitiria que nada acontecesse, era Augusto.

Há dias Reinaldo andava com aquele dilema, oscilando entre o dever e a paixão. Caminhava de um lado a outro, pesando os prós e os contras de uma investigação. Não queria investigar Augusto, contudo, não podia permitir que ele continuasse a desafiar o governo. Se ele estivesse envolvido, de alguma forma, Reinaldo precisava detê-lo. Quem sabe essa não seria a chance que tanto esperava?

A campainha estridente do telefone quase o fez tropeçar na perna da cadeira. Detestava quando alguém interrompia seus pensamentos. Com irritação e impaciência, levantou o fone do gancho e atendeu:

— Alô!? Sim...

A voz do outro lado quase derrubou-o ao chão, tamanha a surpresa. Sem esperar que ele dissesse alguma coisa, pôs-se a revelar fatos surpreendentes. Reinaldo ouviu atentamente, os pensamentos dando reviravoltas, fazendo perguntas e encaixando direitinho as respostas. Era muita coincidência! Quis marcar um encontro, mas a pessoa não aceitou. Ou era daquele jeito, ou desligaria o telefone.

Reinaldo arriou na cadeira, colocou os cotovelos sobre a mesa, a boca aberta diante das revelações comprometedoras e fantásticas. Por quase uma hora, deteve-se naquela conversa, pedindo detalhes, tomando notas, emudecendo de assombro.

IMPULSOS DO CORAÇÃO

Quando desligou, estava lívido de espanto. Jamais poderia imaginar uma coisa daquelas. Durante alguns poucos minutos permaneceu onde estava, remoendo a incerteza. Até que deu um sorriso enigmático, como se uma lampadinha se houvesse acendido em sua mente, deixando clara a solução.

Reinaldo bateu com as duas mãos sobre a mesa e levantou-se de um salto, partindo direto para o arquivo. Lá encontrou o que procurava. Folheou o dossiê de poucas páginas, viu as fotos, anotou endereços. No fundo, não precisava de nada daquilo. A informação que recebera fora completa e precisa. Não havia como errar.

❧

Eram dez da noite quando Augusto e Rafaela entraram em casa, recepcionados por Spock, que saltou sobre eles, abanando o rabo. Nelma não apareceu para recebê-los. Recolheu-se cedo, logo no comecinho da noite, para não ter que se encontrar com eles. Mas ouviu quando chegaram, fazendo ruídos por toda casa, rindo, falando alto, como um casal livre e apaixonado.

Nelma sentiu o estômago embrulhar e procurou ficar o mais quieta possível. No dia seguinte, pediria as contas. Com tudo o que estava acontecendo, não se atrevia a continuar trabalhando ali. Tinha pena de padre Augusto, contudo, compactuar com aquela infâmia era um fardo muito mais pesado do que podia suportar.

Aos poucos, os ruídos cessaram, a casa retornou ao silêncio. Agora sem se importar com o falatório ou as consequências, Augusto levou Rafaela para dormir em sua própria cama. Não tinham mais o que esconder de Nelma que, dali em diante, deveria aceitar a nova situação ou ir embora.

Foi um alívio para Rafaela dormir fora daquelas paredes abafadas. O quarto de Augusto era arejado e, com a janela aberta, a brisa suave da noite penetrava livremente. De tão felizes, amaram-se de novo até a exaustão, só adormecendo muito depois da meia-noite. Tudo estava em paz, o silêncio os confortava, o medo havia se dissipado e a sensação de segurança dava a Rafaela a certeza de que tudo acabaria bem.

Não demorou muito para que um estrondo ensurdecedor provocasse um despertar trêmulo. Spock dava latidos assustados, investindo contra a porta do quarto. Quase foi atingido quando a porta se abriu, e homens armados com pistolas irromperam por todo lado. A luz se acendeu, botas barulhentas pisotearam o chão. Uma delas chutou o cãozinho para o lado, que correu a se refugiar embaixo da cama. Soldados armados cercaram a cama, apontando suas armas para o casal.

— Levantem as mãos! — gritou um dos soldados.

Apavorados e atônitos, os dois obedeceram. Com o gesto, Rafaela teve que soltar o lençol que encobria seu corpo. Ele escorregou, desnudando-a, causando risos de escárnio nos homens. Indignado com tamanha falta de respeito, Augusto esqueceu-se da situação de risco e submissão em que se encontrava. Saltou sobre o policial mais próximo e tentou acertar-lhe um soco.

— Desgraçado! — esbravejou ele.

Não teve tempo nem chance de atingir o sujeito. Outro soldado aplicou-lhe uma coronhada por trás, fazendo-o tombar sobre a cama. Um filete de sangue escorreu de sua nuca, enquanto Rafaela tentava segurá-lo. Logo mãos poderosas a agarraram, puxando seus braços para trás, atando seus punhos com um par de algemas frias e apertadas.

— Soltem-na! — bradou Augusto, sem nem se importar com a dor na cabeça. — Cafajestes! Tirem as mãos de cima dela! Ela não fez nada!

— Calado, padreco — debochou um dos soldados. — A vadia agora é nossa.

— Não! Canalhas! Soltem-na!

IMPULSOS DO CORAÇÃO

Imediatamente, Augusto foi agarrado por dois homens que o contiveram à força. Derrubado ao chão, rosto colado no soalho, esperneava e tentava se soltar, mas os homens não o largavam. Rindo, prendiam-no com força e impiedade.

— Deixem-no — foi a voz imperativa que ressoou pelo quarto.

Rafaela chorava impotente, enquanto Augusto se levantava e encarava o interlocutor:

— Eu devia saber que isso era obra sua — revoltou-se.

— Por que, Reinaldo, por quê? Ela não fez nada. Solte-a.

Reinaldo olhou de um a outro com profundo desprezo. Não sabia o que o irritava mais: se o fato de Augusto estar escondendo uma procurada pela polícia ou de ter feito sexo com ela.

— Ela é uma traidora do regime — acusou com raiva. — É acusada de propaganda subversiva.

— Você não tem provas.

— Tenho todas as provas de que necessito.

— Por Deus, Reinaldo, não faça isso. Ela é só uma menina.

— Uma menina que lhe serve para o sexo. Muito conveniente, ter a sua amante particular e exclusiva. Mas agora acabou. Ela vai para o lugar onde deveria estar há muito tempo. Aconselho-o a vestir a batina e fingir que nada disso aconteceu. Não é problema seu.

— Engana-se. O problema é todo meu. Se ela vai presa, eu também tenho que ir.

— Não seja tolo — rosnou Reinaldo, agarrando-o pela gola do pijama. — Não vê o que estou fazendo por você?

— Eu não me importo. Não vou permitir que você saia daqui com ela. Se quer prendê-la, tem que me levar junto. Não foi em minha casa que a encontrou? Se ela cometeu algum crime, eu também cometi por escondê-la.

— Não temos nada contra você — rebateu Reinaldo com frieza e, tornando a voz quase inaudível, sussurrou: — Não gostaria de ter. Por favor, Augusto, não me obrigue a prendê-lo.

— Você não pode levá-la. Não vou permitir.

— Tem certeza de que quer que eu o prenda e o investigue?

Augusto olhou para Rafaela, que chorava sem parar.

— Augusto, por favor... — suplicou ela.

Ele deu um passo à frente, mas foi detido por Reinaldo, que o empurrou para trás.

— Nem tente — disse com aspereza. — Vai ser pior para os dois.

— Leve-me no lugar dela — suplicou ele. — Se alguém cometeu um crime aqui, fui eu. Sou maior de idade, sabia o que estava fazendo. Ela é só uma estudante fútil e infantil.

— Idiota — desdenhou ele. — Como foi se deixar apanhar por causa de uma aventureira traidora? Sabia que o namoradinho dela tinha o mesmo nome que você? É por isso que ela se deita com você. Para fingir que é ele.

— Nada disso me importa — contestou Augusto. — Nós nos amamos. Por Deus, Reinaldo, deixe-a ir. Prometo que a levarei embora. Iremos para outro país e você nunca mais ouvirá falar de nós. Eu juro.

— Não posso. Ainda que quisesse, não posso. Não tenho autoridade sobre ela. Cumpro apenas o meu dever.

— Você pode, se quiser. Sei que pode. Diga que não a encontrou. Dê-me uma vantagem, e desapareceremos.

— Chega. Essa conversa já se estendeu demais. — E, virando-se para seus homens, ordenou: — Levem-na.

— Não! — soluçava Rafaela. — Soltem-me! Por favor, soltem-me! Não quero ir! Não quero!

— Rafaela! — bradou Augusto, impedido de sair atrás dela pelos soldados de Reinaldo. — Larguem-me! Rafaela!

Não foi possível impedir a prisão. Rafaela saiu arrastada, enquanto ele permanecia no mesmo lugar, contido à força por três homens. Reinaldo assistia a tudo com uma estranha sensação de prazer e poder. Depois que Rafaela sumiu de vista, e apenas seus gritos davam sinal de sua presença, ele virou-se para Augusto e arrematou com escárnio:

IMPULSOS DO CORAÇÃO

— Devia ao menos ter escolhido uma mulher corajosa.

Augusto lutou para soltar os braços, mas não conseguiu. Impotente, humilhado, não lhe restou outra solução. Com olhos que delatavam desprezo e revolta, encheu a boca e cuspiu na cara de Reinaldo. A surpresa foi tão grande que o outro, a princípio, não reagiu. Limitou-se a limpar o rosto e encará-lo com frieza, aguardando. Quando, finalmente, ouviu a sirene da patrulha se afastar, enxugou a mão na calça e, sem dizer palavra, cerrou os punhos e acertou violento soco no estômago de Augusto.

Reinaldo rodou nos calcanhares. A caminho da porta, fez sinal para os soldados soltarem Augusto, que ainda tentou investir contra ele. Os homens nem lhe deram chance de se aproximar. A golpes de murros e pontapés, derrubaram-no ao chão. Um grito aterrorizado partiu da entrada, onde Nelma assistia a tudo sem se mover, coberta de horror. Quase desfalecido, esforçando-se para respirar, Augusto viu um par de botas se aproximar. Reinaldo abaixou-se ao lado dele, agarrou-o pelos cabelos e disparou irado:

— Dê-se por feliz por eu ser um homem de palavra. Do contrário, não haveria amizade que me impedisse de matá-lo.

Por alguns momentos, Reinaldo deixara de lado o que sentia por Augusto, tomado de uma raiva incontrolável. Era sempre assim quando se sentia provocado. A ira rapidamente transbordava, levando-o a esquecer-se de amigos e pessoas queridas. Com brutalidade, soltou os cabelos de Augusto. Sua cabeça tombou novamente de encontro ao soalho, manchado-o com lágrimas de dor, raiva, frustração e medo. A passos fortes e ruidosos, Reinaldo foi embora, levando consigo seus soldados.

Passaram por Nelma e, por instantes, os olhares dela e de Reinaldo se cruzaram. Ela jamais esqueceria o sorriso maligno dele. Era aterrorizante, frio, cruel. Recuperada do susto, Nelma correu para onde estava Augusto, ajoelhando-se junto a ele. O padre permanecia caído, o sangue manchando a camisa, respingando no chão. O rosto inchado e dolorido ficara praticamente irreconhecível.

— Padre Augusto — chamou ela, aos prantos. — Por favor, responda-me! Oh! meu Deus, preciso de um médico!

Ela ia se levantar para ligar para o hospital quando sentiu a mão quente do padre agarrando seu pulso. Abaixou-se novamente e ouviu sua voz estertorosa, quase inaudível:

— Por que fez isso, Nelma? Não precisava ter delatado Rafaela.

Ela puxou o braço e ergueu-se de um salto, levando a mão ao coração.

— Por Deus, padre, o senhor pensa que fui eu?

— E não foi?

— Eu jamais faria uma coisa dessas!

— Não precisa mentir, sei que foi você. Quando saímos daqui na sexta à noite, você mesma disse que Rafaela merecia ser presa. Por que, Nelma? Por que tanto ódio de uma pessoa cujo único pecado foi me amar?

— Falei aquilo sem pensar, porque estava com raiva. Queria que ela se afastasse do senhor, desejei mesmo que sumisse. Mas não fui eu que a delatei.

— Você era a única que conhecia Reinaldo, sabia que ele era agente do DOI-CODI.

— Padre Augusto, eu nem sei o que é isso de dói não sei o quê... Conheci o capitão Reinaldo, sim. Quando ele esteve aqui, deu-me até o seu cartão. Mas eu não liguei para ele. Não faria isso. Por mais que detestasse Rafaela, como detesto, não gostaria de levar na minha consciência esse peso. Queria que ela sumisse, mas eu jamais me prestaria ao papel de delatora. Jamais!

Ela estava tão indignada e falava com tanta convicção, que Augusto não teve dúvida de sua sinceridade. Agora realmente confuso, cravou nela os olhos úmidos de lágrimas e indagou perplexo:

— Mas se não foi você, então, quem foi?

CAPÍTULO 42

O relógio da sala havia acabado de bater a meia-noite quando Claudio abriu os olhos. Não estava dormindo. Tentava apenas desanuviar a mente dos pensamentos fúnebres que insistiam em assombrá-lo. A todo instante virava-se na cama, imaginando o que estaria acontecendo àquela hora em casa de Augusto.

Em cima da mesinha de cabeceira, o cartãozinho do capitão Reinaldo jazia quieto. Cumprira bem a sua missão e agora precisava ser destruído. Devia ter feito aquilo mais cedo, contudo, não podia confiar na memória para decorar o número de telefone ali escrito.

Lembrou-se de quando Nelma lhe telefonara em desespero. Sentado na cama dela, verificando a agenda de Augusto, viu o que parecia um papelzinho com uma espécie de brasão, que julgou ser o da República. Movido pela curiosidade, aproximou o rosto e leu, indistintamente, o nome de Reinaldo e o telefone, grafados abaixo do emblema da polícia militar.

Sem nem muito pensar, abriu a agenda sobre a mesinha e passou a mão no cartão. Nelma nem percebeu, tamanha a sua aflição. Ele resolveu o que tinha para resolver, acalmou Nelma, tomou todas as providências e voltou para casa, levando no bolso o cartãozinho amassado.

No decorrer do dia, substituiu Augusto em seus compromissos eclesiásticos. Realizou os batizados e celebrou os casamentos. Mais tarde, quando voltou para casa, o cartãozinho lá estava, no mesmo lugar em que o deixara, sobre a mesinha. Claudio não sabia o que fazer. Apanhou e largou o cartão várias vezes, pesando bem suas ideias.

Não era certo o que Augusto estava fazendo. Envolver-se com uma mulher era uma loucura, um desrespeito à batina que usava. Ele tinha que parar com aquilo. Augusto, contudo, não o ouvia. Passara meses se atormentando, oscilando entre o sacerdócio e a mulher, para finalmente se decidir pelo pecado. Não era justo. O lugar de Augusto era na igreja, e ele não poderia permitir que uma garota inconsequente o afastasse de seu dever.

Claudio tinha certeza de que Rafaela não amava Augusto. Estava apenas empolgada com um homem bonito, porque ele, apesar de padre, tinha lá a sua beleza. Ela iria destruir a vida dele, levando-o a um envolvimento sem futuro. Mais tarde, era certo que o desprezaria. Quem sabe até não acharia graça de sua imaturidade ao se envolver com um clérigo. Não, ele não podia permitir que ela estragasse todo o futuro e a carreira de Augusto. Era preciso pôr um ponto final naquela sandice.

E fora justo no momento em que mais pensava num meio de afastar Rafaela do caminho de Augusto que o cartão aparecera, logo quando as atividades da Esperança haviam sido momentaneamente suspensas, de forma que não correria o risco de comprometer seus companheiros. Preocupava-o a sorte de Rafaela. Não queria que ela fosse torturada nem morta. Queria apenas que ela sumisse da vida de Augusto.

IMPULSOS DO CORAÇÃO

Não foi com facilidade que se decidiu a ligar para Reinaldo. Depois de muito pensar, encontrou a solução. Apanhou o cartão e discou o número, rezando para que ele estivesse de serviço. O telefone tocou algumas vezes, antes que alguém atendesse.

— Alô!? — falou uma voz irritada de homem do outro lado.

— Por favor, é o capitão Reinaldo quem fala?

— Sim.

— Capitão, perdoe-me por telefonar-lhe assim numa tarde de sábado. Mas o assunto é deveras urgente. Tenho aqui notícias do paradeiro de uma fugitiva política.

— Sim? — ele agora parecia ter mais interesse. — Continue.

— Sei onde ela está escondida — silêncio. — E estou disposto a revelar seu esconderijo em troca de um pequeno favor.

— Não negocio com delatores.

— Não sou delator. Sou um padre, e o que faço é em nome da Igreja.

— Um padre?

— Sim, mas isso não vem ao caso. Gostaria de saber se posso confiar na sua palavra.

— Pode.

— O senhor tem que prometer que nada acontecerá ao padre que está envolvido com a moça, e que ela não será torturada nem morta.

— Não posso prometer isso.

— Então, nada feito.

— Espere. Por que não nos encontramos para tratar disso pessoalmente?

— Não. Só posso falar com o senhor por telefone.

— Diga-me onde está e irei até você.

— Já disse que não. Se não pode falar comigo, vou desligar.

— Não desligue. Está certo. Vamos conversar. Diga-me o nome da moça e do padre.

— Primeiro tem que me prometer que ele não será preso e que a moça não será torturada.

— Não compreendo o senhor, padre. Quer delatar uma mulher e não quer que ela seja torturada. Não há nisso uma contradição?

— Meu único interesse é que ela se afaste do padre a quem seduziu. Não lhe quero mal. Mas se o senhor não pode me prometer nada disso, esqueça.

— Acalme-se. Podemos chegar a um acordo.

— O único acordo é esse que lhe falei. Precisa me garantir que nada acontecerá à moça ou ao padre.

— O que foi que o padre fez? Ele também é subversivo?

— A única coisa que ele fez foi cair na besteira de apaixonar-se por ela.

— É ele quem a esconde?

— Sim.

— Mas então, ele está envolvido.

— Não. Ele só quis ajudá-la. Nunca fez nada contra o governo.

— Certo. Qual é mesmo o nome dele?

— Eu não disse o nome dele e não pretendo dizer até que me prometa que nada irá lhes acontecer.

— O senhor está me pedindo muito.

— É uma troca justa por uma informação tão valiosa.

Seguiu-se um instante nervoso de silêncio, até que Reinaldo acabou concordando:

— Muito bem. Façamos o seguinte: o padre sai livre, e a moça será banida[1]. É o máximo que posso fazer.

— Ela não será torturada nem morta?

— Não.

— Jura?

— Juro.

---

1 Banimento – pena que acarreta a retirada compulsória de um nacional do país, muito usada na época da ditadura militar e proibida pela atual Constituição da República.

IMPULSOS DO CORAÇÃO

— Como posso confiar na sua palavra?

— Foi o senhor quem me procurou.

Claudio deu um suspiro doloroso e acrescentou com pesar:

— Liguei para o senhor porque confio em sua integridade e sei que não irá me enganar.

— Certo, certo. E agora, o nome deles.

Seguiu-se um silêncio nervoso, e Cláudio soltou um suspiro profundo.

— Muito bem. A moça chama-se Rafaela da Silva Ferraz.

— E o nome e o endereço do padre?

— Ele se chama padre Augusto dos Santos Cerqueira.

Claudio teve a impressão de que o homem do outro lado havia soltado um grito, mas devia estar enganado.

— Não precisa me dizer onde é — arrematou Reinaldo. — Eu o conheço.

— Foi o que imaginei.

— Ele está em casa nesse momento?

— Eles viajaram, não sei para onde.

— Quando voltam?

— Domingo à noite, eu acho.

— Ótimo. Quando chegarem, estaremos prontos.

— Lembre-se de sua promessa. E por favor, jamais lhe conte que fui eu que lhe dei essa informação.

Desligaram. Desde então, Cláudio perdera o sossego. Não conseguia dormir, e a toda hora olhava o relógio. Não sabia nem se Augusto voltaria de sua viagem naquele dia, embora Nelma afirmasse que fora o que dissera.

Refletindo melhor agora, Cláudio via a insensatez de seu gesto. Delatara o amigo aos militares, seria o responsável pela prisão de uma jovem inocente. E se Reinaldo não mantivesse a palavra e prendesse os dois? E se eles fossem torturados ou mortos? Reinaldo era um homem frio, metódico, fanático pelo regime vigente. Não era confiável.

Já arrependido, Cláudio levantou-se da cama e pôs-se a caminhar pelo quarto, imaginando uma maneira de desfazer tudo aquilo. Pensou em telefonar para a casa de Augusto, mas o medo de descobrir o que poderia estar acontecendo paralisou-o. Por que fora cometer aquela loucura?

Sem meios de voltar atrás, Cláudio ajoelhou-se em frente à janela e, olhos voltados para as estrelas e a lua, orou.

CAPÍTULO 43

Rafaela foi levada para o quartel do Primeiro Batalhão da Polícia do Exército, local onde Reinaldo desempenhava suas funções não apenas de agente, como também de torturador. Entrou desfalecida, tamanho o pavor que os homens lhe incutiram. Durante o percurso até a Tijuca, foi espancada e molestada, humilhada por homens brutais e impiedosos. A truculência foi tanta que ela não resistiu e desmaiou ainda dentro do carro, precisando ser carregada pelos soldados.

Quando acordou, estava numa sala fria, sem janelas. Deitada no chão, abriu os olhos e perscrutou o ambiente ao redor. Do teto, uma lâmpada nua pendia de uma espécie de gambiarra, mal iluminando a tosca mesa e duas cadeiras colocadas bem abaixo. Um arrepio de terror fez eriçar todos os pelos de sua pele, e ela fechou os olhos para não enfrentar o que estava por vir. Vira muitas salas como aquela no cinema e sabia para que serviam.

Pouco depois, a porta se abriu, e Reinaldo entrou, batendo contra a perna um cassetete de polícia. O barulho que o objeto produzia de encontro à calça de sarja do homem lhe causou violento tremor, levando-a a encolher-se toda a um canto. Reinaldo se aproximou devagar, puxou a cadeira para perto dela e sentou-se.

— Muito bem — começou ele. — Cá estamos nós. Apenas nós dois, como tem que ser.

Sem dizer nada, ela chorou de pavor.

— Está com medo? — prosseguiu Reinaldo. — Pois não devia. Ou devia ter pensado nisso antes de se envolver na panfletagem subversiva.

— Por favor... — foi a única coisa que conseguiu balbuciar.

— Por favor o quê?

— Por favor, não me machuque mais.

— Não machucá-la mais? Mas eu ainda nem comecei!

Ao invés de apenas chorar, Rafaela desatou a soluçar, demonstrando no pranto um desespero e um terror inigualáveis. Quanto mais ela chorava, mais Reinaldo se comprazia.

— Por favor, por favor... — era só o que conseguia repetir.

— Bom, tem um jeito de eu não machucar você — disse ele em tom divertido. — Quer saber qual é?

— Sim...

— Você pode me fazer um favor.

— Que favor?

Ele olhou para ela e passou a língua nos lábios. Piscou um olho e acrescentou com malícia:

— Você sabe.

Ele a estava induzindo a crer que desejava fazer sexo com ela. Mesmo transtornada e desfigurada pelo medo, Rafaela não pensou duas vezes. Tinha pavor de apanhar, reconhecia sua fraqueza para a dor e a tortura. Por mais que aquele homem lhe causasse repulsa, talvez ele se satisfizesse com o sexo e a deixasse em paz. Pôs-se de pé, de cabeça baixa, e começou a desabotoar a blusa do uniforme sujo que lhe deram para vestir. À medida que avançava nos botões, mais e mais lágrimas caíam de seus olhos. Quando

IMPULSOS DO CORAÇÃO

terminou de desabotoar tudo, olhou para Reinaldo, que passava a língua nos lábios, fingindo uma lubricidade que não sentia. Queria apenas humilhá-la.

Em silêncio, chorando cada vez mais, Rafaela tirou a blusa e expôs os seios. Queria desesperadamente cobrir-se com as mãos, mas o olhar reprovador de Reinaldo a impediu. Ela ficou parada e, estimulada por ele, tirou também as calças. Quando estava completamente nua, presa de indescritível humilhação, ele saiu da cadeira e se aproximou.

Aquele era o momento em que ela acreditou que ele fosse dominá-la e possuí-la à força. Reinaldo, contudo, apenas olhava para ela com um olhar que agora parecia de repugnância. Ele estendeu a mão, mas, ao invés de tocar o seu corpo, cerrou os punhos e deu-lhe um soco na boca do estômago. A surpresa só não foi maior do que a dor. O fôlego lhe faltou, ela dobrou-se sobre si mesma, as mãos juntas na barriga, quase vomitando.

— Você me dá nojo — desdenhou. — Vista-se.

O medo suplantou a vergonha. Tentando se equilibrar, Rafaela estendeu as mãos para a roupa, que Reinaldo chutou para longe. A dor fez com que ela se desequilibrasse e caísse no chão, onde permaneceu imóvel, temendo mover-se. Foi então que ele levantou o cassetete e baixou-o com força sobre o lombo dela, acertando-a nas costas e nos braços. Rafaela tentou se proteger como podia, mas em vão. Em poucos instantes, desmaiou.

— Que mulher mais covarde e mole — disse entredentes, cuspindo nela. — Assim não tem graça.

Reinaldo chamou o carcereiro e mandou que ele a levasse para uma cela. Ela foi desfalecida, totalmente despida, carregada por um homem que aproveitou o momento para boliná-la o quanto pôde. Só não a violentou porque Reinaldo lhe proibira terminantemente.

Havia prometido ao padre que não a torturaria, e era mesmo o que pensava fazer. Ao menos até vê-la nua na cama de Augusto. Ela fizera sexo com ele e nem tivera a decência de se vestir. Não era uma mulher com quem Augusto devesse se envolver. Merecia tudo aquilo que lhe acontecia e ainda mais que estava por vir. O padre delator não saberia o que ele fazia e, ainda que soubesse, não teria problema. O que poderia um padre insignificante contra um homem de poder?

Durante o resto do dia, Rafaela permaneceu sozinha, quase sem se alimentar ou beber água. A comida, além de indigesta, era pouca, e a água tinha gosto de sujeira. Dali em diante, seguiu-se uma série de interrogatórios infrutíferos.

— Quem é o líder do seu movimento? — indagava Reinaldo todas as vezes.

— Carlos Augusto... — ela balbuciava, só porque ele estava morto.

— Mentira! — esbravejava ele, desferindo-lhe socos e pontapés. — E quem são seus comparsas?

— Não tem ninguém...

— Mentirosa! — E lá vinham novas bordoadas. — Onde é seu ponto de encontro?

— Não existe mais...

Tudo isso, Reinaldo sabia. O que não fora dito por Rogério, um dos rapazes mortos, Silmara revelara.

— E padre Augusto? — perguntava. — Qual o envolvimento dele em tudo isso?

— Nenhum... Ele não sabia de nada.

Mesmo com todo o medo, o amor por Augusto foi muito mais forte do que toda a dor. Reinaldo podia fazer com ela o que quisesse, mas ela jamais lhe entregaria Augusto. Por ele era capaz de suportar toda sorte de torturas, por mais que a machucassem, por mais aterrorizada que ficasse. Foram muitos os momentos em que Rafaela desejou morrer. Fraquejou várias vezes, chorou, se desesperou. A única coisa que não fez foi revelar a Reinaldo sobre a existência da Esperança e a participação de Augusto.

A primeira providência de Augusto após a prisão de Rafaela foi seguir direto para o quartel, onde tinha certeza de que encontraria Reinaldo. Nem se incomodava com a agressão que sofrera do outro. Sua única intenção era libertar Rafaela. Das primeiras vezes, ele não o atendeu. Desesperado, Augusto fez escândalo, tentou agredir os policiais e invadir o quartel. Por muito pouco, não ficou detido. Só no dia em que ele conseguiu acertar um murro em um dos soldados foi que Reinaldo apareceu. Não queria que ele fosse preso.

— O que você quer? — perguntou com autoridade e desdém.

— Onde está Rafaela? O que fez com ela?

— Ela não está aqui.

— Não é verdade. Por Deus, Reinaldo, não faça isso. Deixe-a sair.

— Já disse que não depende de mim.

— Mas você pode atestar que ela não sabe de nada, que não estava envolvida com nenhuma atividade subversiva.

— Não posso fazer isso. Mesmo que quisesse, não posso.

— Por quê?

— Ela não está mais aqui — mentiu.

— Ela foi transferida? Para onde?

— Não está mais no país.

— Como assim? O que quer dizer?

Reinaldo tomou-o pelo braço, caminhando com ele pela calçada. Atravessou a rua, sentando-se com ele num banco da praça. Com ar de fingida condescendência, revelou:

— Ela foi banida, Augusto. Foi o máximo que consegui fazer por você.

— Banida? — repetiu ele atônito. — Como?

— Iam matá-la, mas eu consegui intervir. Em nome da nossa amizade, intercedi por ela.

— Não pode ser!

— O que você preferia? Que ela fosse morta e seu corpo, jogado numa vala qualquer?

— Não...

— Pois então, contente-se e me agradeça por ter evitado isso.

— Onde ela está? Quero falar com ela.

— Impossível. O país de exílio não me foi revelado. E depois, você sabe que toda correspondência dela será interceptada. Ela não conseguiria escrever-lhe, ainda que quisesse.

— E a família dela? Sabe de alguma coisa?

— Esqueça a família. Para eles, Rafaela já está morta há muito tempo. Não sabem de nada, e aconselho-o a não contar. É uma questão de segurança nacional, e nem eu poderia revelar-lhe o paradeiro da garota. Só estou fazendo isso para que você veja que ainda sou seu amigo.

Augusto abaixou a cabeça e chorou, provocando uma pontada de piedade em Reinaldo, que por pouco não acariciou seus cabelos. A fragilidade dele o comovia, fazia-o sentir vontade de estreitá-lo, de protegê-lo e amá-lo.

— Augusto — chamou baixinho, querendo demonstrar compreensão. — Não fique assim. Lamento muito o que lhes aconteceu.

— Por que fez isso, Reinaldo? — tornou ele dolorosamente. — Não precisava ter mentido ou me enganado.

— Não tive escolha. Fui obrigado. É o meu dever. Se pudesse, não teria feito nada.

— Não acredito em você. Sua atitude não foi a de um homem compelido pelas circunstâncias a fazer o que não quer, mas de alguém que sente prazer no que faz.

IMPULSOS DO CORAÇÃO

— Você não entende. Sou um homem cumpridor do meu dever. Pode imaginar o conflito que foi, para mim, enfrentar você em nome da fidelidade ao meu país?

— Você não me pareceu enfrentar conflito algum. Ao contrário, parecia bem à vontade quando me desferiu aquele soco e permitiu que seus capangas me espancassem.

Reinaldo sentiu um nó na garganta. Pôs a mão sobre a de Augusto e revelou:

— Quando estou no cumprimento do dever, reconheço que me transformo. Para mim, nada é mais importante do que servir ao meu país. Perseguir e capturar os traidores tem sido a minha tarefa há anos. Quando se trata de segurança nacional, não meço esforços para que tudo saia como tem que sair. Mas isso não me impede de lamentar a dor que causo, involuntariamente, aos amigos. E você, Augusto, sempre foi meu amigo mais especial.

Delicadamente, Augusto retirou a mão e encarou Reinaldo.

— Se isso é um pedido de perdão, não precisa. Em minha profissão, ao contrário da sua, aprendo a lidar com o amor e o perdão, ao invés do ódio e da intolerância. Como você, também sou muito consciente do meu dever, com a diferença de que eu valorizo a vida e respeito as pessoas, ao passo que você se impõe a elas pela força e o medo. Deus é meu único guia, enquanto você segue uma ideologia de arrogância e terror. E se alguém tem algo a lamentar, sou eu. Lamento que existam seres humanos que, tendo tudo para ser bons, perdem-se na ilusão de poder.

Reinaldo não sabia se admirava ou odiava o homem à sua frente. A dignidade dele era tocante, tão verdadeira que chegava a causar inveja.

— Você é infinitamente melhor do que eu, não tenho dúvidas — falou com sarcasmo. — Humildemente reconheço isso.

— Não sou melhor do que ninguém. Aprendi, amei. Só Deus sabe o quanto amo Rafaela. Por ela seria capaz de qualquer coisa, até de entregar minha vida.

— Seria capaz de me aceitar em seu lugar?

— O que quer dizer?

— Não é possível que ainda não tenha percebido o que sinto por você. Durante todo esse tempo, jamais consegui esquecê-lo.

— Isso não faz sentido.

— Faz todo sentido. Se me aceitar em sua vida, talvez consiga arranjar um jeito de você falar com ela. Prometo que farei com que a esqueça. Serei o melhor homem do mundo para você. Eu juro.

Augusto olhou para ele com profundo pesar. Agora compreendia tudo. Soltou um suspiro longo e, sem desviar dele o olhar, considerou:

— Eu devia imaginar uma coisa dessas. Por que não me contou que era homossexual?

— Estou contando agora. Qual a sua resposta?

— A proposta que me faz é impossível. Não sou como você.

— Será que não é mesmo? E o que vivemos na infância?

— Já falamos sobre isso. Passei anos da minha vida acreditando numa mentira, numa fantasia criada por meu pai.

— Sei. No fundo, o que você tem é preconceito, inclusive de si mesmo.

— Está enganado. Tenho respeito pelas pessoas e acho que não é a forma de viver a sexualidade que orienta o caráter. Hoje, afirmo com segurança que, se fosse homossexual, assumiria isso dentro de mim. Mas não sou.

— Como você pode saber com certeza?

— Eu sei. Não sinto atração por homens.

— Comigo, pode ser diferente. Sei como fazê-lo feliz e prometo que você não irá se arrepender.

— Você enlouqueceu. Amo Rafaela e sou capaz de qualquer coisa para vê-la em segurança. Mas o que você me pede é para viver uma mentira, uma ilusão e uma desilusão. Poderia apenas dizer que não o amo, mas isso seria uma meia

IMPULSOS DO CORAÇÃO

verdade. Não o amo como você deseja nem sinto atração por você. Respeito a sua orientação sexual, mas eu não sinto dessa forma. Não posso me forçar a ser o que não sou. Tampouco posso mentir. Não é fácil para mim estar aqui com você, conversar com você, ouvir você falar como se nada tivesse acontecido. Quando olho para você, sinto raiva e frustração. Então eu oro. Oro e vigio, para que Deus me dê clareza de raciocínio e sustento à minha alma, a fim de que não o odeie ou despreze. Tento compreender os seus motivos, a sua imperfeição, a sua ignorância. Procuro convencer-me de que, de alguma forma, sou responsável por tê-lo atraído para a minha vida, assim como Rafaela. Estamos ligados por um elo que, no momento, desconheço. Contudo, não posso ir além de meus limites. Viver com você seria corromper o meu corpo e a minha alma. Não posso fazer isso comigo mesmo.

Reinaldo espumava de ódio e indignação. Sua vontade era levar Augusto para dentro do quartel e mostrar-lhe o trapo em que a covardia transformara sua amada. Seria bem--feito para ele se lhe causasse um sofrimento indescritível. A certeza de que ela estava sendo torturada, aliada à impotência dele, dilacerariam seu coração. Como resultado, atrairia um ódio que ele, Reinaldo, na verdade, não queria que Augusto sentisse.

— Muito bem — arrematou com azedume. — Isso é bem típico de você. Só espero que não se arrependa depois. Adeus.

Augusto não respondeu. Permaneceu sentado, enquanto Reinaldo lhe virava as costas e voltava ao quartel. Durante muito tempo, ficou parado ali, vendo as pessoas passarem, até que, no fim da tarde, as luzes do batalhão começaram a se acender. Somente quando a noite caiu por completo, atirando em trevas as suas esperanças, foi que ele se resolveu a partir.

CAPÍTULO 44

Quando Reinaldo foi avisado de que outro padre estava ali para falar-lhe, começou a sentir uma certa revolta contra a igreja e seus sacerdotes. Estava cheio daqueles covardes que buscavam ocultar embaixo da batina o medo de enfrentar a vida. Esse sentimento vinha da frustração que Augusto lhe deixara. Entendia que havia se precipitado ao oferecer o seu amor, mas a proposta saíra, involuntária. E agora, perdera de vez sua paixão de infância. Augusto dizia compreender, contudo, não queria dar-lhe a chance de mostrar que podia fazê-lo feliz, muito mais do que aquela menina insossa e medrosa que ele escolhera para amante.

E agora, lá vinha outro padre. Queria dispensá-lo com imprecações, mas achou melhor atender. Na sala de espera, Claudio o aguardava com o semblante marcado pelo medo e o arrependimento.

— O que deseja? — indagou Reinaldo com antipatia.

— O senhor é o capitão Reinaldo? — ele assentiu. — Sou o padre que telefonou e lhe deu a informação sobre Rafaela.

IMPULSOS DO CORAÇÃO

— Eu já imaginava — declarou ele, puxando uma cadeira e sentando-se de frente a Claudio. — Tem mais alguma coisa para mim?

— Não foi para isso que vim. Queria apenas falar-lhe sobre o nosso acordo.

— Não me lembro de ter feito nenhum acordo com você.

Com a indignação estampada no olhar, Claudio deu um salto do sofá e encarou-o nervosamente.

— O senhor me prometeu que não maltrataria a moça nem prenderia padre Augusto.

— Que eu saiba, o padre continua solto.

— Mas e a moça? O que fez a Rafaela?

— Nada. Ela está sob a minha guarda.

— O que vai fazer com ela?

— Lamento, mas essa informação é confidencial.

— Não acredito que o senhor vai faltar com a palavra empenhada.

A vontade de Reinaldo era mandar aquele padre para o quinto dos infernos, contudo, conseguiu se conter. Nem sabia que, a seu lado, o espírito de Carlos Augusto tentava lembrá-lo daquela promessa.

— Ouça o que o padre está falando — estimulou o espírito. — Por acaso você é um homem sem palavra? Não tem um mínimo de dignidade?

— Um homem na sua posição não pode se furtar à obrigação de manter a palavra — continuou Claudio. — O senhor prometeu, no máximo, exilá-la.

Aborrecido com a insistência de Claudio, Reinaldo captava muito pouco da vibração de Carlos Augusto. O espírito havia feito uma limpeza no ambiente denso da sala e conseguira, com a ajuda de Paulina, preparar a mente do militar para responder a suas ideias. A tarefa era difícil, porque Reinaldo vibrava ínfima amorosidade, inclinando-se poucas vezes às sugestões do bem.

Mesmo assim, conseguiu algum sucesso. Reinaldo não ligava a mínima para a promessa que fizera a Cláudio. Para ele, a palavra dada a um delator gravitava em torno da mesma perfídia. Ainda assim, lembrou-se de Augusto, e uma pequenina reação amorosa deu a Carlos Augusto o elemento que precisava para tocá-lo brevemente.

— Tem razão, padre — confirmou ele. — Prometi exilá-la e é o que vou fazer. Contudo...

Reinaldo olhava para Cláudio com ar divertido e malicioso, praticamente alheio aos apelos do espírito. Sua interferência perdia força, porque a limpeza espiritual não durara muito. Do lado de fora, uma massa espessa se formava em frente à porta. Os espíritos que acompanhavam Reinaldo, indignados com a luminosa interferência, montaram guarda à entrada de seu gabinete. Parados do lado de fora, não demoraram a atrair a atenção de outros seres das sombras que por ali transitavam. E eram muitos.

Colocados a par da situação, logo iniciaram uma trama para invadir a sala de Reinaldo. Aqueles espíritos de luz nada tinham que fazer ali. A aglomeração de sombras emitia energias densas que ultrapassavam os limites das paredes. Pouco a pouco, uma nuvem cinzenta foi-se infiltrando no ambiente, apagando as vibrações luminosas como uma vela a bruxulear.

— Precisamos ir — alertou Paulina. — Em breve, nossos irmãos das sombras invadirão esta sala com fúria.

— Espere — pediu Carlos Augusto. — Ainda não terminei.

— Não temos tempo. Somos apenas dois contra uma súcia de espectros agressivos.

— Eles nada podem contra nós. Nem irão nos ver.

— Nós também nada podemos contra eles, e o fato de não nos verem não nos coloca em segurança. Lembre-se de que estamos em um ambiente defendido por eles. E se você reparar bem, verá que as faíscas de energia que partem de Reinaldo vão direto ao encontro da onda trevosa que está se

IMPULSOS DO CORAÇÃO

formando bem próximo a nós. Não somos fortes o suficiente para enfrentá-los sozinhos nem foi para isso que viemos.

Ao olhar para a porta, Carlos Augusto viu nitidamente um fluxo de massa escura se alastrando pela sala, lentamente envolvendo a luz que ele e Paulina haviam espargido no local.

— Você tem razão! — exclamou ele assustado. — É melhor irmos.

No momento em que esvaneceram no ar, a onda funesta entornou no ambiente, engolfando a última réstia de luz. Cláudio e Reinaldo, cuja mente mal captara as vibrações de bem, não perceberam a alteração energética. Contudo, o desejo de exilar Rafaela permanecera, embora uma nova e obscura ideia houvesse brotado em seus pensamentos.

Temendo o que estava por vir, Cláudio esperava. Reinaldo divertia-se com o medo que causava no outro, sem pressa de concluir. Quando julgou que o clima de tensão havia chegado ao limite, adoçou a voz e considerou:

— Como disse, a menina vai ser exilada. Contudo, no futuro, lembre-se desse pequeno favor. Imagino quantas confissões o senhor deve ouvir de gente comprometida com a oposição.

Horrorizado com a proposta dissimulada de Reinaldo, Claudio levou a mão ao coração e retrucou indignado:

— Está me propondo que eu seja seu espião? Que traia o dever de segredo do confessionário e lhe entregue os penitentes que fazem suas confissões em confiança a mim e a Deus?

— Não vamos levar para esse lado. Digamos que o senhor estará prestando um grande favor à pátria amada. Ou será que o senhor não ama o Brasil?

— Amo, é claro. Mas Deus não escolhe patriotas.

— Vamos deixar Deus de fora disso. Minha conversa é com o senhor.

— Isso é um absurdo! Não sou um traidor.

353

— Não? Que nome dá ao que fez com Rafaela e Augusto?

— É diferente... — balbuciou ele. — Augusto se deixou iludir, e Rafaela é só uma doidivanas. Só fiz isso porque acreditei na sua palavra de que nada iria lhes acontecer.

— Muito bem. Creio que iniciamos um jogo, não é mesmo? Agora é a minha vez de jogar.

— Não compreendo.

— Muito simples. Na sua vez, fiz o que me pediu. Em troca de um favor, prestei-lhe outro. Pela sua informação, prometi exilar Rafaela. Agora sou em quem dá as cartas. Em troca do meu silêncio e da liberdade de Augusto, quero a sua colaboração.

— Não posso! Não posso deixar que me use dessa maneira, traindo meu sacerdócio!

— Então, padre, lamento, mas o senhor perdeu.

— Como assim? Quer dizer que vai prender padre Augusto?

Ele deu de ombros e acrescentou:

— Imagine só quando ele souber quem foi o responsável pela prisão dele e da namorada.

— O senhor está blefando. Não tem nada contra padre Augusto.

— Ele abrigava uma perseguida política. Pensa que vai convencer alguém de que não sabia quem era ela? Pensando bem, acho muito difícil que o senhor também não soubesse.

Era uma ameaça séria e velada de prender não apenas Augusto, mas ele também.

— Por favor, eu lhe imploro — Cláudio quase chorou. — Não faça isso.

— Não fui eu que comecei essa história. Foi o senhor quem me procurou. Agora não pode mais voltar atrás.

— Não quero voltar atrás. O senhor já tem o que queria. Prendeu Rafaela.

— Ela de nada me serve se não puder fazê-la falar. Agora, o senhor...

— Sou apenas um velho idiota.

IMPULSOS DO CORAÇÃO

— Um velho idiota que sabe das coisas. Você não me engana. Pensa que eu não sei que alguém trabalhava com o general Odílio para ajudar os perseguidos a fugir do país? Ele não podia fazer tudo sozinho. Por coincidência, ele se confessava com Augusto. E o mais estranho: no dia de sua prisão, para onde foi que ele fugiu? Para a casa de Augusto, que já era o esconderijo de outra procurada. Não é curioso?

— Eu... não sei aonde quer chegar...

— O que estou querendo dizer é que você e Augusto estão na minha mira. Aposto como vocês e mais alguns padrecos estão envolvidos com essa corja de subversivos. Contudo, estou disposto a fingir que não desconfio de nada, desde que você faça o que eu digo.

Cláudio andava nervosamente pelo gabinete, maldizendo a si mesmo pela atitude impensada. Mesmo com a *Esperança* desfeita, os padres que dela participaram não estavam seguros. Precisava arranjar um jeito de consertar as coisas.

— Se eu lhe disser tudo que sei, promete deixar os outros em paz?

— Outros? Que outros?

— Promete ou não promete?

— Não sei do que está falando, padre, e não tenho que lhe prometer nada. Posso mandar prendê-lo agora mesmo como suspeito.

— Pois prenda-me! — esbravejou Cláudio, subitamente irado com a pressão. — Prenda-me, torture-me, mate-me! Só não me peça para trair meus amigos nem o juramento que fiz perante Deus!

— Olhe quem fala em trair os amigos. Acho que ainda não se deu conta de que foi exatamente isso o que fez.

Sem saída, Cláudio deixou-se cair, abatido, sobre o sofá.

— O senhor é um homem cruel — comentou vencido. — Não tem piedade.

— Sabendo disso, não devia ter me procurado. Agora é tarde demais.

— O que quer que eu faça?

— Você sabe. É só me contar quando algum traidor o procurar.

— Em troca, promete-me não prender a mim, nem Augusto, nem a nenhum outro padre?

As palavras dele, por si sós, revelavam alguma organização clandestina de padres contrários ao novo regime. Cláudio já lhe fornecera elementos suficientes para prender os dois e, consequentemente, chegar aos nomes dos demais. O único empecilho era que Augusto estava entre eles. Sabia que devia prendê-lo, mas não suportaria vê-lo espancado, muito menos morto. Reinaldo maldisse a si mesmo por sua fraqueza, a única que agora reconhecia. Não, decididamente, não prenderia Augusto. Podia intimidar Cláudio o suficiente até transformá-lo em seu informante, o que não tardaria. As prisões e condecorações que receberia compensariam a perda dos padres.

— Muito bem — falou, com um brilho de vitória nos olhos maldosos. — Tem a minha promessa. De novo. Quando tiver alguma coisa para mim, sabe onde me encontrar.

— E se eu não tiver nada?

— Aposto como vai ter.

Cláudio deixou o batalhão alquebrado, amargando um arrependimento que não tinha chances de contornar. Jamais se imaginara numa situação daquelas, chantageado por um oficial frio e assustador. Dele dependia agora não apenas a sua vida, mas a de Augusto, dos demais padres e dos fiéis. Estava num beco sem saída, forçado a tornar-se algo que jamais imaginara ser.

Assim que Claudio saiu do quartel, Reinaldo mandou buscar Rafaela. Ela entrou assustada, de olhos vendados, o

IMPULSOS DO CORAÇÃO

corpo ferido, cheio de hematomas. Parecia um trapo, o que era bem-feito. Reinaldo já não aguentava mais aquela garota no seu caminho. Tinha que se livrar dela, da única mulher que conseguira o que ele sempre desejara e lhe fora proibido.

— Muito bem, podem deixá-la aqui — ordenou ao soldado.

Obrigou-a a sentar-se na cadeira de interrogatórios, toda encolhida e chorosa. As lágrimas dela causavam repulsa em Reinaldo, que desprezava a covardia. Quanto mais ela chorava, mais prazer ele sentia em impingir-lhe dor. Sabedor do efeito que provocava nela o som da batida das botas no piso frio, ele se aproximou pisando o mais forte que pôde. Parou em frente a ela e, por cerca de cinco segundos, não fez nada. Permaneceu respirando pesadamente, infligindo-lhe um terror psicológico que vinha do medo do desconhecido, do que ele seria capaz de fazer.

Depois de um tempo, satisfeito com o pânico que se expressava pelo suor que escorria de sua pele, ele puxou a venda de seus olhos e indagou, sarcástico:

— Há quanto tempo você não toma banho? — ela não respondeu. — Você está fedendo, sabia? Detesto mulheres fedorentas. Nenhum homem gosta.

Rafaela chorava em silêncio. Aprendera que, quanto mais estardalhaço fizesse, mais apanhava e sofria.

— Não sei mais o que fazer com você, guria — continuou ele, regozijando-se com seu olhar aterrorizado e sem brilho. — Já estou cansado de seus choramingos. E você não vale de nada. Não sabe nada, não tem nada que me interesse. Suas informações são inúteis. Você não me agrada, não agradou ninguém. É só um monte de lixo.

Fez uma pausa para sentir o prazer que a aspereza de suas palavras produzia nela, até que prosseguiu com o mesmo sarcasmo:

— Então, diga-me você: o que acha que devo fazer? — ela não respondeu, e ele, levantando-lhe o queixo, alteou o tom de voz: — Hein? Não ouvi.

Aterrorizada, Rafaela engoliu em seco e exprimiu, quase sem ser ouvida:

— Não sei...

— O quê?

— Não sei...

— Não sabe. Não sabe mesmo.

Ele soltou o queixo dela e levou a mão à cintura, tateando o corpo por cima da roupa. Encontrou o que procurava e abriu o paletó, exibindo o coldre de couro escuro que escondia a pistola. Abriu o estojo e puxou a arma. Olhando-a com um certo embevecimento, rodou o tambor, satisfeito com o pânico que seu estalido produzia em Rafaela.

A menina começou a chorar, apavorada com o que parecia prestes a acontecer. Ele apontou a arma para ela, que, de tão aterrorizada, não conseguia se mover.

— Por favor, não... — suplicou ela, em lágrimas.

— Sabe, Rafaela, eu decidi que você não merece viver.

O corpo todo dela foi sacudido por soluços de desespero. Ela queria reagir, mas não conseguia. Parecia que todos os seus músculos haviam sido paralisados. Apenas as lágrimas tinham algum movimento, desciam livremente pelo seu rosto suado e sujo. Queria implorar a ele que não fizesse aquilo, que não a matasse, mas não conseguia. As palavras voltavam para a garganta, mortas em seu silêncio.

Dali para a frente, tudo aconteceu depressa. Num gesto rápido e preciso, Reinaldo aproximou a pistola dos olhos de Rafaela, rindo do terror que deles transbordava. Tinha o olhar demente, febril, como o de um lobo assassino prestes a devorar a presa acuada, sem esperança. Quanto mais a ponta da arma se aproximava, mais Rafaela chorava, levando aos lábios de Reinaldo um prazer mórbido, sangrento, maligno.

Rosto afogueado, emoldurado por um sorriso mordaz e frio, fremente de excitação, Reinaldo encostou o cano do revólver na testa dela e puxou o gatilho.

CAPÍTULO 45

Com o tempo, o desespero cedeu lugar a uma tristeza indefinível. Augusto não via mais graça ou prazer na vida. Todos os esforços para conhecer o paradeiro de Rafaela haviam sido em vão. Não sabia mais o que fazer. Rezava todas as noites para que ela, ao menos, estivesse bem no exílio.

Como não podia mais vê-la, sentiu que lhe devia ao menos algum tipo de conforto. Senão para ela diretamente, ao menos para aqueles com quem ela se importava. Contrariando os conselhos de Reinaldo, resolveu procurar a família dela. Os pais tinham o direito de saber o que lhe havia acontecido.

Puxou pela memória e lembrou-se do endereço que ela lhe dera. Parou em frente à casa, do outro lado da rua, e olhou ao redor. Não havia ninguém por perto. Desde a prisão de Rafaela, a polícia não mais a vigiava. Isso também não lhe importava. Não tinha medo de Reinaldo nem de seus comparsas. Faria o que achava certo.

Assim decidido, Augusto atravessou a rua e tocou a campainha. Não demorou muito até que uma senhora atendesse. Tinha o corpo alquebrado e o olhar anuviado de quem aprendeu a conviver com o sofrimento. Ela entreabriu a porta até o limite da correntinha que a prendia ao portal e espiou para fora. A imagem do padre lhe causou uma certa surpresa. Pensando que ele ali estava para pedir-lhe dinheiro para a caridade, tratou logo de desculpar-se:

— O senhor me perdoe, padre, mas não tenho dinheiro e não posso ajudá-lo.

— Não estou aqui para pedir nada. Vim para falar-lhe de sua filha.

— Minha filha? — espantou-se ela.

— Sou amigo de Rafaela. Se me deixar entrar, esclarecerei tudo.

Cada vez mais desconfiada, ela apertou a maçaneta e revidou:

— Quem me garante que está falando a verdade?

— O que pode garantir a minha verdade é o amor que, como a senhora, sinto por ela — confessou emocionado.

As palavras a comoveram e a convenceram de que ele era sincero. Ela empurrou a porta, soltou a correntinha e abriu-a completamente.

— Entre.

Augusto entrou e seguiu-a até uma saleta, onde sentou-se em uma poltrona, enquanto ela se acomodava na cadeira de balanço em frente.

— Muito obrigado, dona Laís. É esse o seu nome, não é?

— Sim. Mas não me lembro de Rafaela ter mencionado nenhum amigo padre. O senhor sabe onde ela está?

— Sei e não sei. Sua filha esteve em minha casa durante este último ano.

Demorou muito até que ele lhe contasse tudo, sem omitir qualquer detalhe, inclusive o fato de que ambos estavam apaixonados. Ao final, Laís chorava de emoção.

— Ela podia ter me telefonado — desabafou. — Ter escrito uma carta. Tem ideia do quanto meu marido e eu sofremos

IMPULSOS DO CORAÇÃO

por causa do sumiço de Rafaela? Fomos à polícia, consultamos hospitais e o IML[1]... várias vezes. Fazemos isso até hoje. Nosso filho mais novo ficou perturbado, achando que a irmã foi sequestrada. Está com 13 anos e tem medo de ir à escola sozinho.

— Posso lhe assegurar que o que Rafaela mais queria era comunicar-se com a senhora. Mas ela sabia que a casa estava sendo vigiada, o telefone grampeado, as cartas interceptadas. Tinha medo de que algum mal lhes acontecesse.

— Mal nenhum podia nos acontecer. Nós não fizemos nada!

— No dia em que ela fugiu, um policial a abordou na rua. Podia tê-la prendido, mas não o fez. Deu-lhe um aviso muito sério: que não os procurasse mais. Ela sofreu com a saudade de vocês, mas temia pela sua segurança. Se fez o que fez, foi para protegê-los.

Laís não conseguia segurar o pranto. Chorava sem parar, pensando no destino de Rafaela.

— Ah! Meu Deus. Minha filha... perdi minha filha querida...

— A senhora não a perdeu. Rafaela está fora do país, mas está viva.

— Será que ela vai me escrever?

— Não creio, pois toda correspondência dela está censurada.

— Pelo menos ela está viva, não é? — ele assentiu. — Eu devia saber que ela andava metida em coisa errada. Saía com aquele namorado e só voltava tarde da noite. Vivia de cochichos ao telefone com ele e outras garotas. Para quê? Deu no que deu.

— Não se lamente. As coisas acontecem como devem acontecer.

— E o senhor? Estragou sua vida por causa de Rafaela.

---

1 IML – Instituto Médico Legal.

— Não pense assim. Minha vida não tem mais sentido, porque o que lhe dava sentido era sua filha. Não foi culpa dela, não foi culpa de ninguém. Nós nos apaixonamos.

— Sei que o senhor é padre, e o que vou falar deve ser um pecado muito grande — redarguiu ela, dando tapinhas nas mãos de Augusto. — Mas eu teria gostado de ter um genro feito o senhor.

— Então, pode começar parando de me chamar de padre e de senhor. Vou pedir meu desligamento da Igreja.

— Será que vale a pena, agora que Rafaela se foi?

— Rafaela se foi, mas não o meu amor por ela. Não posso continuar traindo os meus votos. Embora não estejamos mais juntos, meu coração não pertence mais ao sacerdócio. Não seria justo com os fiéis.

— O senhor é um homem bom. Mesmo que não deseje mais ser padre, jamais vai deixar de ser bom. Sinto isso só de olhar para o senhor.

— Não precisa me chamar de senhor.

— Está bem. Mas não me disse o seu nome.

— Augusto. Pode me chamar apenas de Augusto.

Ela levantou as sobrancelhas e retrucou com espanto:

— Sabia que tem o mesmo nome do namorado dela?

— Sabia. E é ex-namorado, assim como eu. Carlos Augusto está morto.

Laís levou a mão à boca, sufocando um grito de horror.

— Eu não sabia.

— Ninguém sabe. É um segredo que eu descobri e deve permanecer em sigilo, ao menos, por enquanto. Bem, dona Laís, preciso ir andando. Lamento tê-la conhecido em tão tristes circunstâncias.

— O senhor foi um anjo que caiu dos céus — disse ela, beijando-lhe a mão.

— Não sou anjo, e a senhora sabe disso — acrescentou ele, beijando-lhe a mão também. — Mas podemos ser amigos.

IMPULSOS DO CORAÇÃO

— Venha me ver de vez em quando.

— Quando puder, virei, sim.

— Obrigada por tudo. Obrigada por me deixar saber. A dúvida é o pior tormento. Ao menos agora sei o que aconteceu a Rafaela. Vou contar a meu marido e meu filho, vamos rezar todos os dias para que ela esteja bem.

— Façam isso. Vai ajudar.

Em meio às lágrimas, Augusto se despediu, satisfeito consigo mesmo pelo conforto que levara àquela família. Se Reinaldo descobrisse, problema dele. Não tinha medo da polícia nem de ninguém. E como Rafaela não estava ali para ser castigada, nada mais tinha importância.

O que precisava agora era dar um rumo em sua vida. Ser padre já não lhe interessava mais. Ele mesmo se sentiria um traidor se continuasse a exercer seu ofício. A cada pregação e confissão, amaldiçoaria a si mesmo por continuar agindo como se padre fosse, quando seu coração já não pertencia mais à Igreja.

Entrou em casa vagarosamente, dirigindo-se à cozinha. Fazia calor, precisava de água. Nelma, que cozinhava o almoço, sorriu quando ele entrou. Desde o incidente, ela mudara por completo. Estava mais quieta, menos crítica, suspirando pelos cantos, penalizada com o destino de Rafaela. Augusto já lhe participara sua decisão de ir embora, mas Nelma se recusava a deixá-lo.

— Como vão as coisas, Nelma? — indagou ele, servindo-se de um copo de água gelada.

— Como sempre.

Ela mexeu e remexeu nas panelas por alguns instantes, enquanto ele bebia em silêncio. Depois que ele terminou e pousou o copo gentilmente sobre a pia, ela o chamou com um certo temor:

— Padre Augusto, preciso falar-lhe.

— O que foi?

363

Nelma engoliu em seco, voltou a mexer as panelas e olhou para ele de soslaio. Augusto aguardava pacientemente, certo de que ela iria lhe falar sobre sua demissão. Ela enxugou as mãos no avental, pigarreou e falou com hesitação:

— Tem algo que gostaria de lhe contar — ele esperou.

— Sabe o capitão Reinaldo?

— O que tem ele? — tornou Augusto escabreado.

— Bom, no dia em que ele esteve aqui e prendeu o general Odílio... lembra-se?

— Como poderia esquecer?

— Pois é. Naquele dia, ele me deu um cartão com o seu telefone, para o caso de eu precisar falar com ele.

Todas as atenções de Augusto estavam agora presas em Nelma.

— Não está tentando me dizer que foi você que delatou Rafaela, está? — tornou, incrédulo.

— Não é isso, padre. Já lhe disse, juro que não fui eu. Mas tinha o cartão, que ficava sobre a minha mesinha de cabeceira...

— E daí?

— E daí que ele sumiu.

— Não vejo que importância isso possa ter. Você deve tê-lo deixado cair no chão ou jogado-o no lixo.

— Acontece que ele sumiu no dia em que padre Claudio esteve aqui, quando o senhor viajou.

A incredulidade agora havia redobrado de intensidade. Augusto segurou Nelma pelos ombros e disparou:

— Está me dizendo que foi Claudio quem delatou Rafaela? Impossível!

— Também pensei assim a princípio, já que padre Claudio é seu amigo e tudo o mais. No entanto, o sumiço do cartãozinho é inexplicável. Tenho certeza de que não o deixei cair nem o varri para o lixo. Ele simplesmente sumiu. Por coincidência, no dia em que padre Claudio entrou no meu

IMPULSOS DO CORAÇÃO

quarto e sentou na minha cama, para consultar os compromissos marcados em sua agenda. Quando ele chegou aqui, o cartão estava lá. Sei disso porque estava com ele nas mãos e o coloquei na mesinha. Mas depois que ele se foi, o cartão sumiu.

— Não pode ser, Nelma. Padre Claudio não faria isso.

— Não estou dizendo que foi ele. Mas ele foi a única pessoa que esteve aqui. A não ser que o senhor o tenha jogado fora.

— Eu nem sabia da existência desse cartão.

— Pois é. Guardei-o para uma necessidade. Contudo, jamais me atrevi a usá-lo.

— E acha que padre Claudio o pegou?

— Não sei. Mas que é estranho, é.

A conversa com Nelma deixou Augusto ainda mais acabrunhado. Seria possível que Claudio o houvesse traído? Ele era seu amigo, jamais faria uma coisa dessas. Um amigo que não gostava de Rafaela e não acreditava que ela o amasse.

Sem contar que era muito estranho que Nelma aceitasse o cartão de Reinaldo. Quando ele invadira sua casa pela primeira vez, ficara muito claro que era um militar a favor do regime. Não parecia apropriado que Nelma guardasse o telefone de gente assim. A menos que tivesse algum interesse.

Augusto já não sabia mais o que pensar nem em quem acreditar. Pensou se não seria melhor deixar de lado aquela história. De que adiantaria saber quem fora o autor da denúncia? Só serviria para deixá-lo com raiva e revolta, sentimentos que não lhe agradava ter.

Em sua cama, revirou-se de um lado a outro, tentando não pensar mais no assunto. Contudo, a imagem de Rafaela, sozinha no exterior, não o deixava esquecer. Precisava saber quem fora o responsável por tirar dele a mulher amada, de forma tão cruel e mesquinha. Mas como?

Pela última vez, procuraria Reinaldo. Se alguém sabia a verdade, era ele. Seu último encontro não havia sido dos melhores, mas, ainda assim, tinha que tentar. Antes de partir, rezou com fervor, pedindo a Deus que lhe desse forças.

Na sala de espera do quartel, o soldado que atendeu Augusto não parava de rir de uma piada que um oficial a seu lado lhe contara. Os dois olhavam para ele e riam disfarçadamente, com risinhos abafados e olhares cínicos. Ele não sabia o que era tão engraçado, até que Reinaldo apareceu. O homem de maior patente, talvez um capitão, cumprimentou-o com um aceno de cabeça e um gracejo revelador:

— O que há com você, Reinaldo? Agora deu para ser amigo de tudo que é padre dessa cidade?

Augusto quase caiu para trás. Então houvera outros padres à procura de Reinaldo. Ele pareceu não se importar com a piada e parou em frente a Augusto.

— O que você deseja? — indagou friamente.

— Apenas uma resposta — disse ele, levantando-se. — Só uma.

— O que quer saber?

— Quem foi que delatou Rafaela?

Reinaldo olhou discretamente para os dois homens e puxou Augusto pelo braço, caminhando com ele por um corredor comprido, até saírem para a rua.

— Não posso revelar minhas fontes — respondeu de má vontade.

— Entendo. Então, diga-me apenas: foi um padre? — ele não respondeu. — Foi?

— Olhe aqui, Augusto, por que não esquece essa história? A moça já não está longe?

— Eu preciso saber. Por favor, Reinaldo, é a única coisa que lhe peço.

— Não posso. Prometi não revelar e sou um homem de palavra.

— Diga-me apenas se foi um padre — ele não respondeu e desviou o olhar. — Foi, não foi?

IMPULSOS DO CORAÇÃO

— Um padre pode ser qualquer um.

— Então, por que não me diz?

— Está certo. Se lhe der essa resposta, promete que não me pergunta mais nada?

— Prometo.

— Muito bem. Foi um padre. É só o que posso lhe dizer.

Não havia mais dúvidas. Augusto não conseguia pensar em ninguém além de Claudio. Podia ser qualquer um, era verdade. Mas somente Claudio tivera acesso ao telefone de Reinaldo. Ninguém mais.

CAPÍTULO 46

Augusto vinha negligenciando suas atividades eclesiásticas. Não comparecia mais às confissões, não marcava casamentos nem batizados, nem missas de sétimo dia. Celebrava apenas as missas normais, assim mesmo, em menor quantidade. Até que sua dispensa fosse efetivada, não queria outros compromissos.

Chegou à paróquia de Cláudio no final da última missa da manhã. Augusto sabia que ele ainda teria um tempo livre antes de ir para o colégio. Claudio viu-o chegar e estranhou o fato de que ele se sentou no primeiro banco, ao lado das beatas mais assíduas, que se remexeram inquietas, orgulhosas de estarem lado a lado com um sacerdote.

Claudio mal conseguia se concentrar na liturgia. Vivia assombrado com a possibilidade de Reinaldo aparecer a qualquer momento para cobrar sua parte no acordo. Seria um desastre se ele resolvesse procurá-lo justo no dia em que Augusto estava ali.

Terminada a missa, Claudio cumprimentou-o e levou-o para a sacristia. Enquanto trocava as vestes do culto, Augusto

IMPULSOS DO CORAÇÃO

ocupou uma cadeira defronte à sua mesa e aguardou. Claudio mudou de roupa, guardou os paramentos e sentou-se diante dele.

— Muito bem — disse. — O que foi que houve?

Augusto não sabia por onde começar. Se suas suspeitas se confirmassem, a dor seria quase insuportável. De qualquer forma, tinha que saber. Não poderia se permitir viver refém daquela dúvida.

— Vim aqui por um motivo — começou inseguro. — Tem algo que preciso lhe perguntar.

— O que é?

Um frio percorreu a espinha de Cláudio. Era outro de seus medos: que o amigo descobrisse o que ele havia feito. Como Augusto não era dado a rodeios, encarou o padre e, com voz que tornou firme, disparou:

— Foi você quem denunciou Rafaela?

Claudio quase engasgou. Tossiu algumas vezes, o rosto se avermelhou, a voz titubeou e falhou quando ele retrucou:

— O quê?

— Perguntei se foi você quem denunciou Rafaela.

— De onde tirou essa ideia? — respondeu, sombrio.

— Foi ou não foi?

O desejo de Cláudio era desaparecer, mas não havia nenhum buraco onde pudesse se enfiar e fingir que jamais existira.

— O que o leva a pensar que eu faria uma coisa dessas? — tornou, fingindo-se ofendido, sem coragem de encará-lo.

Por pouco Augusto não desistiu. Começava a sentir um certo remorso por fazer tão séria acusação. No entanto, algo dentro dele continuava dizendo que não se enganara.

— Você faria? — insistiu.

— Eu... — gaguejou, olhos pregados no chão. — Não compreendo. Por que essa desconfiança? Alguém lhe falou alguma coisa?

— O que deveriam me falar?

— Não sei.

— Quem falaria de você?

Ele deu de ombros e considerou, quase desculpando-se:

— Você é meu amigo. Seria capaz de dar a minha vida para salvar a sua.

— E a de Rafaela? Também trocaria sua vida pela dela? — ele não respondeu. — Não, é claro que não. Sei que não faria isso por ela.

A situação estava ficando complicada. A cada palavra de Augusto, Cláudio se sentia mais encurralado. Pensando num jeito de encerrar aquela conversa, ponderou:

— Sei que é difícil, Augusto, mas acho que você devia tentar esquecer Rafaela. Não temos meios de localizá-la.

— Como é que você sabe?

— Nós sabemos como isso funciona. Antes, tínhamos o general Odílio. Agora, não restou ninguém para nos ajudar.

— Tem o capitão Reinaldo.

— Ele não nos dirá nada.

— Você já tentou? — ele não respondeu. — Pois eu já.

— Você foi procurá-lo?

— Reinaldo foi meu amigo de infância. Pode imaginar como me senti quando descobri que ele era um agente da polícia militar? Depois, fez a prisão do general Odílio. E agora, de Rafaela.

— Como você disse, ele foi seu amigo de infância. Hoje é outro homem, você não o conhece mais.

— Tem razão. Mas eu fui procurá-lo, e sabe o que ele me disse? — Cláudio meneou a cabeça. — Que o delator foi um padre.

— Um padre?

— E Nelma também me contou uma história muito interessante sobre o sumiço de um tal cartão de visitas. Sabe alguma coisa sobre isso?

IMPULSOS DO CORAÇÃO

Não havia mais para onde fugir. Era óbvio que Augusto juntara as peças daquele simples quebra-cabeça e chegara ao seu nome. Mentir, naquele momento, seria ainda pior.

— Fiz isso por você — confessou em tom quase inaudível.

No começo, Augusto não conseguiu reagir, mal acreditando na rápida confissão do amigo. Achou que ele ia negar, mentir, disfarçar, mudar de assunto ou qualquer outra coisa que não fosse assumir sua culpa. Depois de algum tempo, quando a verdade desabou sobre ele, massacrando suas esperanças de estar enganado, Augusto afundou o rosto entre as mãos e chorou amargamente.

— Por que, Cláudio, por quê? — indagou, sofrido. — Você era meu amigo. Eu confiava em você.

— Ainda sou seu amigo — balbuciou o outro, consternado, pensando numa maneira de salvar a amizade. — Se fiz o que fiz, foi para resguardar sua vida, sua carreira.

— Como pôde fazer isso? Você, que lutou comigo esses anos todos para defender e proteger os perseguidos políticos. Como pôde trair assim a nossa ideologia? Como foi capaz de conspurcar o nome de Deus com a infâmia da traição? Você destruiu tudo aquilo que juramos defender: o ser humano, seus valores, sua honra, sua vida...

As palavras de Augusto eram muito duras, levando Claudio a chorar de mansinho, corroído pelo remorso.

— Não me odeie, Augusto. Errei tentando acertar. Pensei que lhe fazia um bem.

— Que bem pode advir da prisão de um ser humano? Da mulher que eu amo!

— Ela não ama você. É só uma menina tola... Ia destruí-lo... e à sua carreira.

— Você não tinha o direito de intervir na minha vida — soluçou ele, alteando o tom de voz. — Que espécie de homem é você?

— Por favor, Augusto, perdoe-me. Eu só queria protegê-lo.

— Não preciso de sua proteção! Você é desprezível. Tenho nojo de você.

— Não fale assim. Sou seu amigo, sempre fui...

Augusto estava à beira do descontrole. Tomado de um ódio imensurável, não raciocinava mais com clareza. Em sua mente ressoava a palavra *traição*, envenenando-lhe o raciocínio. Sem o equilíbrio da ponderação, Augusto permitiu que seu corpo emocional lhe dominasse a razão. Num átimo, saltou em cima de Cláudio, agarrando-lhe o pescoço.

— Desgraçado! — bradou, apertando sua garganta.

Cláudio não reagiu. No fundo, achava que merecia aquilo. Mas o coração de Augusto não era dado à violência ou à vingança. Tão logo se deu conta do que estava fazendo, soltou o pescoço do outro e deu um salto para trás, chorando angustiado.

Braços caídos ao longo do corpo, Cláudio ofegava com dificuldade, olhos cerrados, quase sem vida. Uma mancha roxa se alastrava ao redor do pescoço, enquanto ele permanecia imóvel, a cabeça jogada para trás no espaldar da cadeira.

— Cláudio! — chamou Augusto, assustado. — Cláudio! Meu Deus, o que foi que eu fiz?

Desesperado, Augusto dava tapinhas no rosto de Cláudio, borrifando-lhe a face com água tirada de uma jarra. Aos poucos, a respiração dele foi se normalizando, até que voltou a si. Tentou engolir, mas a garganta ardeu, trazendo-lhe a lembrança e a compreensão do que ocorrera.

— Augusto — falou baixinho, a voz rouca em decorrência do quase estrangulamento.

— Perdoe-me, Cláudio — suplicou ele. — Perdi a cabeça, não sabia o que estava fazendo.

— Não faz mal.

IMPULSOS DO CORAÇÃO

— Vou levá-lo ao hospital.

— Não precisa. Estou bem.

Augusto encheu um copo de água e estendeu-o a Cláudio, mas este não conseguiu beber.

— Tem certeza de que está bem? — insistiu, aflito.

— Estou, não se preocupe.

— Então, tem algo que preciso fazer.

Ele retirou o fone do gancho e pôs-se a discar um número.

— Para quem está ligando? — perguntou Cláudio.

— Para a polícia. Vou me entregar.

— Entregar?

— Tentativa de homicídio — confessou em agonia. — Quase matei você.

— Não seja louco!

O pulo que Cláudio deu nem parecia de um homem que havia acabado de ser violentamente agredido. Alheio à dor na traqueia, correu para o telefone e premiu os dedos contra o gancho, desligando na mesma hora em que uma voz do outro lado dizia:

— Polícia...

— Não faça isso — implorou Cláudio. — Vai me deixar ainda mais culpado do que já me sinto. E você não merece ir para a cadeia.

— Quase o matei, Cláudio. Não podia ter feito isso.

— O que você fez é absolutamente compreensível. Qualquer outro, no seu lugar, faria a mesma coisa, com a diferença de que teria ido até o fim.

— Perdoe-me...

— Sou eu quem tem que lhe pedir perdão. Cometi o maior erro da minha vida, e só Deus sabe o quanto me arrependo.

— Reinaldo me disse que Rafaela foi banida do país — comentou Augusto, quase sem expressão, presa de uma dor que tira o ânimo de viver.

— Foi o que ele me disse que faria.

— Será que é verdade?

— Não sei.

— Daria tudo para ter notícias dela!

De olhos baixos, Augusto finalmente liberou o pranto. Chorou como nunca antes havia chorado, com lágrimas grossas encharcando-lhe o rosto. Cláudio quis confortá-lo, contudo, não se atreveu a aproximar-se mais. Parou a mão acima da cabeça dele e puxou-a de volta. Arriou na cadeira, sofrendo com a dor do amigo, sem se importar com sua própria dor.

Levou algum tempo até que Augusto se acalmasse. Enxugou os olhos, bebeu água e encarou o outro.

— Sei que não adianta dizer o quanto lamento tudo isso — desabafou Cláudio, com sinceridade. — Fui um idiota, estúpido. Confiei na palavra de um homem que só é fiel a si mesmo. A vida e a honra não têm valor algum para Reinaldo. Devia saber disso.

— Não adianta querer culpá-lo. Foi você o delator.

— Sei disso e não pretendo eximir-me de minhas responsabilidades. Mas também não quero me comprometer ainda mais do que já estou comprometido.

— O que quer dizer?

— Reinaldo está me chantageando. Quer que use minhas prerrogativas de padre para lhe dar nomes de penitentes subversivos, em troca de seu silêncio e da nossa liberdade.

— O quê? — horrorizou-se. — Você já fez isso?

— Não. O silêncio dele não é mais necessário, já que você agora conhece a verdade. Mas tem a questão das prisões.

— O que quer dizer com isso? Ele sabe da *Esperança*?

— Não exatamente. Contudo, desconfia de uma organização por trás do general Odílio.

— Isso é preocupante. Se fôssemos apenas nós dois, podíamos dar um jeito. Mas, e os outros?

IMPULSOS DO CORAÇÃO

— Estou num beco sem saída. Ou entrego nossos amigos, ou meus penitentes. Não sei o que fazer.

— Saia da Igreja.

— O quê?

— Se você não for mais padre, não ouvirá confissões. Consequentemente, não terá a quem delatar.

— Se eu fizer isso, ele pode ficar com raiva e mandar nos prender.

— Algo me diz que Reinaldo não fará nada disso.

— Como pode ter certeza?

— Não tenho. Mas precisamos ter fé. Mais do que nunca, temos que estar vigilantes e orar. Só assim conseguiremos vencer mais essa investida das trevas.

Estava desfeito o laço de rancor que, felizmente, nem chegara a se formar. A indignação se transformara em ódio, este em revolta, passando então ao desânimo e, finalmente, ao perdão. Na verdade, tanto Augusto quanto Cláudio, intimamente, sabiam que cada um percorre sua própria estrada, sem trilhar o caminho do próximo.

Todo ser humano é responsável não apenas por aquilo que faz, mas pelo que atrai de bom ou ruim para sua vida. Ninguém sofre um mal se não gerou empatia com ele. E aquele que atinge seu semelhante só o faz porque foi magnetizado pelas forças de atração. Nem vítimas, nem algozes. Cada um com a sua energia atrai ou repele experiências de prazer ou dor. Sem agressor e sem agredido, somos todos donos do nosso destino, escolhendo, a cada momento, uma das infinitas possibilidades que o universo nos oferece para a realização de nossas vidas.

CAPÍTULO 47

A escuridão ao redor de Rafaela era total. Ela abriu os olhos lentamente, sentindo uma dor aguda na cabeça, por onde um filete de sangue escorrera e secara. Estreitou a vista, mas não viu nada além de trevas. Sob seu corpo, o chão era gelado e úmido. A pele maltratada se ressentiu de sua aspereza.

De longe, gritos abafados chegaram aos seus ouvidos, fazendo-a estremecer. Pareciam sussurros sofridos de quem não suportava mais a dor. Torturas... Os gemidos lembravam as torturas. Aos poucos, os gemidos foram escasseando, impondo o silêncio entre as paredes de pedra. Rafaela tentou mover-se, mas todo o seu corpo doía. As pernas gosmentas e viscosas não obedeciam ao seu comando.

Não se recordava de nenhum lugar como aquele. Tentou se concentrar no tempo, e aos poucos as lembranças foram voltando. Lembrou-se da sala de interrogatórios, de Reinaldo, da arma. Do cano frio encostado em sua testa, da pressão contra sua carne, do estalido do gatilho sendo pressionado. E depois, nada.

IMPULSOS DO CORAÇÃO

O que sobreveio na sequência do tiro só podia ser a morte. Com certeza, fora atirada em algum lugar de sofrimento no mundo pós-vida. Ela conhecia pouco do assunto, mas acreditava na sobrevivência da alma. Augusto sempre lhe falava sobre espiritismo, e ela sonhara muitas vezes com Carlos Augusto. Agora estava ali, perdida naquele mundo desconhecido de sombras.

Aquele era um bom momento para Carlos Augusto aparecer, se é que ele sabia o que lhe acontecera. Na certa ele habitava um lugar próximo do céu, ao passo que ela estaria em algum recanto das trevas. Só podia ser isso. Carlos Augusto, com sua força e coragem, fora levado a um lugar de paz. Ela, covarde, fraca, sedutora de padres, merecia o tão temido umbral.

Subitamente, Rafaela ouviu um rangido de dobradiças enferrujadas partindo de algum ponto à sua frente. Estreitou a vista, na esperança de enxergar alguma coisa, mas a escuridão ainda era total. O ruído foi se alongando, enquanto uma estranha luminosidade se alastrava aos poucos pelo chão. Lentamente, uma claridade opaca penetrou o ambiente, acompanhada do som dos saltos de uma bota que lhe soou familiar.

Assustada, Rafaela recuou para o canto da parede e encolheu-se toda, com medo até de respirar. Mas será que ela respirava ou só tinha essa sensação? Como o barulho das botas se aproximava, aos pouquinhos ela abriu os olhos e percebeu um vulto de encontro à luz. Era uma sombra indistinta, assustadora e sem rosto.

Quando aquela silhueta medonha parou diante dela, Rafaela fechou os olhos novamente, as pálpebras tremulando de terror. Permaneceu onde estava, sem se atrever a olhar. Foi então que uma luz piscou, e toda a sala se acendeu.

— Levante-se daí, medrosa — ordenou uma voz ríspida e muito conhecida sua.

Tentando controlar o pânico, Rafaela olhou para cima, protegendo os olhos da claridade esbranquiçada das lâmpadas fluorescentes.

— O quê? — balbuciou atônita. — Onde estou? Eu não morri?

Uma gargalhada diabólica quase perfurou seus tímpanos, levando-a a se encolher ainda mais.

— Por acaso isso aqui tem cara de céu? Ande, levante-se!

Rafaela não precisava ver para saber quem era o interlocutor. Reconheceria a voz de Reinaldo em qualquer lugar e em qualquer mundo.

— O que aconteceu? — sussurrou em tom quase inaudível. — O que você fez comigo?

— Não fiz nada. Você se mijou de medo, sua covarde. Pensou que eu tinha atirado e fez xixi na calça. Desmaiou e bateu com a cabeça no chão.

Ela o olhou magoada, sentindo-se humilhada e vencida.

— Você não atirou?

— Atirei. Só que não havia balas. Eu só quis dar um susto em você, para aproveitar bem nosso último momento juntos, antes de mandá-la embora.

— Embora para onde? — novamente o pânico a dominou.

— Você vai sair do país. Já está tudo arranjado.

— Sair do país? Mas como? Para onde vou?

— Para Portugal. Foi o melhor que consegui para você.

— Portugal? Sozinha? Pelo amor de Deus, o que vou fazer lá?

— Isso não me interessa.

— Não tenho dinheiro, não tenho nada.

— Venda-se, se alguém a quiser, e tire algum lucro dessa porcaria que você chama de corpo.

— Você não pode estar falando sério. Não pode fazer isso comigo.

— Escute aqui, garota! — irritou-se ele, agarrando-a pelo pescoço. — Já estou farto de você. Nada me daria mais

IMPULSOS DO CORAÇÃO

prazer do que matá-la, mas não posso. Tenho que seguir o protocolo. Você vai ser banida e pronto. E se me encher muito a paciência, esqueço essa coisa do protocolo e dou um tiro em você agora mesmo. Dessa vez, com balas. É isso que você quer?

Ela não respondeu. Apenas meneou a cabeça e começou a chorar.

— Ótimo — concluiu Reinaldo. — Agora venha. Vamos acabar logo com isso.

Dali, Rafaela foi levada para um banho e ganhou roupas limpas. Enquanto se lavava, as lágrimas despencavam de seu rosto. É claro que ser exilada era muito melhor do que ser morta, mas ela não podia evitar a tristeza. Augusto quisera mandá-la para o exterior, com toda estrutura e apoio. Ela recusara por medo de ficar sozinha. E agora, o que faria?

Sozinha no vestiário masculino, onde os soldados haviam sido proibidos de entrar, terminava de se enxugar quando a porta se abriu. Ela estava de costas e apertou a toalha ao redor do corpo, voltando-se lentamente para ver quem havia entrado. Foi uma surpresa. Parada diante dela, toda linda, bem vestida e maquiada, sua antiga companheira a fitava com olhos úmidos.

— Silmara! — exclamou, mal contendo o espanto. — Como pode ser? O que está fazendo aqui?

— Você mencionou os nomes de Carlos Augusto e de Rogério. Está anotado na sua ficha. Quando Bernardo leu, desconfiou que você era a moça que faltava no nosso antigo grupo e me avisou. Só agora ele permitiu que viesse vê-la.

— Bernardo é o coronel com quem você está vivendo?

— Por favor, Rafaela — tornou Silmara envergonhada. — Procure não me julgar. Eu tive tanto medo de morrer!

— Não precisa se justificar. Isso aqui transforma as pessoas, tira a nossa dignidade, nos faz parecer menos do que bichos.

— Como você, fui torturada. Perdoe-me... Não tive escolha. Eles estavam ameaçando cortar a minha língua...

Calou-se, tomada pelos soluços de angústia que a lembrança evocava.

— Isso agora não importa mais — considerou Rafaela, dando-lhe um abraço fraterno. — O importante é que você está viva e bem.

— Chega um ponto em que só o que a gente quer é parar de sofrer — ela enxugou os olhos e prosseguiu: — Tentei resistir o máximo que pude, mas eles têm métodos bastante eficazes de persuasão.

— Eu sei. Passei por isso também. Só que, no meu caso, eu não tinha mais o que contar.

Ia falar de padre Augusto, mas silenciou, com medo de que Silmara fosse uma espiã, obrigada a trair os amigos para sobreviver. A outra, contudo, pareceu não perceber o temor da amiga e pôs-se a narrar sua desventura com tristeza e dor:

— Tive que dar o seu nome. Era isso, ou eu ia perder a língua, a visão, a vida. Depois que falei, pensei que iam me matar de tanta pancada — fez uma pausa, sufocando os soluços, até reunir forças para prosseguir: — E iam, não fosse a intervenção de Bernardo, que deu ordens para cessarem a surra. Tirou-me daquela câmara de torturas. Fez-me uma proposta: eu podia continuar ali, nas mãos dos torturadores, ou me tornar sua amante. Tenho vergonha de dizer, Rafaela, mas não pensei duas vezes... Só o que queria era parar de apanhar e de sentir dor. Foi tudo tão horrível! Você não sabe como me sinto, como me desprezo! Dei o seu nome e me prostituí só para continuar viva. Será que isso vale a pena?

Silmara chorava de soluçar, e Rafaela abraçou-a novamente, sentindo enorme compaixão pela amiga. Com ela ali em seus braços deu-se conta, pela primeira vez, de sua

IMPULSOS DO CORAÇÃO

coragem. Todos a chamavam de covarde, contudo, percebia agora que não era. Tinha muitos medos a vencer, ela sabia. Apavorava-a a ideia do exílio, tremia só de ouvir a voz de Reinaldo, chorava de pânico à visão do cassetete, desesperava-se ante a iminência das torturas. Mas jamais entregara Augusto ou revelara a existência da *Esperança*. Dera os nomes dos que já estavam mortos, porque nada mais podiam contra eles. E ela, mesmo ferida, humilhada, machucada na alma e por fora, suportara todas as dores para preservar não apenas o homem que amava, mas todos os outros que lutavam a favor do bem.

A descoberta lhe trouxe calma e serenidade. Se fora capaz de aguentar todo aquele sofrimento em nome de um ideal e do amor, nada mais poderia atingi-la. Tudo perdia a importância. As marcas que levaria consigo eram indeléveis, jamais as esqueceria. O medo ainda persistia, como um espinho encravado no coração, fazendo-o acelerar diante da ameaça do perigo. Mas o desespero sumira. Em seu lugar, veio a resignação e, estranhamente, algo que nunca tivera: fé.

Ela estreitou Silmara com genuíno amor e confortou-a com sinceridade:

— É claro que vale a pena. Não se torture mais. Deixe a tortura no passado e aproveite a vida que tem. O importante é que, aqui dentro — ela cutucou gentilmente o peito da outra, na altura do coração —, você sabe quem é.

Silmara olhou-a admirada.

— Não está com raiva de mim?

— Não.

A conversa foi abruptamente interrompida por um soldado, que escancarou a porta. Sem olhar para Silmara, ordenou a Rafaela:

— Venha comigo. O capitão Reinaldo quer vê-la com urgência.

Rafaela vestiu-se às pressas. Despediu-se de Silmara em lágrimas e foi conduzida com rispidez pelo soldado até a presença de Reinaldo.

— Sente-se — ordenou, e ela obedeceu.

Em frente a ela, haviam sido colocados um bloco e uma caneta esferográfica.

— Para que é isso? — questionou.

— Você vai escrever uma carta que eu vou ditar.

— Uma carta?

— Não sabe o que é uma carta? Comece pela data.

Ela escreveu a data e olhou para ele.

— Para quem é? — quis saber.

— Querido Augusto — ele começou, causando-lhe espanto. — Vamos, escreva! Estou mandando. Querido Augusto...

Sem ter como contestar, Rafaela ia escrevendo tudo o que ele ditava, enquanto as lágrimas desciam, abundantes, pelo seu rosto, toldando-lhe a visão, fazendo-a soluçar. Reinaldo se comprazia com cada momento de dor que lhe infligia, imaginando a cara de decepção de Augusto quando lesse aquela carta.

— Augusto não vai acreditar nisso — disse ela, assim que terminou.

— Vai sim. Não tenho dúvidas de que vai. Você está aqui há cinco meses, e há cinco meses Augusto pensa que você está fora do país. Não acha que é tempo bastante para refazer a vida?

— Por que está fazendo isso?

— Digamos que Augusto e eu temos contas a acertar. E não tente lhe escrever. Nunca, jamais! Toda a sua correspondência será interceptada. Você é *persona non grata*[1] neste país.

— Não posso escrever nem para minha família?

---

1 *Persona non grata* – em latim, pessoa que não é bem-vinda.

IMPULSOS DO CORAÇÃO

— Suas cartas não chegarão às mãos deles. E vou lhe dar um conselho muito sério. Um conselho, não, um aviso. Se você se comunicar com Augusto, eu saberei. Mesmo que seja um pequeno recado pela boca de alguém, não se iluda, eu saberei. Augusto não é o tipo de homem que engole as coisas e aceita tudo calado. Virá me procurar, como já veio tantas outras vezes. Se isso acontecer, não terei alternativa. Tenho provas suficientes para mandá-lo para a prisão pelo resto de seus dias. E você sabe o que acontece na prisão, não é mesmo? Acho que não vai querer isso para o amor da sua vida, vai? — ela não respondeu. — Vai?

— Não — disse por fim, a voz trêmula de ódio.

— Foi o que pensei. Agora vamos. Não vejo a hora de livrar-me de você.

Quando ela saiu, não estava mais chorando. As lágrimas haviam secado, e ela foi caminhando pelo corredor de cabeça erguida. Silmara a olhava da porta do gabinete do amante, os olhos escondidos no lencinho de cambraia umedecido com suas lágrimas. O carro foi direto para o aeroporto, onde Reinaldo, pessoalmente, a embarcou no avião que a levaria para o desterro.

Quando a aeronave decolou, Rafaela olhou pela última vez a sua terra, no exato momento em que as primeiras luzes da noite começaram a se acender. Foi como se toda a cidade, de repente, abrisse os olhos e olhasse para ela, acenando, com suas luzes, um último adeus.

CAPÍTULO 48

Foi com surpresa que Reinaldo recebeu a notícia de que Cláudio não integrava mais sua antiga paróquia. Foi informado de que o padre pedira demissão e se afastara até a formalização de seu desligamento. Furioso, procurou-o em casa de Augusto, onde disseram que poderia encontrá-lo.

Reinaldo não contava com a proteção espiritual de Augusto. Logo ao portão de entrada, dois soldados invisíveis montavam guarda e apontaram suas lanças para os seres das sombras que o acompanhavam. Intimidados com os espíritos, que, ao contrário de Paulina e Carlos Augusto, não hesitariam em investir contra eles, estacaram. Barrada sua passagem, permaneceram do lado de fora, e Reinaldo entrou sozinho na casa iluminada de Augusto.

Lá dentro, invisíveis, Carlos Augusto e Paulina o aguardavam. Nelma os recebeu com cordialidade e foi chamar os padres, como orientada por Augusto. Antes de irem ao seu encontro, os dois deram-se as mãos e rezaram. Só assim conseguiam manter o equilíbrio e as forças.

Estranhamente, quando se viu diante deles, Reinaldo perdeu boa parte de sua arrogância e ousadia. Livre dos

IMPULSOS DO CORAÇÃO

espíritos obscuros, recebeu um passe de Paulina, reequilibrando parcialmente seus corpos físico, emocional e mental.

— Como podemos ajudá-lo, Reinaldo? — indagou Augusto, cortês.

Ele fitou a ambos, desconcertado, questionando-se se devia mesmo tê-los procurado. Estava, contudo, obcecado com a possibilidade de efetuar mais prisões e rebateu de forma direta:

— Estão me desafiando?

— Longe de nós tamanha pretensão.

— Então, por que não está na sua igreja? — perguntou a Cláudio.

— Simplesmente porque não tenho mais igreja — respondeu o outro calmamente. — Caso não saiba, pedi demissão há três dias.

— Sabe que posso prendê-los por causa disso?

— Desde quando existe uma lei que obrigue um homem a ser padre? — intercedeu Augusto.

— Gostaria que ficasse fora disso — recomendou, com uma certa irritação. — Meu assunto é com padre Cláudio.

— Ainda não entendeu? — tornou Cláudio. — Não sou mais padre.

— Pensa que não sei por que fez isso? — esbravejou. — Acha mesmo que pode me enganar?

— Nenhum de nós jamais pensou tal coisa — esclareceu Augusto. — Cláudio e eu apenas resolvemos dar um outro rumo às nossas vidas.

— Posso saber por quê?

Porque estamos cansados de gente feito você — foi o que Augusto pensou, mas disse: — Porque estamos cansados de cuidar dos problemas dos outros.

— Interessante. E que problemas seriam esses?

— Problemas conjugais, fofocas de madames, namoricos de adolescentes...

— Planos subversivos — desafiou Reinaldo.

— Nunca soubemos de nenhum — afirmou Augusto, fitando os olhos frios de Reinaldo.

Aquele foi o momento que mais requereu a presença dos espíritos amigos. Durante o desenrolar da conversa, Paulina transmitia eflúvios de amorosidade, principalmente para o quarto centro de força de Reinaldo[1]. Tocado em sua amorosidade, a lembrança que lhe surgiu foi a da mãe que tanto amara. Inexplicavelmente, a imagem dela dominou seus pensamentos, evocando a alegria que sentira ao lado dela e a tristeza pela sua morte.

— Você não quer a morte de Augusto, como não queria da sua mãe — Paulina soprou ao seu ouvido. — A dela, você não pôde evitar. Mas não precisa contribuir para a de Augusto.

Inundado pelos eflúvios de luz que partiam de Paulina, Reinaldo facilmente ligou sua mente à dela e captou, de forma nítida e clara, o pensamento do espírito. Lágrimas lhe vieram aos olhos, e seu silêncio revelou a hesitação. As palavras de agressão e ameaça que preparava para aquele momento morriam no nascedouro. Tocado pelo sentimento puro de amor, momentaneamente liberto das amarras do orgulho e do poder, Reinaldo imaginou o quanto sofreria se Augusto fosse preso. Jamais conseguiria torturá-lo nem permitiria que outros o fizessem. Prender o padre poderia desmoralizá-lo, expondo sua paixão, trazendo-lhe vergonha e o repúdio dos colegas.

E quanto a Cláudio? Era um delator, um velhaco sem escrúpulos ou moral. Poderia muito bem fornecer as informações que ele queria, entregando os nomes dos demais padres, desmantelando sua organização.

— Não há organização alguma — disse Paulina. — Vai matá-lo à toa, afastando de vez Augusto de você.

O desânimo tomou conta de Reinaldo. De onde tirara a ideia de que havia uma organização? Se realmente existisse

1 O quarto centro de força é o chakra cardíaco, cuja vibração é do amor incondicional, da compaixão, da amizade.

uma, Rafaela, com sua covardia, teria lhe contado. Mas se nem o cano do revólver encostado em sua testa a fizera falar, era porque não havia realmente o que dizer.

— Você está criando uma fantasia — prosseguiu Paulina. — Pensa que Cláudio sabe de alguma conspiração, mas não existe nenhuma.

Era melhor desistir de forçar a barra para encontrar subversivos. Aquilo já estava virando uma obsessão. Cláudio era insignificante demais para se tornar confessor de gente que conspirava contra o governo.

— Quer saber de uma coisa, Augusto? — tornou ele com desdém. — Já estou farto de vocês. Duvido mesmo que dois padrecos imbecis tenham algo de importante a me dizer.

Quando ele se levantou, Augusto levantou-se também. Acompanhou-o até a porta, evitando falar para não revelar a contradição de sentimentos que agitava sua alma.

— Adeus, Augusto.

Ao primeiro passo que ele deu para fora, Augusto não resistiu. Pôs a mão em seu pulso, fazendo-o parar.

— Por favor, diga-me o que fez com Rafaela — implorou, olhos úmidos de dor.

Por uma fração de segundos, Reinaldo sentiu-se tentado a dizer. Seria bem-feito se ele soubesse a verdade. Mas não tinha ânimo para falar. Não naquele momento.

Reinaldo olhou para ele com desprezo e puxou o braço. Saiu sem dizer nada, pronto para usar seu trunfo.

Desde esse dia, Augusto estava certo de que Reinaldo jamais voltaria a procurá-lo. Todas as noites, incluía-o em suas orações, o que o fazia sentir-me melhor e mais fortalecido. Só assim conseguia não o odiar.

Foi com surpresa que recebeu nova visita de Reinaldo. Augusto fazia a leitura de *O Evangelho Segundo o Espiritismo* para Cláudio quando Nelma bateu à sua porta.

— Entre — falou ele.

— Padre Augusto, perdoe-me, mas o capitão Reinaldo está aí para vê-lo.

Augusto se virou para ela e censurou com bonomia:

— Já disse para não me chamar assim. Não sou mais padre.

— Para mim, o senhor vai sempre continuar sendo padre — ele sorriu com tristeza, e ela arrematou: — O que digo ao capitão Reinaldo?

— Diga-lhe para esperar.

A visita de Reinaldo não era aguardada. Augusto pensava mesmo que nunca mais tornaria a vê-lo. Olhou para Cláudio com ar de dúvida, pensando no que deveria fazer.

— Vá — aconselhou Cláudio. — Pode ser importante.

Augusto não tinha a menor vontade de falar com ele, contudo, aquiesceu. Ambos fizeram uma oração para fortalecê-lo e permitir que recebesse Reinaldo com polidez.

Quando Augusto entrou na sala, vestido de calças jeans e camisa polo, o coração de Reinaldo reviveu a antiga paixão. Como ele era bonito! Por pouco não desistiu de sua pequena vingança.

— Bom dia, Augusto — cumprimentou Reinaldo, olhando-o com velada admiração.

Augusto percebeu o olhar e simplesmente balançou a cabeça. Apanhou uma cadeira e levou-a para junto do sofá, sentando-se de frente a ele.

— Muito bem — disse sem emoção. — Em que posso servi-lo?

A frieza dele causou irritação em Reinaldo. Seria bem-feito para ele o desgosto que aquela carta provocaria.

— Vim aqui para trazer-lhe isto — mostrou-lhe um papel dobrado, sem lhe entregar. — É uma carta de Rafaela, interceptada por nossos agentes nos correios.

IMPULSOS DO CORAÇÃO

— Uma carta? Para mim?

— Sim. Desculpe, mas tivemos que lê-la. Algumas partes foram censuradas, por isso estão riscadas. Mas o que não compromete a segurança nacional está intocado. Lamento que não lhe traga boas notícias.

Reinaldo estendeu a carta para ele, que a tomou de suas mãos com avidez. Desdobrou o papel, bastante amassado e sujo, como se houvesse passado pelas mãos de muita gente, imediatamente reconhecendo a caligrafia caprichada de Rafaela.

Realmente, muitas partes haviam sido riscadas. Trechos que Reinaldo, propositadamente, mandara Rafaela escrever e ele mesmo riscara, para conferir à missiva um ar de veracidade. A parte que lhe interessava, contudo, estava bem nítida. Reinaldo mal via a hora de regozijar-se com o ar de decepção que aos poucos empalideceria o rosto de Augusto.

— Onde está o envelope? — questionou Augusto.

— Junto com o dossiê dela. Sinto, mas ninguém pode saber onde ela está. A rigor, ela nem deveria ter escrito, mas não podemos mandar na soberania dos países alheios. Aqui, contudo, a regra é outra. Só entra e sai o que o governo permite.

A intenção de Augusto era verificar o endereço do remetente, mas não falou nada. Estava satisfeito por, finalmente, ter notícias dela. Ele olhou para Reinaldo com ansiedade e, vendo que o outro não se mexia, levantou-se com a carta na mão.

— Ah! Não, não, não, Augusto — objetou. — Você não pode sair daqui com ela. Trata-se de um documento e uma prova subversiva contra Rafaela. A carta vai para nossos arquivos. Trouxe-a apenas para você ler e saber o que houve com a moça. Mas depois, tenho que levá-la de volta. Por favor, sente-se aqui e leia. Preciso me assegurar de que você não a danificará.

Augusto engoliu a raiva, mas obedeceu. Sentou-se de volta na mesma cadeira e, respirando profundamente, começou a ler:

Querido Augusto,

Faz poucos meses que cheguei ▮▮▮▮▮▮▮▮▮ No começo, a vida foi difícil, pois eu ▮▮▮▮▮▮▮▮ Agora, contudo, estou mais confiante no futuro. Menos de um mês após a minha chegada, conheci ▮▮▮▮▮▮ um homem maravilhoso que me ajudou a ▮▮▮▮▮▮▮▮▮▮▮▮ Estamos juntos desde então, e agora espero um filho dele. A gravidez ainda está no início, e vamos nos casar.

Escrevo esta carta porque gosto muito de você e queria que soubesse o que me aconteceu. Sou-lhe eternamente grata por tudo o que fez por mim, inclusive pelos momentos de paixão que vivemos juntos. Jamais esquecerei o quanto fomos felizes, mas foi com ▮▮▮▮▮▮ que encontrei o verdadeiro amor. Espero que você não fique triste. Tenho certeza de que nosso romance teve, para você, o mesmo significado que teve para mim: foram momentos maravilhosos de sexo e prazer que nos tiraram, a ambos, da solidão. Sem contar a forte amizade que se formou entre nós e que nunca vou esquecer.

Vivemos enclausurados em prisões particulares. Eu, foragi da da ▮▮▮▮▮▮ e você, preso ao sacerdócio. Agora, porém, ambos estamos livres para fazer de nossas vidas o que quisermos. Se você largou a batina, espero que encontre um amor tão maravilhoso e leal quanto o meu. Você merece.

Não pretendo aqui perder tempo relatando ▮▮▮▮▮▮▮ ....

IMPULSOS DO CORAÇÃO

Seguiram-se vários trechos riscados, pelos quais Augusto não demonstrou muito interesse. Ele terminou de ler a carta envolto em forte comoção. Dobrou o papel cuidadosamente, evitando que as lágrimas o manchassem. Em seguida, estendeu-o para Reinaldo, falando com simplicidade e emoção:

— Obrigado.

— Sinto por ela ter encontrado outro amante. Imagino o quanto você deve estar decepcionado.

— Decepcionado? — surpreendeu-se. — Ao contrário. Sinto-me gratificado. Ela está viva e feliz. Isso é o que importa.

— Não está com ciúmes?

— Há muito deixei de sentir ciúmes. De que vale isso? Compreendi que cada um é livre para amar ou desejar quem quiser. Não adianta tentarmos prender alguém, pois todos nascemos para a liberdade, e só o que se aprisiona é a ilusão.

Quem sentiu a decepção foi Reinaldo, cuja vingança não surtira o efeito desejado.

— Não compreendo você — indignou-se. — Pensei que fosse ficar arrasado porque ela está grávida e vai se casar com outro.

— Em absoluto! Eu seria muito egoísta de desejar que ela ficasse sozinha no exílio. Ao contrário, só tenho a agradecer a Deus por ela ter encontrado um homem bom que cuidará dela. Esse homem, seja quem for, merece a minha admiração e gratidão eterna.

— Não entendo. A mulher que ama está nos braços de outro, e você fica feliz.

— Esse é o verdadeiro sentido do amor, Reinaldo. Você não concorda? O que nos traz felicidade é o que faz o ser amado feliz, independentemente de estarmos juntos ou não. O amor há de preencher o nosso coração com alegria e plenitude, sem depender do que aquele que amamos sinta por nós. Ninguém deve colocar sua felicidade nas mãos de outro, seja ele quem for.

— Isso é coisa de padre. Eu ficaria com raiva se a minha namorada me trocasse por outro tão depressa.

— Somos diferentes, não há dúvidas. Em meu coração habita a paz.

— E no meu, não? — Augusto não respondeu, limitando-se a encará-lo. — Foi isso que quis dizer, Augusto? Que eu não tenho paz?

— É você quem o diz.

— Muito esperto — Reinaldo arrancou a carta das mãos dele com irritação e enfiou-a no bolso. — Bem, fiz a minha parte. Adeus.

— Adeus, Reinaldo, e obrigado por tudo. Foi muito importante para mim esse gesto. Jamais esquecerei.

— Passar bem.

Reinado saiu furioso. Queria comprazer-se com o sofrimento de Augusto, contudo, o que Augusto sentira fora alívio e alegria. Devia saber que ele, com aqueles hábitos de padre, não se deixaria impressionar com o novo namorado de Rafaela e só se importaria com seu bem-estar.

— E então? — questionou Nelma, assim que ele se foi.

— O que ele queria? — perguntou Cláudio.

— Veio me trazer notícias de Rafaela.

Brevemente, Augusto falou da carta. Depois, recolheu-se sozinho a seus aposentos. Era preciso orar para agradecer. Da gaveta da cômoda, retirou uma fotografia de Rafaela e apertou-a de encontro ao coração. Fez sua prece com ela em mãos.

Terminada a oração, beijou a foto e tornou a guardá-la na gaveta. Nunca esqueceria Rafaela. Ela continuaria sendo a única mulher de sua vida. No fundo de seu coração, sabia que jamais amaria outra.

CAPÍTULO 49

O pedido de demissão de Augusto e Cláudio foi recebido com contrariedade pelo bispo, que nada pôde fazer para demovê-los da ideia de saírem da Igreja. Ao contrário de Cláudio, Augusto estava seguro do que queria. Já o amigo vira-se forçado a pedir demissão para proteger as pessoas. Por mais que amasse o sacerdócio, Cláudio não queria mais ser responsável pela prisão de ninguém. Bastava o remorso que o atormentava diuturnamente.

Com a ajuda de Augusto, Cláudio refez sua vida. Depois do episódio na sacristia, o perdão veio com facilidade, estreitando ainda mais a amizade dos dois. Cláudio conseguiu uma colocação de professor numa faculdade de filosofia e alugou um pequeno apartamento próximo a Augusto. Juntos, enfrentavam a vida, reunindo-se para rezar e conversar.

Augusto, por sua vez, estava mesmo decidido a voltar para Uberlândia tão logo efetivada sua dispensa. Com o dinheiro que juntara, abriria uma pequena floricultura, ao mesmo tempo em que realizaria seu sonho de estudar veterinária.

Tiveram que aguardar alguns dias até que tudo fosse oficializado. Augusto e Cláudio deram entrada juntos no pedido de demissão e receberam ao mesmo tempo a notícia de que, a partir daquela data, estavam dispensados. Restava apenas aguardar o término do ano letivo para Augusto desligar-se da escola e concretizar a venda da casa.

Nelma se encontrava num canto da cozinha, passando roupa, quando ele chegou com a notícia. Ela levantou os olhos para ele e pousou o ferro na tábua de passar.

— Alguma coisa, padre?

— Não me chame mais de padre, por favor.

— Já disse que o senhor vai sempre continuar sendo padre para mim.

— Não sou mais padre. Acabei de receber a notícia de que minha demissão foi aceita. A partir de hoje estou oficialmente desligado da Igreja.

— Verdade? Que pena! — lamentou com sinceridade.

— Não fique triste, Nelma. É para o bem de todos.

— E padre Cláudio?

— Também está dispensado.

— Acho que o mundo tem muito a perder com a saída dos dois.

— O mundo não precisa de nós. Há muitos padres por aí.

— Mas nenhum é como o senhor.

— Obrigado, Nelma, mas não é bem assim.

— Para mim, é. O senhor sempre foi o melhor padre do mundo.

Augusto deu um suspiro de resignação e retrucou:

— Precisamos resolver a sua situação. Voltarei para Uberlândia tão logo termine o ano letivo. Já dei aviso prévio na escola, e a casa está à venda.

— O senhor está mesmo decidido? Não vai voltar atrás?

— Não. Estou decidido. Não tenho mais nada para fazer aqui.

IMPULSOS DO CORAÇÃO

Nelma deixou as lágrimas escaparem e, tomando coragem, abraçou-o pela primeira vez em sua vida.

— Ah! Padre, posso ir com o senhor?

— Que ideia é essa agora?

— Não tenho nada que me prenda aqui. E o senhor vai precisar de alguém para cuidar da casa.

— Vou mesmo, já que não pretendo morar com minha mãe.

— Então? Eu o conheço, já estou acostumada com suas manias, sei de tudo o que gosta.

— Vou voltar como uma pessoa comum. Pretendo abrir uma floricultura e estudar veterinária. Será que você saberia conviver com o homem, não com o padre?

— Saberia. E se o senhor conhecer uma moça com quem queira se casar, vou continuar cuidando da casa e de toda sua família.

— Será mesmo? Sua experiência com Rafaela não foi das melhores.

— Não foi, mas estou arrependida. O senhor sabe disso. Não queria que nada de mau lhe acontecesse. E se ela um dia voltar, vou agir de outra forma.

— Isso não vai acontecer. Rafaela não vai mais voltar.

— Se ela foi embora, pode voltar.

— Ela vai se casar, Nelma. Está esperando um filho de um moço estrangeiro.

— O senhor não devia acreditar nas histórias do capitão Reinaldo. Aquele homem é o demônio! Não se deixe enganar por ele novamente.

— Não há engano nenhum. Reconheci a caligrafia dela. Estou feliz por ela estar bem, mas perdi as esperanças de tornar a vê-la. Rafaela vai ter um filho e vai se casar. Se um dia voltarmos a nos ver, será apenas como amigos.

— Que pena! Eu torcia para o senhor e ela ficarem juntos e para que eu pudesse provar que mudei.

— Acredito na sua mudança. Mas agora, temos que decidir a sua vida.

— Quero ir com o senhor. Por favor, deixe.

Augusto pensou por alguns instantes. Realmente, estava acostumado com Nelma, que cuidava de sua casa fazia muitos anos.

— Tem certeza? — perguntou em dúvida.

— Tenho. Sou viúva, não tenho filhos nem parentes. Ninguém para me fazer companhia.

Deixar desamparada uma viúva já meio idosa não agradava a Augusto. Preocupava-se com Nelma e queria--lhe bem.

— Está certo então — concordou por fim. — Vá arrumando suas coisas. A casa está à venda, e já mandei fechar o portão que dava para a igreja. A única entrada, agora, é pela rua, como era antigamente. Creio que não terei dificuldades em achar comprador.

— Oh, padre, obrigada! — concluiu ela, beijando-o na face.

— Só uma coisa. Pare de me chamar de padre. Não tem mais sentido.

— Está bem, se é o que quer. Mas como irei chamá-lo então?

— De Augusto.

Ela sorriu afetuosamente, concordando com a cabeça, feliz por não ter sido despedida e por poder acompanhar Augusto em sua nova vida. Queria provar-lhe que mudara, porque realmente se operara nela uma grande transformação.

Apesar de a notícia do casamento de Rafaela não ter lhe causado raiva, não deixou de ser uma decepção. Era uma pena, mas era o que todos sabiam que iria acontecer. Nelma soltou um logo suspiro e voltou a seus afazeres, mentalmente organizando a partida para Uberlândia. Jamais havia saído do Rio de Janeiro, à exceção de uma única vez, quando fora em lua de mel para Três Rios. Viajar para Minas Gerais seria bom e divertido.

IMPULSOS DO CORAÇÃO

Para Augusto, era o retorno ao começo de sua vida, uma nova chance de concretizar seus sonhos inacabados. Pena que o maior de todos os seus sonhos não se realizaria mais.

Embora o coração de Augusto estivesse limpo de ressentimentos ou ódios, a alegria não era um sentimento que ele houvesse ainda conseguido conquistar. Quando criança, nunca fora dado a travessuras e tivera uma adolescência comedida no seminário. Dedicara toda a vida adulta ao sacerdócio e aos necessitados, sem muitas realizações pessoais. Apenas Rafaela levara um pouco de cor a seus dias iguais.

Com o fim do ano letivo e a venda da casa, Augusto se mudou para Uberlândia. Estabeleceu-se perto da casa da mãe, abriu a floricultura e, finalmente, ingressou na faculdade de veterinária. Não era mais nenhum jovenzinho, contudo, acreditava que ainda tinha tempo para seguir a carreira com que sempre sonhara. Mais tarde, se tudo corresse bem, podia pensar em uma clínica veterinária.

Nunca mais viu ou ouvir falar de Rafaela. Nem uma carta mais lhe chegara, provavelmente interceptada pela polícia. Doía-lhe não ter notícias. Muitas pessoas viajavam ao exterior para visitar os parentes e amigos exilados. Será que ninguém sabia de Rafaela? Ou talvez ela houvesse optado pelo silêncio, satisfeita com sua nova vida, seu marido e seu filho.

Não tinha ciúmes. Se um dia o sentira, ele esvanecera para sempre no momento em que soube que ela estava viva. Ali percebera que o amor supera tudo, inclusive o próprio ciúme.

Aos poucos, foi-se acostumando. Levava a vida mansamente, sem muito alarde nem atividades sociais intensas. Ia à igreja aos domingos, porém, não se confessava nem comungava. Assistia aos cultos, orava e voltava para casa. Bem apessoado, logo despertou o interesse das mulheres da cidade, mas não se envolveu com nenhuma delas. Era o solteirão mais bonito e cobiçado de Uberlândia.

O que sentia por Rafaela não diminuiu com os anos. A dor se foi, o amor persistiu. Por isso, não se interessava por mulher alguma. De vez em quando, ia a um bordel na periferia da cidade, mas nunca escolhia a mesma moça.

Não é que vivesse amargurado. Ele simplesmente não podia fingir uma alegria que não sentia. Dava-lhe prazer cuidar das flores de sua loja, satisfação ao perceber a admiração nos olhos daqueles que ali compravam. Paralelamente, os estudos o estimulavam. Tinha em casa um gato, seu agora velho cachorro Spock e um canário. Amava os animais, sentia-se realizado cuidando deles.

Ainda assim, seus pensamentos constantes eram para Rafaela. Augusto acreditava que ela, no exílio, tinha uma vida boa ao lado de um homem que a amava. Nem de longe imaginava que a realidade do que lhe acontecera era bem diferente.

O avião aterrissara no aeroporto de Lisboa numa manhã chuvosa de sábado. Era verão na Europa, contudo, Rafaela sentiu a pele se arrepiar com as gotas geladas que batiam em seu rosto. Perdida, procurou as autoridades portuguesas e entrou com o pedido de asilo político. Não foi difícil demonstrar sua condição de perseguida da ditadura, já que o cenário político brasileiro era de conhecimento da imprensa estrangeira. Sem contar as feridas e os hematomas, que falavam por si mesmos.

Autorizado o pedido de residência em Portugal, auxiliada por uma associação de auxílio aos exilados, Rafaela conseguiu modesto emprego numa mercearia humilde de

IMPULSOS DO CORAÇÃO

Lisboa. Alugou um quartinho simples e barato, levando a vida com esforço e tristeza.

Até o dia em que conheceu o filho de um rico empresário. Francisco, estudante de ciências sociais da Universidade de Lisboa, viera aos bairros pobres da cidade em busca de material para uma pesquisa. Ao passar em frente à mercearia em que Rafaela trabalhava, o pneu de seu carro furou, obrigando-o a fazer a troca.

Cansado e ofegante, o moço entrou na mercearia à procura de um copo de água. Rafaela atendeu-o com cortesia, impressionando-o com seus gestos educados e seu sotaque brasileiro. A conversa fluiu naturalmente, e não tardou muito para Rafaela colocá-lo a par de sua situação.

Foi um achado para Francisco. Fazer a correlação entre uma exilada política e a realidade contemporânea portuguesa, considerando as relações histórico-culturais existentes entre Brasil e Portugal, era uma oportunidade ímpar em sua vida acadêmica.

Não foi por outro motivo que ele a tirou daquele emprego e daquele lugar. Rico, não encontrou dificuldade em transferi-la para um apartamento melhor, subsidiando seus gastos. Não demorou muito, tornaram-se amantes.

Para Rafaela, foi uma verdadeira salvação. Cansada de se sentir maltratada, escorraçada e humilhada, facilmente concordou com a proposta de Francisco. Não era bem o que desejava para si, mas se era o que a vida tinha a lhe oferecer, ela aceitaria.

Francisco não era Augusto. Mas Augusto não conseguira salvá-la. Francisco se revelara um homem gentil e ajudou-a a transformar as lembranças dolorosas em névoas do passado. Tudo o que ela queria era deixar de sofrer.

CAPÍTULO 50

No plano invisível, fazia muito tempo que Carlos Augusto não tinha notícias de seu amigo Rogério. Desde o dia em que se separaram, nunca mais o vira nem falara com ele. Não poucas foram as vezes em que tentara reencontrar aquela porta, sem sucesso, porém. Intercedera por ele, pedira que o ajudassem a resgatar o amigo, mas nada pôde ser feito. Paulina lhe dissera que Rogério não estava pronto para seguir adiante, pois sua mente, apegada à culpa e ao medo, retinha-o naquele mundo de sombras.

Até que um dia, Carlos Augusto foi chamado por Paulina.

— Acho que agora vamos conseguir libertar seu amigo — avisou ela.

— Refere-se a Rogério? — surpreendeu-se Carlos Augusto, e ela assentiu. — Sabe onde ele está?

— Sei. Ele foi encontrado por soldados nossos que circulam pela Terra, vagando sozinho pelas ruas de sua cidade.

— Ele saiu daquele buraco infernal?

Paulina sorriu e corrigiu:

IMPULSOS DO CORAÇÃO

— Ele saiu do astral inferior, mas não definitivamente. Confuso, ora se vê do lado de fora, ora de volta à escuridão.

— Como pode ser isso?

— Por causa da culpa que sentiu por ter delatado os companheiros, Rogério gerou ao seu redor um campo magnético de dor, atraindo toda sorte de sofrimentos e martírios. Não é uma coisa boa de se ver nem o espírito está condenado a tal situação, mas nela se coloca voluntariamente, na medida em que acredita ser de seu merecimento.

— Ele criou seu próprio inferno, não foi?

— Não gosto dessa palavra, pois dá a ideia de punição e castigos. O umbral, como é comumente chamado, não é bem assim. Todos os que lá estão não foram levados para ser punidos. Estão lá porque acreditam que é o que merecem, já que não conseguem modificar seu padrão mental de culpa, ódio, medo, orgulho e outras tantas coisas mais. Pensando assim, afinam-se com espíritos acostumados a manipular a vibração desses sentimentos e caem prisioneiros de seus próprios vícios morais. Chamo de vícios porque as pessoas se acostumam com determinados sentimentos ou pensamentos de tal forma que não conseguem mais se livrar deles. E viram vícios mesmo, como o fumo e a bebida. Falar mal é um vício. Desrespeitar é outro vício. Levar vantagem é mais um vício, e por aí vai.

— E Rogério está preso no vício da culpa.

— Dentre tantos outros, sim.

— Mas eu estive com ele e consegui sair. Ele, não. Por quê?

— Porque você não tem tantos vícios morais. Ainda sente algumas culpas, como é normal nos seres humanos. Mas o principal é que não acredita na fatalidade da treva. Para você, havia um caminho de luz. Tanto que o encontrou.

— Rogério não viu nem a porta, nem a luz.

— Não viu porque não estava preparado para ver. Mas ela estava lá. Tanto que você a atravessou.

— O que ele precisaria ter feito para atravessá-la também?

— Apenas desejar e crer.

— Ele não fez isso?

— Não. A única coisa em que Rogério conseguia pensar era no mal que havia feito aos amigos.

— Ele foi torturado — defendeu Carlos Augusto, com veemência.

— Não precisa defendê-lo. Não o estou julgando. A maioria, no lugar dele, teria feito a mesma coisa. E isso não importa, já que cada um só faz aquilo que pode. Não dá para mensurar as atitudes humanas, porque nenhuma é melhor ou pior. Simplesmente se deve aceitar que as ações do homem guardam proporcionalidade com seu amadurecimento espiritual. Quando todos compreenderem isso, cessarão as cobranças recíprocas.

— Pobre Rogério. Como quis ajudá-lo. Lembro-me de que fiquei desesperado, tentando voltar.

— Você fez o que pôde, e olhe que foi muito.

— Eu?! Não fiz nada.

— Fez mais do que imagina. Se você não estivesse com ele, Rogério estaria hoje em situação muito pior do que a que está. Teria descido mais fundo nas esferas inferiores. Foi você que lhe deu forças para resistir ao impulso destrutivo e se manter num lugar horrível, é verdade, mas ainda assim, melhor do que aquele ao qual sua mente doentia o teria levado.

Carlos Augusto sentiu lágrimas virem-lhe aos olhos e rebateu com pesar:

— Não fui capaz de trazê-lo comigo.

— Você não é muleta nem reboque — considerou ela, para desviar os pensamentos do rapaz da tristeza. — Rogério não podia se apoiar em você nem se deixar conduzir pela sua vontade. Cabia a ele a decisão de vir ou ficar. E ele escolheu ficar.

IMPULSOS DO CORAÇÃO

— Que horror, Paulina! — contrapôs, indignado. — Isso lá é jeito de falar?

— Desculpe, mas é assim que as coisas são. Cada um é responsável por si. Você não podia ter feito mais do que fez. Tentou ajudar, o que é bom que se faça. Ajudar o próximo é sempre um ato divino. Mas não nos cabe, a nenhum de nós, levantar quem quer continuar deitado no chão.

— Você fala como se fôssemos todos independentes.

— E somos.

— Não vivemos sozinhos. Dependemos uns dos outros para sobreviver em todos os níveis e mundos.

— Dependemos da convivência com o outro, sim. Mas isso é diferente de depender do outro.

— É uma diferença muito sutil, você não acha?

— Sutil, porém, fundamental. O ser humano não nasceu para ser só, é gregário por natureza. Precisamos uns dos outros para, através dos exemplos e espelhos, crescer, experienciar, amadurecer. Mas não precisamos uns dos outros para agir, pensar ou viver. Se você tem bons pensamentos e boas atitudes, posso tomá-lo como exemplo para direcionar minha conduta, mas o bem que fizer ao mundo sairá das minhas mãos, não das suas. Do mesmo modo, aquele que se espelha no bandido, por exemplo, não poderá culpá-lo mais tarde por suas ações criminosas. O bandido serviu de espelho, mas a mão que executou o crime foi a de outro.

— Nem sempre é assim. Há casos em que a pessoa pode ser obrigada a fazer o que não quer e nada depende dela. Se um bandido torce o meu braço e me manda abrir um cofre, estou sob coação irresistível. Não tenho vontade de fazer, mas faço por não suportar a dor. Ou será que teria que me deixar matar?

— Muito inteligente. É claro que, nesses casos, não há a vontade. Mas, ainda assim, foi você que atraiu o bandido.

Ele não chegou a você por acaso. Foi o seu magnetismo, a sua energia, os seus pensamentos e sentimentos que o trouxeram para a sua vida, não para a de outro.

— Por que eu faria uma coisa dessas?

— Não sei. Pela vontade de se testar, de se punir, de pagar alguma coisa a alguém.

— Estranho ouvir você falar assim, já que não crê em pagamentos ou punições.

— Eu não creio nem a divindade crê. Mas o ser humano, infelizmente, ainda acredita nisso. E se acredita, a coisa acontece conforme a sua vontade. No dia em que mudar essa crença, nada mais de ruim irá lhe acontecer.

— Então, para não passarmos por situações difíceis, basta não acreditarmos nela?

— Exatamente. Você já viu que há pessoas que passam no meio do perigo, um tiroteio, por exemplo, e nada lhes acontece? Saem ilesas? Enquanto há outras que morrem de medo e são atingidas por balas perdidas? Por que será?

— Não sei. Diga-me você.

— Porque a primeira acredita que nada irá lhe acontecer, sente, no fundo de sua alma, que não merece passar por uma experiência tão sofrida. Ora, se a alma não deseja viver aquele momento, se não o considera útil nem proveitoso, se acha que não precisa sofrer para crescer, então, nada irá acontecer. Ao passo que a outra, que alimenta o medo por acreditar na inevitabilidade do mal, vibra em tal intensidade que as coisas ruins são imediatamente por ela magnetizadas e atraídas.

— Quer dizer então que só temos que pensar em coisas boas que nada irá nos acontecer? Devia ter pensado nisso quando fui preso.

— Há duas maneiras de pensar: com sentimento ou sem ele. Nesta, o pensamento é racional, elaborado e inseguro. Na primeira, é intuitivo, espontâneo e firme.

IMPULSOS DO CORAÇÃO

— Para fazermos essa diferença, precisamos estar muito amadurecidos. Do contrário, somos levados pelos nossos medos, e a razão suplanta a intuição.

— É certo.

— Não somos perfeitos. Às vezes, por mais que desejemos seguir por um caminho, parece que a vida nos leva por outros que, normalmente, nos fazem sofrer.

— A vida não leva ninguém. Somos nós que nos entregamos e nos deixamos conduzir. Os seres humanos, encarnados ou não, esquecem a razão das culpas, dos ódios, dos medos, dos ressentimentos, do orgulho, da decepção, do ciúme, da inveja... Mas a alma não se esquece de sentir. Apenas não sabe por quê. O sentimento existe, está vivo lá dentro, e o homem atrai toda sorte de desafios para tentar se vencer. Vencendo a si mesmo, ele se modifica e passa a magnetizar situações de prazer e alegria.

— Tudo por causa das muitas vidas... — divagou. — Fazemos besteira em uma, lá vem a consequência em outra.

— A toda ação corresponde uma reação. Isso é real, é inevitável. Ações ruins geram reações ruins. Boas ações, ao contrário, trazem boas consequências. Mas aí no meio há a consciência. Quando ela atua de forma verdadeira, a reação pode não ser da mesma natureza que a ação. Ao menos não da forma como nos acostumamos a compreendê-la, como na lei de talião[1]. Se a sua ação gerou desarmonia, a reação que a natureza impõe é o equilíbrio, mas a sua consciência é quem vai dizer como fazer isso. Pode ser com dor ou amor. Só depende de você.

— Tipo: se arranco uma árvore, posso escolher entre cultivar um jardim ou ser devorado por uma planta carnívora.

Paulina riu gostosamente e arrematou:

---

1 Lei de talião – ou pena de talião, primeiramente encontrada no Código de Hamurabi (Babilônia), em 1780 a.C., estabelece equivalência de intensidade entre o crime e a pena. É o que popularmente se conhece como *olho por olho, dente por dente*.

— Você é terrível. Mas a ideia é essa mesma. E agora, voltando a Rogério, podemos ir ao encontro dele, se você quiser.

— É claro que quero! Não entendo por que ainda não fizeram isso. Ele já podia estar aqui.

— Como disse anteriormente, Rogério está confuso, vagando por aí sozinho, tentando encontrar uma saída.

— Por que ninguém daqui escutou as preces dele?

— Quem foi que disse que ele rezou?

— E não rezou?

— Não. A mente dele começa a questionar a necessidade de sofrer nas sombras. Aos poucos, vislumbra a existência de um mundo além daquele em que está. Com o pensamento voltado para a vida que deixou, consegue sair. Mas depois o desânimo o leva de volta às trevas. Foi num momento desses que ele foi encontrado.

— Como assim, encontrado?

— Existem seres aqui que têm por função patrulhar, digamos assim, o limiar do mundo invisível. É claro que os mundos físico e astral são diferentes, mas o segundo interpenetra o primeiro, e é por isso que os habitantes de um e de outro convivem no mesmo espaço, embora em dimensões diferentes. Quem tem sensibilidade suficiente consegue nos ver, ouvir e sentir. Na maioria das vezes, contudo, nós, espíritos, transitamos entre as dimensões sem sermos percebidos.

— E daí?

— Muitos espíritos ficam perdidos após o desencarne. Perturbados, não conseguem enxergar os amigos iluminados que os convidam para partir. Presos a problemas difíceis da matéria, permanecem vagando pelo mundo, dividindo-se entre os lugares que costumavam frequentar. Até que vêm os questionamentos e uma lembrança importantíssima, que é a de Deus, ou Jesus, ou Maria, ou um santo, ou Buda,

IMPULSOS DO CORAÇÃO

ou Saint Germain, ou qualquer outro espírito de luz. Essa lembrança rompe os elos densos do medo, e a esperança começa a luzir acima de suas cabeças, revelando a mente que começa a ganhar compreensão. Assim se tornam perceptíveis e identificados como espíritos iniciantes, prontos para aceitar nossa ajuda.

— Isso aconteceu com Rogério?

— Está acontecendo com ele. Todavia, muitos se assustam e fogem. Outros xingam, atiram coisas, tentando se proteger do que julgam uma ameaça. Nossos soldados tentam esclarecê-los, mas eles não ouvem. Como não os conhecem, tendem a desaparecer, para reaparecer mais tarde, em outro lugar. É o que seu amigo está fazendo. Por mais que comece a refletir sobre sua vida e o sofrimento, tem medo de que os soldados queiram lhe fazer mal e não acredita quando dizem que não.

— Não podemos enviar um espírito mais iluminado?

— Para assustá-lo ainda mais? Quando um espírito se julga tão miserável, como Rogério se sente, a aparição de um amigo de luz os apavora ainda mais, pois não se acham dignos de estar na presença de anjos, que é o que pensam que somos. É por isso que a visão de um amigo ou parente ajuda muito. No momento, a pessoa mais indicada para ajudar Rogério é você, que viveu com ele as últimas experiências nessa vida.

— O que estamos esperando então? — animou-se ele. — Vamos logo resgatá-lo.

— Tenha calma. Vamos estender-lhe a mão. Ele vai pegá-la se quiser.

— Mas você não disse que eu sou a pessoa mais indicada para isso?

— Disse, porque é. Mas cuidado para que ele não pense que você agora é um ser de luz, e ele, indigno de sua amizade.

Carlos Augusto olhou-a com surpresa e respondeu mais sereno:

— Não se preocupe, Paulina. Isso não vai acontecer. Quero muito ajudar Rogério a sair dessa.

— Então vamos.

Na mesma hora, viram-se transportados à presença de Rogério, que se mantinha agachado atrás de um banco de praça, para não se fazer visível aos dois guardiões que o vigiavam à distância.

— E então? — indagou Paulina. — Como está ele?

— Com medo — respondeu um dos soldados. — Estamos tomando conta para que ele não desapareça, pois aguardávamos a sua chegada.

— Muito bem. Podem deixar conosco. Assumiremos daqui.

Despediram-se com um sorriso fraterno, e os dois soldados partiram para outra missão. Estimulado por Paulina, Carlos Augusto se aproximou lentamente, tentando localizá-lo. Chegou mais perto, custando a vê-lo. Espremido entre os arbustos e o banco, de olhos fechados, Rogério não se mexia. Percebendo a aproximação de alguém, encolheu-se ainda mais, ameaçando com uma ferocidade estudada e irreal:

— Vá embora daqui, se não quiser que eu o machuque. Estou avisando.

— O que é isso, Rogério? Vai mesmo bater num amigo?

A voz de Carlos Augusto fez Rogério abrir os olhos, surpreso e apavorado ao mesmo tempo. Ele encarou o outro por alguns minutos, remexeu-se, apertou os joelhos e, balançando a cabeça para os lados, contestou, veemente:

— Vá-se embora. Você não é Carlos Augusto. Só se parece com ele.

— Por que diz isso?

— Já vi muitos como você. Espíritos enganadores, que só querem me iludir para me levar com eles.

— Pois eu não sou nenhum desses espíritos. Sou mesmo Carlos Augusto e vim aqui para levá-lo comigo.

IMPULSOS DO CORAÇÃO

— Mentira. Carlos Augusto sumiu na parede.

— Eu disse a você que havia uma porta com luz. Você não quis acreditar.

Ouvindo isso, Rogério relaxou um pouco, fixando nele os olhos assustados. Nunca contara a ninguém sobre a porta, e nenhum espírito enganador conseguira vê-la em seus pensamentos, já que ele mesmo não a conhecia.

— Como sabe da porta? — tornou desconfiado.

— Sei porque a atravessei. Você mesmo disse que me viu sumir.

— Você é mesmo Carlos Augusto? — ele assentiu. — Mas não pode ser! Nem sei há quanto tempo Carlos Augusto foi embora.

— Não fui embora.

— Você sumiu — retrucou ele, agora em lágrimas, sem saber em que acreditar. — Eu bati, esmurrei aquela parede, gritei feito louco por você, e nada. Nem sinal de você.

— Quis voltar, mas não consegui. A porta se fechou.

— Você me deixou lá para sofrer — soluçou ele. — Foi embora para um lugar agradável e me deixou na escuridão.

— Não, meu amigo, eu quis voltar. Do outro lado, também me desesperei. Tentei atravessar de volta, mas uma força desconhecida me puxava para trás. Não consegui. Depois, perdi-o de vista.

Rogério olhou-o de cima a baixo e revidou com desdém:

— Você está muito bem, pelo visto. Não sofreu nada.

— O sofrimento é desnecessário. Por isso, vim buscá-lo.

— Buscar-me para quê?

— Para seguir comigo para outro lugar. Um lugar lindo, cheio de luz e flores. Você vai gostar.

— Isso não existe.

— Se existia no mundo físico, por que não pode existir no invisível?

— Nunca vi nada disso.

— Porque você não queria ver. Recusou-se a acompa-nhar-me, nunca pensou em pedir ajuda. Só agora é que o faz.

— Não pedi nada a ninguém.

— Mas pensou.

— Pensei em Jesus, só. Em como eram boas as lições do catecismo e que seria muito bom se Jesus se lembrasse de mim.

— Ele se lembrou. Por que acha que estou aqui?

— Desde quando você é Jesus?

— Ele me mandou no seu lugar.

— Que mentira mais idiota. Jesus jamais faria isso.

— Tem razão, ele não me mandou. Mas foi graças a ele que os soldados conseguiram encontrá-lo. Porque a lem-brança dele tem tanta luz que sobrou para iluminar você. E aí, onde você está, uma luzinha brilhou, facilitando sua localização.

As palavras de Carlos Augusto tiveram um efeito apazi-guador, já que soavam como uma prece, atraindo mais para perto a energia luminosa de Jesus. Imóvel em seu lugar, Pau-lina enviava vibrações amorosas, que foram se intensificando ao redor dos dois rapazes, a elas somando-se o sentimento de pura amizade. Assim tocado por uma cintilação poderosa e suave ao mesmo tempo, Rogério se levantou. Encarando o amigo, desabafou:

— Carlos Augusto... Será mesmo você?

— O que diz o seu coração?

Ele hesitou por alguns instantes, mas o clarão ao redor deles ganhou forma, envolvendo-os numa espécie de tur-bilhão ameno e confortador. Todo o corpo fluídico de Rogério estremeceu ao contato daquela maciez etérea, fazendo-o cair de joelhos ao chão e verter lágrimas de emoção.

— Senti tanto a sua falta! — soluçou sentido. — Mas eu sabia. No fundo de minha alma, sabia que você nunca me abandonaria.

IMPULSOS DO CORAÇÃO

Também emocionado, Carlos Augusto se aproximou, igualmente tocado pela indizível sensação de bem-estar que aquela luz branda e delicada produzia. Olhou momentaneamente para Paulina, que permanecia estática, olhos cerrados e atitude concentrada. De todo o seu corpo partiam glóbulos minúsculos de luz, que se juntavam a outros, caídos do céu. Carlos Augusto virou os olhos para o alto e percebeu que, nas nuvens, uma espécie de túnel se abrira, por onde se derramavam gotas daquela luz refrescante. Era como uma chuva cintilante de energia pura de amor.

— Meu amigo — chamou, tentando conter as lágrimas. — Nunca o abandonei. Mesmo sem conseguir encontrá-lo, não se passou um dia em que não orasse por você.

Rogério levantou a cabeça. Seus olhos foram atingidos por aquele chuvisco intenso de luz, desanuviando seus temores e clareando sua mente, para que ele tivesse uma visão mais límpida dos fatos ao seu redor.

— Que milagre é esse? — tornou embevecido.

— É o milagre de Deus, que nos mostra que a vida vai além da matéria e que o amor, assim como o espírito, é eterno — Carlos Augusto estendeu-lhe a mão e finalizou: — Venha comigo.

Rogério não hesitou. Agarrou a mão do amigo como uma criança com medo de se perder. Carlos Augusto buscou Paulina com o olhar. Como adivinhando seu apelo sem voz, ela abriu os olhos e sorriu. Na mesma hora, os três desapareceram num rastro de luz.

CAPÍTULO 51

Muitos anos haviam-se passado sem que Augusto tivesse uma só notícia de Rafaela. Toda sua vida ficara para trás, e o que ele agora perseguia era um futuro de sonhos não realizados. Ainda mantinha contato com Cláudio, mas de Reinaldo, ficara muito tempo sem ouvir falar.

Tão logo Augusto completara o curso veterinário, vendeu a floricultura e abriu uma clínica, dedicando-se principalmente ao atendimento de cães e gatos, embora não fossem raras as vezes em que saísse para cuidar de cavalos ou fazer o parto mais difícil de alguma vaca. Era isso que ele amava fazer.

Quando não estava trabalhando, passava os dias em casa, cercado de seus animais e cuidando do lindo jardim que cultivava ao redor da casa. Aos domingos, buscava a mãe para almoçar e depois iam ao cinema, ele, Laura e Nelma.

Enquanto isso, os tempos de ditadura encaminhavam-se para o fim. O processo de abertura não pôde ser contido, acenando com novas perspectivas de redemocratização do país. A insatisfação popular, aliada a uma crise econômica

IMPULSOS DO CORAÇÃO

e política sem precedentes, provocou o descontentamento de todos os setores da economia, com reflexos na indústria, no comércio e no funcionalismo público.

Durante algum tempo, a insatisfação se impôs de forma silenciosa. Aos poucos, porém, foi ganhando vozes. A censura se demonstrou ineficaz para conter o crescente desagrado popular. Sobreveio então um aumento de torturas e assassinatos, última e desesperada tentativa de conter a iminente dissolução do regime. Mas a pressão da imprensa internacional sobre o governo brasileiro favorecia o movimento de reconhecimento dos direitos humanos na América Latina.

Em meio a tantas crises, o presidente Ernesto Geisel deu início ao processo de abertura política, que, segundo suas próprias palavras, seria realizada de forma "lenta, gradual e segura". Muito aconteceu desde então.

Augusto acompanhava esses acontecimentos com expectativa e euforia, alimentando a esperança de que Rafaela pudesse enfim se comunicar. Ela, porém, não escrevia nem mandava notícias. Após tantos anos, agora casada e com filhos, esquecera-o por completo.

— Não fique triste, seu Augusto — Nelma procurava consolar. — Ela era muito jovem. Todo mundo sabia que ela ia esquecer o senhor.

Augusto não dizia nada. Nunca fizera uma queixa ou comentário a respeito de Rafaela. Mas Nelma o conhecia bem e sabia o motivo de sua tristeza.

— Você devia se casar — dizia, por sua vez, a mãe, que nunca ouvira falar de Rafaela. — Já não é mais nenhum jovenzinho. Sei que há muitas moças interessadas em você.

— Mas eu não estou interessado nelas. Não estou interessado em ninguém.

Ao ouvir isso, Laura calava no peito a dúvida sobre a sexualidade do filho. Apesar de Augusto ter-lhe garantido

413

que não gostava de homens, ela não sabia no que acreditar. Nunca vira o filho com mulher alguma. Ele vivia sozinho, enfurnado em casa, cuidando de bichos e plantas.

Mesmo a promulgação da Lei de Anistia[1] não trouxe notícias de Rafaela. Muitos foram os presos libertados, e vários exilados voltaram ao país. Embora Augusto quisesse acreditar no retorno de Rafaela, ele não acontecia. Depois de um tempo, perdeu as esperanças e enfurnou-se no trabalho para não pensar.

A Lei de Anistia favoreceu a muitos, mas não agradou a Reinaldo. Muito embora beneficiasse também os torturadores, tornava a profissão de Reinaldo inútil, desnecessária e arriscada[2]. Envolvido de tal forma pelas entidades do submundo astral, não conseguia vislumbrar um novo caminho para sua vida. Logo no início de 1980, os militares da linha dura, contrários ao processo de abertura, iniciaram uma sucessiva explosão de bombas por todo o país. Reinaldo encontrava-se entre eles, propagando medidas desesperadas para tentar reverter o processo democrático.

Reinaldo estava por demais comprometido com o regime e com os seres das sombras para mudar o rumo de sua vida. Nem se quisesse, conseguiria. E ele não queria. Gostava do que fazia, comprazia-se com a dor que causava a seus semelhantes, descontava nos "traidores" a revolta que sentia pela rejeição de Augusto e a culpa pelo suicídio da mãe.

Naquela tarde ele entrou no edifício em que residia, com o jornal aberto diante da face, mal vendo o caminho por onde pisava. A notícia de mais um atentado, dessa vez

---

[1] Lei 6.683, de 28 de agosto de 1979.
[2] A Lei de Anistia beneficiou ambas as partes na ditadura, já que o perdão do governo dirigiu-se também aos agentes das torturas.

IMPULSOS DO CORAÇÃO

em Belo Horizonte[3], levou seus pensamentos de volta a Augusto. Não sabia dele havia muito tempo. Ouvira dizer que se mudara, provavelmente de volta a Uberlândia, mas Reinaldo não se atrevia a procurá-lo. Não depois de tudo o que acontecera.

A notícia despertou uma saudade recheada de raiva. Indiferente, como andava, a todas as coisas, Reinaldo entrou no elevador sem sequer ouvir o cumprimento do porteiro. Olhos marejados, não prestava atenção a nada. Os espíritos sem luz a seu lado mantinham-se presos a seus pensamentos destrutivos e maldosos. A irada saudade que ele sentia de Augusto abria-lhes um campo energético propício à revolta e à barbárie.

De tão preocupados em manter a vibração de Reinaldo o mais baixo possível, seus companheiros invisíveis não captaram os resquícios energéticos da última presença que estivera ali. Insistiam em incutir na mente dele lembranças da rejeição de Augusto. As imagens do dia em que o padre recusara seu amor transfiguravam-lhe o rosto. Um ódio surdo cresceu dentro dele, alimentando as sombras coladas a seu corpo.

Alheios a tudo mais, Reinaldo e os espíritos desceram do elevador, atravessando o comprido corredor que levava até a porta de seu apartamento. O gato da vizinha idosa novamente ficara preso do lado de fora, e ele cedeu ao ímpeto de dar-lhe um chute. Já que Augusto adorava os animais, chutar aquele gato era como chutar o homem que o desprezara. Assim instigado pelos seres da treva, Reinaldo cruzou com o animal, mas seu pé acertou o vazio. Sua dona abrira a porta naquele exato instante, e o gato, pressentido as intenções do agressor, deu um salto e sumiu porta adentro.

A velha senhora notou o olhar insano de Reinaldo e fechou a porta às pressas. Não gostava daquele homem, procurava

---

3 Em 23 de maio de 1980, uma bomba destruiu a redação do jornal mineiro *Em Tempo*.

evitá-lo sempre que podia. Reinaldo, por sua vez, nunca se dera bem com vizinho algum, vendo em todos um inimigo em potencial. Lamentando a perda do animal que poderia levar-lhe instantes exíguos de prazer, prosseguiu até a porta de seu apartamento, o jornal agora dobrado debaixo do braço.

Parou diante da porta e enfiou a mão no bolso, à procura das chaves. Revirou o primeiro, trocou o jornal de braço e tentou o bolso do outro lado. Remexeu em algumas moedas, até que seus dedos tocaram o frio metal das chaves. Enlaçou-as com a mão e puxou. Abriu a fechadura, depois trocou a chave para a do ferrolho acima. Rodou uma, duas vezes, até cessarem os estalidos. A porta estava destrancada. Rodou a maçaneta e empurrou, ao mesmo tempo em que um grito inaudível ecoou pelo corredor:

— Nãããooo!!!

Tarde demais. Ainda que Reinaldo pudesse ouvir o grito tardio de seu acompanhante invisível, nada poderia ser feito. Só muito tarde foi que os seres das sombras perceberam o que havia ali e não tiveram meios de impedir. Reinaldo não os ouvia nem desconfiava de nada. Ao abrir a porta com a despreocupação dos que se sentem seguros, não se deu conta do imperceptível fio oculto acima do portal. Assim que a porta se desprendeu do caixonete, uma explosão inesperada sacudiu o prédio, atirando Reinaldo na parede do lado oposto, o corpo mutilado atravessando a matéria espessa, porém, transparente, de seus acompanhantes sombrios.

Ninguém nunca descobriu o autor do atentado: se os próprios militares, para acusar a esquerda radical, ou uma facção isolada, descontente com as insistentes atividades de Reinaldo, ou alguma ex-vítima beneficiada pela Lei de Anistia. Mas o fato é que ele sobreviveu, embora sem as mãos e cego das duas vistas. O caso acabou sendo abafado.

IMPULSOS DO CORAÇÃO

Reinaldo, sem parentes vivos, foi reformado e internado num asilo militar para inválidos.

Os seres das sombras não seguiram com ele. Reinaldo agora não lhes despertava mais nenhum interesse. Sua incapacidade física impossibilitava as torturas de onde retiravam as energias que os sustentavam. Perdido o alimento energético, saíram em busca de outra pessoa que estivesse em condições de substituir Reinaldo, o que não foi difícil.

Atraídos por vibrações semelhantes, descobriram um rapazola que se iniciava no crime e no tráfico de drogas. Os grandes traficantes já estavam comprometidos e assistidos por outros espíritos, de forma que os antigos comparsas de Reinaldo tiveram que buscar outro aliado, a quem orientariam e procurariam influenciar desde o início, levando-o a extravasar seus instintos assassinos e, com isso, revigorar suas energias.

Deixado sozinho, Reinaldo se viu presa de antigas vítimas. Sem poder enxergar ou segurar nada, vivia na escuridão de seus próprios horrores. As enfermeiras que o assistiam não acreditavam que ele realmente visse os homens que dizia ver e julgavam que ele havia enlouquecido. Desprovido da visão física, Reinaldo enxergava figuras tenebrosas em sua tela mental. Vivia perturbado, com medo. Gritava, chorava, agitava os cotocos e saía desabalado, dando cabeçadas e trombadas por todos os lados. Queria morrer, mas não conseguia nem se matar.

Seu estado de agitação chegou a tal ponto que a saída foi transferi-lo para um manicômio público, onde seus perseguidores ficaram mais à vontade para atacá-lo. Constantemente dopado, Reinaldo não oferecia resistência. Sua mente vivia agora mais em contato com o submundo astral do que com o mundo físico. As culpas e o ódio atraíam os inimigos, que não lhe davam trégua. Quando acordado,

Reinaldo chorava e falava coisas aparentemente sem sentido, implorando que levassem seus algozes dali.

Foi assim até um dia em particular. Reinaldo nada sabia sobre os mecanismos do mundo invisível. Desconhecia o poder da oração e do amor. De repente, se aquietou. Os ataques dos inimigos foram brevemente contidos, dando-lhe tempo para usufruir de alguns poucos minutos de paz. Médicos e enfermeiros atribuíam a aparente melhora às pesadas drogas que lhe ministravam. Não imaginavam que a paz momentânea provinha de uma singela oração.

Tudo aconteceu sem que ele soubesse. Padre Claudio, com seus conhecimentos no governo, ficou sabendo do infortúnio de Reinaldo. Não hesitou em avisar Augusto e escreveu-lhe uma carta, contando o que descobrira. Augusto se compadeceu imensamente da sorte do militar. Não compartilhava da opinião de Claudio, de que Reinaldo estaria sendo punido pelo mal que fez. Para ele, Reinaldo se aprisionara à própria consciência.

Assim compadecido, Augusto rezava por ele todas as noites. Nesses momentos, Reinaldo se acalmava e alcançava um pouco de paz. Passado o efeito das vibrações luminosas que chegavam até ele, novamente se deixava abater, entregando-se por completo ao medo, ao desânimo e à culpa. Seguiria assim até morrer.

CAPÍTULO 52

Corria o ano de 1983, e a campanha das Diretas Já[1] havia se iniciado, numa tentativa de se estabelecerem eleições diretas no país. Embora acompanhasse todos esses movimentos, Augusto não demonstrava mais interesse pela política. Seus tempos de militante silencioso haviam se acabado.

Naquele domingo, Augusto cuidava do jardim, enquanto Nelma e a mãe preparavam o almoço. Munido de instrumentos de jardinagem, tratava os canteiros de margaridinhas que plantara ao redor de toda a casa. As mudas haviam florescido, uma mistura graciosa de amarelo e branco contrastava com o suave tom de azul pintado nas paredes. Mais adiante, na pequenina varanda, Spock dormia em uma poltrona com a tranquilidade própria da falta de preocupações. Acima, o gato se esticava preguiçosamente no peitoril da janela, aproveitando o calor reconfortante do

---

1 Diretas Já foi um movimento político de caráter popular que teve como objetivo a retomada das eleições diretas ao cargo de presidente da República no Brasil, durante a ditadura militar.

sol da manhã, alheio aos piados alegres dos pássaros ao redor dos ninhos.

Augusto inspirou profundamente aquele ar abençoado pela natureza de Deus. A vida era perfeita. Só o que lhe faltava, às vezes, era enxergar aquela perfeição dentro de si. Assim embalado pela companhia dos animais e o trinado alegre dos pássaros, Augusto prosseguia em sua jardinagem, cantarolando, vez ou outra, trechos de uma antiga canção. De tão entretido, não percebeu quando Spock ergueu as orelhas compridas e pontudas, logo ao ouvir o ranger do portão. O cão pôs-se de pé, abanando o rabo com avidez e contentamento. Deixou o conforto da poltrona e desceu as escadas o mais rápido que sua idade avançada permitia.

Voltou acompanhado de alguém que já não via há muito tempo, mas que jamais esquecera. Em algum lugar de sua mente, as lembranças do afeto de outrora ficaram grafadas, levando-o a imediatamente reconhecer as mãos que o afagavam. Augusto, contudo, nada percebeu. Toda sua atenção estava voltada para as delicadas flores que tinha entre os dedos. Sentiu a chegada de Spock mas, sem se voltar, pediu a ele que se aquietasse. O cão se aproximou e lambeu-lhe a orelha, provocando a reação esperada. Augusto largou as ferramentas, ergueu o corpo e falou com jovialidade:

— Qual o problema, amigão...?

Parou de falar abruptamente. Atrás do cão, viu saltos femininos enfiados na grama. Mais acima, a ponta de um vestido estampado tremulava levemente. Surpreso, ergueu os olhos de encontro à luz do sol, protegendo-os com a mão em concha para ver melhor. Era um vulto esbelto, cabelos longos e lisos, o rosto indistinguível pelo clarão que lhe ofuscava a vista.

— Augusto — disse uma voz trêmula, absurdamente familiar.

IMPULSOS DO CORAÇÃO

Com um pulo, Augusto pôs-se de pé. A voz era inconfundível, mas a imagem diante de si não podia ser real. Era uma visão, um sonho ou uma brincadeira de sua mente cansada. A visão, contudo, o fitava com um misto de expectativa e medo, trêmula de um assombro inseguro. O peito arfante deixava visível toda a ansiedade que partia dela. Era uma respiração impaciente, assustada, muda e, ao mesmo tempo, cheia de explicações indizíveis.

A visão se mexeu lentamente em sua direção, como uma fada etérea e hesitante. Parou mais próxima, tão próxima que ele sentiu seu alento perfumado, ansioso. Augusto recuou, com medo. Não era possível que visse o que pensava ver. Não era real, não podia ser. Piscou várias vezes, sacudiu a cabeça na tentativa de desmentir a realidade e obrigar a mente a desmanchar a ilusão.

A mente não obedeceu. Pouco a pouco, a sensação de sonho foi cedendo lugar ao impacto da realidade, revelando que o impossível acontecera. Os olhos de Augusto encheram-se de lágrimas que iam transbordando à medida que a dúvida desvanecia. Ele abriu a boca para falar, mas a voz tropeçou na emoção, e apenas um soluço escapuliu de sua garganta.

Não foi preciso dizer nada. Entre lágrimas de surpresa e alegria, Augusto tomou Rafaela nos braços, estreitando-a com força de encontro ao peito, como se ela pudesse sumir ou ser roubada. A fada etérea materializou-se na mulher de seus sonhos. No silêncio de muitas dores, Augusto permaneceu abraçado a ela, aquietando a agonia da saudade.

Durante alguns minutos, só o que se ouvia era o pranto de ambos. Tinham muito a falar, mas a emoção não permitia que se separassem. Sentir o corpo um do outro de encontro ao seu próprio era algo que fazia silenciar as perguntas e tornar sem sentido as respostas.

— Augusto... — Rafaela conseguiu, enfim, balbuciar.

— É você mesma, Rafaela? — tornou ele, ainda incrédulo. — Não estou sonhando?

— Não...

— Deus ouviu minhas preces. Quando voltou? Onde esteve?

— Estive em Lisboa e voltei há uma semana.

— Uma semana! Como me encontrou?

— Padre Claudio me deu seu endereço.

A vontade de Augusto era beijá-la, todavia, conseguiu conter-se e retrucou com o máximo de comedimento que conseguiu:

— Fico feliz que tenha se lembrado de mim.

Ela fungou várias vezes e segurou as mãos dele, beijando-as com ternura.

— Como poderia me esquecer de você, depois de tudo que vivemos? Você foi o único homem que amei em toda minha vida. Jamais houve nenhum outro.

— Não...? — surpreendeu-se ele, mas ela o interrompeu:

— Eu nunca me casei. Nunca. Sei que você pensa que estou casada e com filhos, mas isso não é verdade.

— Não compreendo — tornou confuso. — Li a sua carta.

— A carta que Reinaldo me mandou escrever.

Subitamente, Augusto compreendeu toda a artimanha de Reinaldo. Juntando os pedacinhos do que acontecera entre eles, deduziu a vingança.

— Passei anos pensando que você havia se casado. Só Deus sabe o quanto me retorci no desespero da saudade. O que me deu forças para suportar a vida foi saber que você estava em segurança. Feliz ao lado de outro homem, mas viva e bem.

Ela sorriu timidamente e acrescentou com tristeza:

— Durante todos esses anos, eu só pensava em voltar para você. Queria tanto falar com você, mandar-lhe notícias. Mas não pude. Reinaldo me proibiu. Ameaçou prender e torturar você, caso eu me comunicasse. Como sabia que ele tinha meios de interceptar minha correspondência, obedeci. Estava proibida de me corresponder com qualquer pessoa no Brasil, inclusive minha família — ela fez uma pausa e acrescentou: — Quero agradecer-lhe por ter procurado minha mãe e lhe contado que eu estava viva. Sua visita foi muito importante para ela.

— Eu não podia permitir que ela sofresse sem saber o que havia lhe acontecido. Depois, quando pensei que você tivesse se casado, escrevi-lhe uma carta, contando tudo.

— Ela recebeu.

— E agora você está aqui. Minha menina! — ele a abraçou, dessa vez beijando-a com pressa. — Não sabe o quanto sonhei vê-la novamente.

— Eu também. Durante todos esses anos, só pensava em voltar para você.

— Foi muito dura sua vida em Lisboa?

— No princípio, sim. Mas depois, as coisas foram se ajeitando.

— Encontrou quem a ajudasse?

Ela meneou a cabeça, estabelecendo um silêncio constrangedor. Desde que conhecera Francisco, em Lisboa, tivera muitos outros amantes. No começo, ressentida com os acontecimentos, vira em Francisco seu salvador. Mas ele não a queria para um compromisso sério. A família dele jamais aceitaria que se envolvesse com uma mulher pobre e sem pátria.

Logo que percebeu que Francisco, apesar de carinhoso, queria apenas usá-la, Rafaela terminou tudo. Não valia a pena sujeitar-se aos caprichos de um homem que não a amava, ainda mais quando seu coração pertencia a Augusto. Depois dele, muitos outros vieram, mas ela não se apaixonou por nenhum. Alguns lhe ofereceram ajuda, que ela aceitou de bom grado. Não podia se dar ao luxo de recusar auxílio num país estrangeiro. Com isso, conseguiu empregos melhores, que lhe deram condições de viver num bairro de classe média, sem luxos, porém, com dignidade.

Jamais esquecera Augusto nem o substituíra em seu coração. Fizera amigos, relacionara-se com muitos homens, sempre pensando no dia em que voltaria para seus braços. Toda sua vida girava em torno de um objetivo: sobreviver para voltar ao Brasil e reencontrar o único e verdadeiro amor de sua vida.

Percebendo a súbita tristeza dela, e conhecendo-a como conhecia, Augusto intuiu o que lhe acontecera. Apertou suas mãos com ternura e sussurrou com sinceridade:

— Eu a amo, Rafaela. Não importa o que tenha feito, jamais deixarei de amá-la.

— Oh! Augusto! — soluçou ela. — Perdoe-me por não ter sido forte!

— Você é forte — tranquilizou ele, beijando-lhe os cabelos. — E mesmo que não fosse, do que isso importa?

— Em meu coração, sempre fui fiel a você. Mas foi tão difícil...!

— Chi! Acalme-se, minha querida. Não estou lhe cobrando nada. Isso não importa.

— Tenho medo de que me odeie.

— Jamais poderia odiá-la. Não sabe que a amo?

— Mas eu...

— Por favor, não diga nada — ele cortou, pondo um dedo em seus lábios. — Depois de tudo por que passamos, toda cobrança é desnecessária. Fizemos o que foi preciso para sobreviver.

— Mas você está sozinho. Não está?

— Só porque somos pessoas diferentes não quer dizer que não sintamos o mesmo amor.

— Jamais deixei de amá-lo. Nunca! Acredita nisso?

— Como poderia duvidar? Você não está aqui? Depois de todos esses anos, não veio me procurar?

IMPULSOS DO CORAÇÃO

— Não sabia o que iria encontrar. Todos diziam que eu era uma menina fútil e que o esqueceria na primeira oportunidade. Mas isso jamais aconteceu.

— Eu nunca me deixei impressionar pelas palavras dos que diziam tais coisas. Sabia, em meu íntimo, que você me amava.

— Tive medo de que você não me quisesse ver. Por causa da carta...

— Que tipo de homem você pensa que sou? Acha mesmo que o meu ciúme seria maior do que o alívio pelo seu bem-estar?

— Não — respondeu envergonhada. — Perdoe-me. Devo tê-lo julgado por mim mesma. Talvez eu tivesse me sentido traída.

— Mas eu não me senti e não me importa como você se sentiria. O importante, de fato, é que você está viva. Depois que Reinaldo a levou, fiz de tudo para encontrá-la, procurei-a em todas as partes, recorri a ele várias vezes, humilhei-me... Mas ele foi irredutível. Um dia, mostrou-me a carta que pôs um ponto final em meus temores. A partir daí, não a procurei mais.

— Quero estar com você — afirmou ela, encarando-o com olhos expressivos. — Não importa como.

Foi como se o céu se abrisse para dar passagem a uma chuva rósea de amor. Agora ciente de que não havia empecilhos, Augusto puxou-a para si e beijou-a longamente, sentindo o corpo todo arder não de desejo, mas de uma felicidade indescritível e plena. Era como se ele, subitamente, houvesse redescoberto a vida através dos lábios de Rafaela.

Foram interrompidos por um grito agudo e assombrado. Com o susto, separaram-se e olharam ao mesmo tempo. Parada no primeiro degrau da escada da varanda, Laura os fitava com espanto, a mão no peito demonstrando a surpresa.

— Augusto... — balbuciou ela. — O que está acontecendo, meu filho? Quem é essa moça?

Com o grito, Nelma veio correndo lá de dentro e quase caiu para trás quando deu de cara com Rafaela, ainda nos braços de Augusto.

— Rafaela! — exclamou estarrecida. — Como pode ser?

— Eu voltei, Nelma — falou ela, entre lágrimas de emoção. — Voltei para o único amor da minha vida.

— Mas você não estava casada?

— Foi tudo mentira — esclareceu Augusto, comovido. — Rafaela nunca se casou, porque vai se casar comigo.

— Casar? — indignou-se Laura. — Pelo amor de Deus, Augusto, você pode me explicar o que está acontecendo?

— Mamãe — falou ele, puxando Rafaela pela mão e aproximando-se dela —, quero lhe apresentar a única mulher que já amei. A razão de eu nunca ter me interessado por ninguém. Rafaela, esta é Laura, minha mãe.

— Muito prazer, dona Laura — cumprimentou Rafaela, estendendo-lhe a mão, que a outra tomou, muda de espanto.

— Não diz nada, mãe? — perguntou Augusto.

— Não compreendo — balbuciou ela. — De onde saiu essa moça?

— Vamos entrar, que lhe contarei tudo.

Desde que se mudara para Uberlândia, Augusto nunca revelou à mãe o real motivo de sua demissão da Igreja. Contara-lhe que descobrira que não possuía mais vocação para padre, que não era homossexual e que estivera envolvido em uma organização contrarrevolucionária de auxílio aos fugitivos políticos. Omitira-lhe, porém, o envolvimento com Rafaela e toda a tragédia que se desenrolara desde então.

Laura ouviu tudo em silêncio, emocionando-se a cada passagem, vertendo lágrimas sinceras e compungidas. Ao final, sentiu imensa admiração por aquela moça tão jovem e tão sofrida que, mesmo com a distância e os reveses da vida, soubera manter o amor por seu filho.

— Eu a amo — finalizou Augusto. — Amo-a e vou me casar com ela.

A casa de Augusto não era grande, mas havia espaço mais do que suficiente para acomodar Rafaela. Pela primeira vez na vida, dividiram o mesmo quarto sem medo ou vergonha.

— Estou feliz que tenha voltado — comentou Nelma, enquanto a ajudava a desfazer as malas. — De verdade.

Rafaela olhou de soslaio para Augusto, que fingiu nada perceber, e retrucou em dúvida:

— Está mesmo?

— Estou. Quero que saiba que não fui eu quem a delatou.

— Sei que não. Foi padre Claudio.

— Como soube disso? — surpreendeu-se Augusto.

— Ele mesmo me contou quando fui procurar você. Quando cheguei à sua antiga paróquia e não o encontrei, parti em busca de padre Claudio. Fui informada de que ele também havia largado o sacerdócio, e me deram o endereço da universidade onde leciona. Logo que me viu, teve uma reação estranha. Caiu aos meus pés em lágrimas, pedindo-me perdão.

Augusto estava estupefato.

— E você? Como reagiu?

— No começo, fiquei sem entender. Mas depois, ouvindo a sua fala desencontrada e aflita, compreendi tudo. Estranhamente, não lhe tive ódio. Tive a sensação de que ele sofrera mais do que eu. Vê-lo alquebrado, consumido pelo remorso me deu essa certeza. Aprendi com você, Augusto, que o perdão nos transforma em seres mais iluminados e livres. Foi assim que me senti. Iluminada e livre do peso de carregar na alma sentimentos tão destrutivos como o ódio e a vingança. Ao menos, padre Claudio consegui perdoar de verdade.

Emocionado, Augusto aproximou-se dela e tomou-lhe as mãos entre as suas, acrescentando com voz embargada:

— Você é uma alma nobre. Tenho orgulho de merecer o seu amor.

— Espero que você possa me perdoar também — pediu Nelma, igualmente emocionada.

— Você nunca me fez nada — afirmou Rafaela. — Acho que nós duas tínhamos nossas divergências. E se você era implicante, eu era atrevida. Boa combinação. Atraímo-nos mutuamente. Hoje compreendo sua atitude, respeito-a pela dedicação e lealdade que sempre teve para com Augusto.

— Não tinha nada contra você. Só não achava certo o que vocês faziam, pensava que tinha o direito de intervir, para proteger seu Augusto.

Nelma começou a chorar, e Augusto apertou seu ombro com delicadeza.

— Tudo bem, Nelma, já passou.

— Eu sei, seu Augusto, mas é que foi tão difícil...

— Foi difícil para todo mundo — acrescentou Rafaela. — Mas passou. Cada um teve seus motivos, e nenhum foi mais doloroso do que o do outro. O importante agora é convivermos bem. A não ser que você não pretenda mais trabalhar aqui.

— Só se vocês me mandarem embora.

— De jeito nenhum! Jamais pensaria numa coisa dessas.

Nelma encarou Augusto, que confirmou:

— Já passamos por isso, Nelma, e não vejo razão para começarmos tudo de novo. Você diz que não tem nada contra Rafaela. Se não tem mesmo, por que não ficar?

— Não tenho não, eu juro. E pode deixar, dona Rafaela, que sei o meu lugar.

— Mas o que é isso, Nelma? Eu, hein! Você nunca me chamou de dona antes. Por que isso agora?

— Você vai ser a mulher do patrão.

— Vou continuar sendo a mesma pessoa. Não me chame de dona ou vou ficar constrangida.

IMPULSOS DO CORAÇÃO

— Nelma se prende a essas bobagens — concordou Augusto. — Já cansei de falar que não precisa me chamar de seu Augusto, mas não tem jeito.

Nelma ia responder quando Laura entrou, chamando-os para o almoço, que foi servido no quintal atrás. Augusto sentou-se com a mãe de um lado e Rafaela do outro.

— Você tem um quintal e tanto aqui — observou Rafaela, admirada com o tamanho e a beleza do terreno. — E cheio de flores. Como você gosta.

Nelma os serviu com alegria, enquanto Spock, sentado ao lado da mesa, balançava o rabo à espera de que alguém lhe atirasse alguma guloseima. O gato passou por eles com ar altivo, esfregando-se em suas pernas, olhando para o cão de um jeito desafiador e matreiro. Indiferente à comida, foi deitar-se junto ao canteiro de rosas perto do muro.

Augusto sorriu, finalmente sentindo o início de uma realização plena. Estava ao lado das pessoas que amava, seus animais, suas plantas. Aquela era a vida perfeita, pela qual sempre lutara e por que valia a pena viver. Em breve, a tudo isso somar-se-iam os filhos. O que mais poderia querer?

EPÍLOGO

Na véspera do casamento, Rafaela viu Carlos Augusto em sonho pela última vez. Ele chegou em companhia de Paulina e a abraçou carinhosamente:

— Viemos nos despedir — avisou. — De agora em diante, você não precisa mais de nós.

— Você sabe que sempre vou precisar de você — contrapôs Rafaela.

— Vou estar presente em seu coração como um amigo distante, porém, não ausente. Estarei orando pela sua felicidade.

— Você sempre foi muito bom para mim. Quando achava que tudo estava perdido, você aparecia e me dava forças. Mesmo que, ao acordar, me esquecesse de tudo.

— O amor nunca morre — observou Paulina. — E Carlos Augusto aprendeu a amá-la de forma genuína, sem apegos nem exageros. Agora, contudo, você precisa viver sua vida ao lado do homem que sempre amou, desde muitas vidas. É uma nova oportunidade que deve ser bem aproveitada.

— Os obstáculos se romperam — acrescentou Carlos Augusto. — Cada um deve retomar a vida de onde parou. Esse é o seu momento de felicidade. Aproveite-o.

IMPULSOS DO CORAÇÃO

Despediram-se com abraços fraternos e amistosos. Bem cedo na manhã seguinte, Rafaela acordou com uma sensação de euforia e contentamento, com a lembrança de Carlos Augusto na mente.

— Gostaria de acender uma vela para ele — comentou ela com Augusto. — Se você não se importar.

— É claro que não. Vamos agora mesmo à igreja.

Ele estava sendo sincero. Há muito deixara de sentir ciúmes do antigo namorado de Rafaela. Aprendera com a vida que o ciúme é um sentimento destrutivo e enganador. Sem vigilância, é capaz de arrasar bons sentimentos que têm tudo para florescer e engana com a falsa ilusão de domínio e posse.

Na igreja, Rafaela acendeu a vela e orou pelo antigo namorado, sem saber por que sentia aquela estranha emoção. Não era um sentimento de pesar ou dor, ou remorso. Era uma saudade mansa e serena, como uma lembrança alegre que se gosta de ter.

— Podemos ir? — indagou Augusto, certificando-se de que ela havia acabado suas orações. —Você não quer se atrasar muito, quer?

Ela sorriu e o abraçou, afirmando com alegria:

— Bobinho. Então não sabe que é tradição a noiva se atrasar no dia do casamento?

— Você não vai fazer isso em minha própria casa!

Beijaram-se alegremente e voltaram. O casamento se realizaria dali a algumas horas, e a movimentação já era grande desde cedo. Os pais de Rafaela vieram do Rio de Janeiro, bem como sua amiga Silmara que, com a abertura política, terminara o caso com o coronel e agora estava noiva de um jornalista. Claudio também comparecera, em companhia de uma sobrinha. Estava velho, mas se orgulhava de ainda conseguir dirigir seu Fusca pelas estradas do país.

De braços dados com o pai, Rafaela pisou o tapete vermelho que conduzia ao altar improvisado no fundo do quintal, montado entre flores e árvores. Quando a viu, Augusto chorou. Pela primeira vez em sua vida, vertia lágrimas de felicidade.

Ela chegou aos braços dele contendo a emoção. Quando suas mãos se tocaram, uma chuva de luzes brancas e brilhantes se derramou sobre eles, envolvendo-os num halo cristalino de bênçãos. O sentimento que deles afluía retornava para seus corpos numa troca de energia rosada e pura, saciada e plena de amor.

Tudo acontecia no plano invisível, sem que os presentes se dessem conta da enorme quantidade de energia luminosa espalhada no ar. Apenas Carlos Augusto e Paulina eram testemunhas dessa circulação energética, contribuindo para ela com seus próprios fluidos.

Embora ninguém visse, a sensação era quase palpável, principalmente para Rafaela e Augusto, foco central de tantas vibrações. O padre começou a liturgia, enquanto lágrimas de felicidade e emoção se misturavam àquelas gotas de luz.

No último instante da cerimônia, quando seus olhos se cruzaram, em suas almas vibrava a certeza de que o amor é eterno, pois o sentimento que os unia, nem o tempo, nem ninguém seria capaz de apagar.

FIM